études littéraires françaises · 34

études littéraires françaises

collection dirigée
par
Wolfgang Leiner

avec la collaboration
de Jacqueline Leiner et d'Ernst Behler

Proust, Wagner

et la coïncidence des arts

par
Emile Bedriomo

Gunter Narr Verlag · Tübingen
Editions Jean-Michel Place · Paris

CIP-Kurztitelaufnahme der Deutschen Bibliothek

Bedriomo, Emile:
Proust, Wagner et la coïncidence des arts / par Emile Bedriomo. –
Tübingen : Narr ; Paris : Editions Place, 1984. –
 (Etudes littéraires françaises ; 34)
 ISBN 3–87808–734–9

NE: GT

© 1984 · Gunter Narr Verlag · Tübingen

Druck: Müller + Bass · 7400 Tübingen · Hechinger Straße 25
ISBN 3–87808–734–9

PREFACE

Ce livre est une réappréciation de Proust par le seul biais de Wagner. On voit souvent la critique littéraire s'attacher à inventer de nouvelles méthodes d'analyses et à découvrir de nouveaux objets d'études. Ce faisant, elle oublie parfois qu'elle a également pour but de faire réapprécier les chefs-d'œuvre déjà consacrés: consacrés, ils l'ont été pour des raisons peut-être oubliées aujourd'hui et qui méritent d'être à nouveau mises au jour.

L'unanimité de la critique littéraire à reconnaître le rapport Proust-Wagner semble avoir été la raison même pour laquelle on s'y est désintéressé: ce rapport, en effet, a toujours été entrevu et, du même coup, sous-estimé. Pour le reconnaître enfin à sa juste valeur, il faut maintenant citer les multiples sources qui, sans l'avouer ouvertement, ont admis comme un état de fait l'influence de Wagner sur Proust.

Cette entreprise est du domaine de la littérature et portera donc plutôt sur Proust que sur Wagner. Mais pour y adhérer, encore faudra-t-il *aimer* la musique de Wagner. Au contraire de Benoist-Méchin ou de Georges Piroué par exemple, qui émettaient des réserves sur le génie de Wagner, j'ai voulu, pour ma part, voir ce qu'un rapprochement Proust-Wagner révèlerait si on se plaçait dans une optique *pro*-wagnérienne — celle de Proust lui-même. Et tous les critiques, même les plus sceptiques sur ce chapitre, nous ont fourni, dans leurs travaux, des renseignements sans lesquels la mise au point que nous faisons aujourd'hui n'aurait pas été réalisable.

CHAPITRE I

INTRODUCTION

L'unité imaginée

Dans une étude intitulée *Proust et le roman,* Jean-Yves Tadié parle de
«l'unité imaginée» qui anime certains artistes:

> Le gigantesque système de forme qui maintient *La Recherche* l'ar-
> rache au vague monologue intérieur pour l'installer dans ce royaume
> où l'attendaient *La Comédie humaine* et *La Tétralogie, Les Frères
> Karamazov* et la *Vue de Delft:* non pas notre monde, mais celui de
> ses significations rendues sensibles, l'expérience, vécue par l'artiste,
> à vivre par son public, de l'unité imaginée. (p. 436)

Cette unité imaginée, cette vision intérieure, que ce soit celle de Proust
ou de Wagner, n'apparaîtrait pas sans les mille et un événements transitoires
qu'ils nous décrivent en cours d'intrigue. C'est précisément leur manière
individuelle de nous décrire ces événements qui démontre la parfaite intégrité de leur auteur et nous ramène à l'idée d'unicité qui régit toute l'œuvre malgré la diversité des formes et l'incompatibilité apparente des expériences. L'idée qui fleurit sans désarmer au cœur de toutes les déceptions
du monde est celle d'une joie extra-temporelle dérivée de l'art. Proust semble donner à cet appellatif un sens plus large que celui qui lui est généralement
attribué: *La Recherche* confirme bien, en rétrospective, que l'«art» comprend
ici toutes les manifestations sonores, lumineuses, etc., qui ont su projeter
le narrateur dans un autre monde, ne serait-ce que pendant l'espace d'une
seconde. «Ces choses ont continué à me sembler riches de toute une sorte
particulière d'existence qu'il me semble que je saurais extraire d'elles s'il
m'était donné de les retrouver» dit Proust (II, 96).[1] Le temps et l'espace
n'auraient plus de prise sur cet autre monde, qui ne se laisserait pas altérer
non plus par les faiblesses morales de l'homme, ses revirements psychologi-
ques et autres peccadilles amoureuses. Ainsi, des phares rassurants jalonnent
La Recherche: ils se présentent périodiquement au narrateur, dans leur opa-
cité intermittente, comme des énigmes dont la solution devient vitale. L'un
de ces phares est la musique.

---

1 Lorsque nous mentionnerons *uniquement le numéro du volume et le numéro de la
page,* il s'agira d'*A la recherche du temps perdu,* Edition Gallimard, La Pléiade, 1954.

Tous les commentaires qui ont été faits par la critique sur la musique dans le roman de Proust témoignent des multiples ramifications que cette musique peut avoir: traductions picturales faisant écho à un monde intérieur que le narrateur découvre peu à peu, profondeur ineffable, etc.:

> Proust convinces us of its quintessential quality, by such devices as his repetition of the word «ineffable», his allusion to angels and the very complex word-paintings which show its effect on the narrator. (B. Bucknall, *The Religion of Art in Proust*, p. 93)

Ces phares, ou points fixes, dévoilent peu à peu leur secret. Rattachés à une philosophie qui n'en est pas vraiment une — car elle n'est pas abstraite mais au contraire vécue — ils ne risquent jamais, eux, de se contredire. Ils ne changent jamais brusquement de direction, comme le font les amours passagers et les personnages de l'œuvre. Si les personnages et leurs passions sont en effet instables, Proust, lui, resplendit comme quelqu'un qui «retombe toujours sur ses pieds» lorsqu'il décrit les raisons qui, à intervalles réguliers, le fortifient dans sa conception intérieure du monde. Il le fait alors avec une application, une minutie qui n'ont rien d'hasardeux ni d'accidentel: son élan poétique confère à *La Recherche* la caractéristique d'avoir été conçue «une».

> Des portes de communication depuis longtemps condamnées se rouvraient dans mon cerveau... Frémissant tout entier autour de la corde vibrante, j'aurais sacrifié ma vie d'autrefois et ma vie à venir, passées à la gomme à effacer de l'habitude, pour cet état si particulier. (III, 25–26)

La disproportion entre ce monde de qualité, pour ainsi dire, et le monde où nous vivons quotidiennement est énorme: le premier n'a besoin que de rappels périodiques pour se révéler peu à peu dans toute sa splendeur, tandis que le second, le monde visible, s'anéantit progressivement, malgré les innombrables pages — et personnages — consacrés à sa description. Le monde qualitatif de l'art l'emporte sur un monde quantitatif et ressort victorieux de *La Recherche*.

Et ce monde qualitatif est à la portée de tous. Mais pour y accéder, il faut peut-être commencer par rejeter la critique littéraire traditionnelle:

> Dès que l'intelligence raisonneuse veut se mettre à juger des œuvres d'art, on peut démontrer tout ce qu'on veut. Alors que la réalité du talent est un bien, une acquisition universels, dont on doit avant tout constater la présence sous les modes apparentes de la pensée et du style, c'est sur ces dernières que la critique s'arrête pour classer les auteurs. (III, 393)

Il est clair qu'en écrivant cela, Proust veut nous prévenir au sujet de ce que nous ferons de son œuvre à lui en particulier, comme Wagner l'avait fait dans une lettre contre la critique en général adressée à M. Köhler (voir Ernest Newman, *The Life of Richard Wagner*, vol. II, p. 369).

Une recommandation de prudence

Proust dénonce en fait le microscope du spécialiste qui pratique une analyse trop serrée ou trop académique de l'œuvre; qui l'explique en la décomposant pour la faire entrer dans tel ou tel moule, pour lui faire illustrer une école, une tendance ou une orientation nouvelle en critique littéraire, se contentant d'expliquer le style, faute de pouvoir expliquer le «ton» de l'œuvre. Proust dit que lui-même n'a «aucune espèce d'esprit d'observation extérieure», et qu'il ne sait «jamais ce que c'est qu'il voit» (III, 383). Dans l'échelle des priorités, les descriptions extérieures pourtant nombreuses de *La Recherche* n'ont qu'une valeur accessoire. Parlant des longueurs chez Wagner, Ernest Newman dit:

> The marvel is not that the coldly critical eye can now detect these flaws but that any human brain should have achieved so much in the way of welding this vast material into an organic whole. It is possible that what was in his mind all along, through the troubled years of pondering upon his problem, was the feeling that the music would make clear what he despaired of expressing clearly in words. (E. Newman, *The Life of Richard Wagner*, Vol. II, p. 361)

Certains commentateurs de Proust, comme Feuillerat par exemple, ont pu se laisser également abuser par une étude trop fragmentée de *La Recherche*.[2] D'après Georges Piroué *(Proust et la musique du devenir),* ces commentateurs n'ont pas vu que les soi-disant tangentes de l'œuvre n'existent que pour créer un ton qui échappe justement à l'analyse.

L'analyse qui pourrait le mieux rendre compte du ton de l'œuvre serait peut-être une analyse globale, s'intéressant à l'unicité dont nous parlions plus haut et se penchant sur la texture organique et fonctionnelle de l'œuvre. Ce type d'analyse dépasse le cadre des références littéraires et peut faire appel à tout ce qui, dans notre culture, éclaircirait la fonction, le dessein de l'œuvre. Notons d'ailleurs que même dans ce cas, rien ne garantirait l'objectivité de nos efforts ni la justesse de nos explications. L'analyse qui détache des particularités formelles dans l'œuvre risque toujours de détruire celle-ci en la morcelant, et finalement oublie le ton de l'œuvre, car «cet accent n'est pas noté dans le texte, rien ne l'y indique et pourtant il s'ajoute de lui-même aux phrases, on ne peut pas les dire autrement, il est ce qu'il y avait de plus éphémère et pourtant de plus profond chez l'écrivain» (I, 553). Au critique attitré, Proust oppose et préfère l'amateur, qui est souvent plus proche de ce que l'auteur a voulu dire:

> . . . il y a plus d'analogie entre la vie instinctive du public et le talent d'un grand écrivain, qui n'est qu'un instinct religieusement écouté au milieu du silence imposé à tout le reste, un silence perfectionné et compris, qu'avec le verbiage superficiel et les critères changeants des juges attitrés. (III, 893)

2 A. Feuillerat, *Comment Marcel Proust a composé son roman,* Yale University Press, 1934.

Au premier abord, la position que Proust prend ici semble jeter bas toute la critique littéraire. En réalité, ce qu'il fait, c'est lui ouvrir d'autres voies: Proust préconise un type de critique qui s'adapterait au caractère propre de chaque œuvre une fois qu'on en aurait senti le message (qu'aucune dissection ne saurait faire pour nous). Ainsi, en musique, «deux motifs, matériellement composés de plusieurs des mêmes notes, peuvent ne présenter aucune ressemblance, s'ils diffèrent par la couleur de l'harmonie et de l'orchestration» (I, 661). La compréhension générale de l'œuvre, qui repose sur des éléments établis peu à peu au cours de notre lecture, précède en fait tout ce qui se fera par la suite d'analyses thématiques, génétiques ou structurales. Car l'œuvre peut être convergente dans sa structure générale et ne plus l'être dans le détail. C'est ainsi que l'œuvre de Proust a pu passer, au début, pour aléatoire ou arbitraire.

Prenons donc un grand recul et munissons-nous du téléscope qui mettra à notre portée, pour les assembler enfin, les «phares» mentionnés plus haut, ces gros points que nous aurons déjà su relever à distance, au cours d'une lecture le moins souvent interrompue. Dans le même esprit, Proust lui-même n'hésite pas à lier Balzac et Wagner, comme le remarque Richard Bales (*Proust and the Middle Ages,* p. 127). En isolant tel ou tel aspect du roman, assurons-nous de ne jamais perdre de vue le tableau d'ensemble. Les seuls détails méritant vraiment d'être étudiés sont ceux qui, en plus de nous sembler caractéristiques, pourrons nous conduire à une meilleure interprétation générale de l'œuvre.

Il est ainsi permis d'observer, dans *La Recherche,* la recurrence d'un certain espoir fondé sur l'art. Car on accède alors à *La Recherche* par la voie que Proust lui-même recommande. Ainsi se sont succédées, outre les études sur Proust et Bergson, Proust et le Dreyfusisme, Proust et la Préciosité, etc., d'autres études: sur Proust et la peinture, Proust et la musique.

Notre corpus de travail

C'est dans ce dernier domaine, Proust et la musique, que se situe notre travail. Nous nous sommes proposés de montrer non seulement comment la musique peut mener jusqu'au bout de *La Recherche* en faisant apparaître ce qu'il y a de plus profond chez Proust, mais comment *un seul* compositeur, cité à plusieurs reprises dans *La Recherche* peut être considéré, sans trahir l'œuvre ni l'auteur, comme le fil conducteur de notre re-découverte de Proust.

> Le prélude de *Lohengrin,* l'ouverture de *Tannhäuser,* etc., exprimaient les vérités les plus hautes; je tâchais de m'élever autant que je pouvais pour atteindre jusqu'à elles, je tirais de moi, pour les comprendre, je leur remettais tout ce que je recelais alors de meilleur, de plus profond. (I, 698)

Il y a plusieurs manières de cerner Proust. Je propose Wagner, l'intermédiaire en qui «tout se tient».

Notre thèse s'appuiera sur le corpus suivant: d'une part, l'œuvre lyrique et les écrits théoriques de Richard Wagner; d'autre part, l'œuvre de Proust et notamment les passages de *La Recherche* qui se réfèrent à l'art en général et à la musique en particulier. Mais pour rapprocher Proust de Wagner autrement que par une intuition subjective, pour essayer en tous cas de justifier cette première intuition, nous serons également amenés, en cours d'étude, à parler d'autres écrivains tels que Baudelaire, Mallarmé ou Schopenhauer, qui représentent des points de référence communs.

Notre examen du texte de *La Recherche* se fera à la lumière d'un principe analogue à ces axiomes de mathématiques posés au début d'une déduction pour délimiter un champ d'opération possible. Mais l'axiome posé presqu'hypothétiquement au départ sera soumis au texte de Proust, et le texte pourra à tout moment le confirmer ou le démentir. Le texte seul fera de notre axiome qu'il soit vrai et applicable — c'est-à-dire utile peut-être à certains lecteurs de *La Recherche* — ou non.

CHAPITRE II

WAGNER DANS L'OEUVRE DE PROUST

Multiples références à Wagner dans *La Recherche*

Disons tout de même au départ qu'il ne s'agit pas ici de parler d'une influence brutale de Wagner sur Proust; nous adopterons plutôt, en attendant d'y revenir à la fin de cette étude, l'expression de «rencontre d'esprits». Mais commençons par remarquer, si relative que soit la valeur des statistiques, que Wagner est cité plus de cinquante fois dans *La Recherche*. Il y est donc cité beaucoup plus souvent que ne le laisserait croire P.A. Spalding, par exemple, dans son «guide» de *La Recherche (Index Guide to Remembrance of Things Past)*. Plus important encore est le fait que Wagner y soit non seulement cité (beaucoup d'autres artistes le sont), mais aussi commenté par Proust, loué, discuté sur des points précis, expliqué aux profanes, analysé parfois en cinq pages: «je m'assis au piano et ouvris au hasard la sonate de Vinteuil» lit-on d'abord dans *La Prisonnière*, mais bientôt suit une méditation sur la réalité de l'art, après quoi vient la transition: «En jouant cette mesure ... je ne pus m'empêcher de murmurer: «Tristan», avec le sourire qu'a l'ami d'une famille retrouvant quelque chose de l'aïeul dans une intonation, un geste du petit-fils qui ne l'a pas connu». A partir de cette page 158, Proust se livre à une louange passionnée de Wagner qui dure jusqu'à la page 162.

L'admiration que Proust confesse si ouvertement à l'égard d'un artiste ayant réellement existé n'a son égale nulle part ailleurs dans toute *La Recherche*. Elstir et Bergotte sont en effet des créations littéraires fictives. Aux yeux de Proust, c'est Wagner qui représente toujours, comme le dit Piroué, la «vision encourageante de la Terre promise» (*Proust et la musique du devenir*, p. 10). Et il est vraisemblable que si l'on poursuivait l'étude des autres artistes cités dans l'œuvre, on ne tarderait pas à s'éloigner du dessein de *La Recherche*. Nous verrons si Wagner fait exception. En tout cas, presque tous ses héros sont cités par Proust, à un moment ou à un autre, dans *La Recherche;* relevons quelques unes seulement de ces mentions:

1) *Lohengrin,* et le cygne (I, 178; II, 234)
2) *Tannhäuser* (I, 698; II, 649)

3) *Tristan* (II, 471; II, 731) et *Isolde* (I, 833, 1157)

4) *Les Maîtres-Chanteurs de Nuremberg* (I, 554; II, 885, 934) et Beckmesser
(III, 276)

5) *L'Anneau des Nibelungen* (cité en général, car il y a sans doute trop de
personnages pour les mentionner tous. I, 734; II, 885) avec ses quatre
parties:

L'Or du Rhin (III, 263)
La Walkyrie (II, 227, 555)
Siegfried, et les oiseaux (II, 87)
Götterdämmerung (II, 412)

6) *Parsifal* (II, 423)
Les Filles Fleurs (I, 891)
et Klingsor (I, 527)

Cette liste incomplète suffit pourtant à montrer que Proust cite, dans *La
Recherche,* chacun des opéras de Wagner (ne sont oubliées que des œuvres
de jeunesse, notamment *Rienzi,* où Wagner n'avait pas encore «trouvé son
style» et, plus souvent joué, *Der Fliegende Holländer*).

On reproche parfois aux critiques de Proust de ne pas l'avoir lu. C'est le
sentiment que l'on pourrait aussi avoir devant cette remarque de Juliette
Hassine: «Dans *La Recherche,* Proust se gardera d'interpréter longuement
l'œuvre d'un artiste comme Wagner, Baudelaire ou Vermeer» (*Essai sur Proust
et Baudelaire,* p. 228). Cela est peut-être vrai pour Vermeer et Baudelaire.
Mais en ce qui concerne Wagner, on peut se demander ce que Juliette Hassine entend par «longuement», ou par «interpréter»: elle pense sans doute à
un commentaire détaillé des intrigues dans les opéras de Wagner, ce que Proust,
effectivement, ne fait pas. Mais nul, y compris Wagner lui-même, ne songe-
rait à le faire. Proust, lui aussi, sait bien que ce serait s'égarer; comme ce
serait s'égarer que de s'attacher, dans un roman, au côté technique de la musique de Wagner. Non, l'angle sous lequel Proust évalue Wagner révèle au
contraire une optique moderne qui va au delà de l'intrigue, et «interprète»,
très précisément, cette musique dans ce qu'elle a d'essentiel et de plus durable. C'est-à-dire en spiritualisant, comme le fait Marcel dans *La Recherche,*
l'expérience sensorielle. C'est aussi ce vers quoi tendent toutes les mises en
scène modernes de Wagner, depuis les innovations de Wieland Wagner.

Au sujet des passages où il est question de Wagner dans *La Recherche,*
Victor Graham en fait, lui aussi, une trop brève récapitulation:

> Proust refers familiarly to many of the Wagner operas. Sudden
> apparitions in the political world are like the appearance of Lohengrin
> descending from his swan boat. The beauty of sunlight through stained
> glass windows has the same quality of joyous reserved pomp as parts
> of the score of *Lohengrin* but the evolution of reality seems to bear
> as little relation to the sources from which it grew as *Tristan* does
> to *Lohengrin*. (*The Imagery of Proust,* p. 191)

Et Jacques Nathan explique la provenance de chacune des citations que fait Proust de Wagner, dans un ouvrage intitulé: *Citations, Références et Allusions de Marcel Proust dans A la Recherche du Temps Perdu* (Éd. Nizet, Paris, 1969).

En plus de le citer, Proust ne manque pas une occasion, semble-t-il, de défendre Wagner lorsque celui-ci est attaqué. Une simple remarque de Reynaldo Hahn suffit à le faire revenir plusieurs fois à la charge: «Je ne suis décidément pas de votre avis sur la phrase 'légendaires au lieu d'humaines'» (appliquée auparavant par Reynaldo Hahn aux vérités dans l'œuvre de Wagner, *Correspondance de Marcel Proust,* Tome I, p. 382). Wagner, à l'école des Grecs, peuplait ses opéras de personnages plus grands que nature. Et Proust de dire à ce sujet: «Plus Wagner est légendaire, plus je le trouve humain et le plus splendide artifice de l'imagination ne m'y semble que le langage symbolique et saisissant de vérités morales» (*Lettres à Reynaldo Hahn,* p. 47). Proust, de son côté, semble voir autant de divinités que cela lui est possible dans la société mondaine d'un Paris de la IIIème République. Les personnages de *La Recherche* qui se trouvent ainsi «déifiés» sont fort nombreux: Saint-Loup l'est par son tempérament de guerrier, qui en fait un Siegfried aux yeux de Proust (II, 106); la Duchesse de Guermantes l'est par son maintien, au cours de la comédie-ballet qui se joue à la fois dans sa baignoire et sur la scène du théâtre (II, 42–43. Proust voit en elle une Déesse); Charlus devient le Margrave de Tannhäuser (II, 469); le prince de Saxe, une divinité grecque (II, 38); jusqu'à la grand mère, dont la mort évoque celle d'Isolde (II, 1156)... La mythologie de Wagner n'était pas pour rebuter celui qui écrivait:

> L'art peut naître d'actions découlant d'une forme d'esprit si éloignée de tout ce que nous sentons, de tout ce que nous croyons, que nous ne pouvons même pas arriver à les comprendre. Qu'y a-t-il de plus poétique que Xerxès, fils de Darius, faisant fouetter de verges la mer qui avait englouti ses vaisseaux? (III, 47)

Certes, le nom de Wagner est également mêlé aux petits potins du genre: «la Metternick croyait avoir lancé Wagner parce qu'elle connaissait Victor Maurel» (II, 565) dont se délecte un Charlus. Tantôt, il s'agira d'une trivialité («l'éventail que Mme de Metternick a brisé parce qu'on sifflait Wagner», III, 274); tantôt, d'une remarque de Mme Bontemps sur *Lohengrin* qui fait ressortir, par contraste, le ridicule du milieu où on en parle (I, 605); plus loin encore, d'une remarque qui veut traîner le nom de Wagner dans la boue (III, 776); ou bien d'une déclaration d'Odette qui «ose» se dire wagnérienne (II, 749). En fait, chaque personnage est défini par son attitude vis-à-vis de la musique, et le plus souvent, de celle de Wagner: Mme Verdurin met tout en batterie, pour ainsi dire, lorsqu'elle écoute du Wagner; elle en est le «souffre-douleur»! Le duc de Guermantes, lui, s'y endort (II, 491); une telle dame noble d'Avranches est incapable de distinguer Wagner de Mozart. Chose qui scandalise Mme Cambremer (II, 812). Même parmi les plus musiciens d'entre eux, Wagner n'est souvent qu'un enjeu dont les fidèles de salon veulent savoir s'il est encore à la mode: «je vois bientôt le jour où ils ne marcheront plus pour Wagner» dit Mme de Verdurin, cette autre déesse – mais «du wagnérisme et de la migraine» (III, 248) – à qui Mme Cambremer répond: «Mais c'est très bien d'être avancé, on ne l'est jamais assez» (II, 928). Les fréquentes allusions à Wagner dans un pareil contexte ne font que mieux établir ce que Proust pense lui-même du compositeur.

Mais l'opinion personnelle de Proust est le plus souvent exprimée d'une façon très directe: tous les écrits de Proust montrent à quel point le souvenir de Wagner l'accompagnait dans ses démarches personnelles, que ce soit autour de *La Recherche* («se livrant sans la restriction d'un seul souci à la musique de Wagner. . .» III, 486, pour ne citer ici qu'un seul exemple), dans sa correspondance (une lettre de Proust à Suzette Lemaire traite exclusivement de Wagner et le couvre d'éloges; mai 1895. Une autre, à Alphonse Daudet, raconte que *Siegfried* est l'une des seules choses que Proust ait encore «envie de voir», *Corr.* Tome III, p. 243, etc.) ou ailleurs, comme nous le verrons plus tard.

Ajoutons à cela les considérations de Proust sur: Wagner et la situation politique en France, Wagner par rapport à la saison de Bayreuth, Wagner et le génie créateur, Wagner et son soi-disant orgueil, Wagner et la philosophie de Nietzsche ou de Schopenhauer (car «la révélation de la musique allemande, pour Proust, va de pair avec l'intérêt qu'il porte aux philosophes allemands», remarque Piroué dans *Proust et la musique du devenir,* p. 42) et nous pouvons déjà avancer qu'aucun artiste n'a été «pensé» aussi fréquemment par Proust que Richard Wagner.[1] Il doit nécessairement être question ici de beaucoup plus que de simples goûts musicaux. Wagner apparaît même quelquefois d'une façon tout à fait inattendue, presque hors propos, dans le texte de *La Recherche,* montrant l'étonnante familiarité, la constante intimité de Proust avec l'œuvre de Wagner. C'est aussi le cas dans *Contre Sainte-Beuve,* où l'on peut s'étonner par exemple de voir Catulle Mendès, critique du *Journal des Goncourt,* présenté par Proust comme étant – voilà ce qu'il retient de lui – «le commentateur et l'ami de Wagner» (p. 555).

Wagner et non Vinteuil

Alison Winton remarque avec justesse que c'est Wagner, et non Vinteuil, qui est le seul objet, le centre des réflexions de Proust sur la musique, comme le prouve incontestablement le manuscrit de *La Prisonnière:*

---

1 Lorsque nous mentionnerons Piroué dans cette étude, il s'agira de *Proust et la musique du devenir,* Ed. Denoël, Paris, 1960.

Even in *La Prisonnière,* however, where Vinteuil was much more prominent in the manuscript, there were still important changes to be wrought. For example, the musician's first principal appearance in the volume as it now stands is on the occasion of Marcel's thoughts about his music and Wagner's (III, 158–162); but in the manuscript, it was *only Wagner* who was the subject of these reflections. On revision, Proust altered Marcel's playing of Wagner with the insertion of the phrase «et ouvris au hasard la Sonate de Vinteuil», and slipped in, as a joining measure, the resemblance between a phrase of Vinteuil's and one of Wagner's – a resemblance now held responsible for Marcel eventually going on to pick up some of *Tristan...* Thus, whereas the manuscript was an exploration of, and homage to, certain characteristics of Wagner's works, the final version draws in the name of the composer who will help to answer his problems. The passage ... is now firmly linked with Marcel's own development, and, with the posing of the puzzle, given a narrative impetus... Set in such a perspective, the manuscript account of the Septet, even unexpanded, would have been more forceful when it came. (*Proust's Additions,* pp. 335, 337)

Les critiques se sont toujours accordées pour dire qu'il est inutile de chercher à savoir *qui* est Vinteuil en réalité. Car les «clés» des personnages importent peu. Mais en formulant ainsi leur opinion, les critiques ont écarté du même coup un fait qui, lui, est extrêmement significatif, à savoir que le point de départ des réflexions de Proust sur la musique, c'est Wagner. Ce «détail» a été pris, noyé pour ainsi dire, dans le problème des «clés» – qui est effectivement moins important parce que biographique. Le manuscrit de *La Recherche* atteste pourtant qu'il fallait penser très fort à Wagner pour déduire ce que Proust dit de la musique d'un soi-disant Vinteuil. En ce qui concerne la compréhension du génie créateur de Proust, ce fait est digne du plus grand intérêt.

Même analysé par Piroué, qui pourtant ne cherche pas à établir de rapport entre Vinteuil et Wagner, celui-là fait singulièrement penser à celui-ci:

Ce que nous savons de son existence s'est déroulé dans un royaume reculé, perdu puis retrouvé, nébuleux, ni très précis, ni même très sûr, où, dieu souffrant, il est entouré de divinités qui, elles non plus, n'apparaîtront jamais sur le devant de la scène. Ce n'est pas lui qui fait la conquête de Paris, mais seulement son œuvre. Une œuvre magnifiquement délivrée de toutes contingences, créée, semble-t-il, d'un bloc inamovible... Vinteuil est un mythe d'enfance intégralement transporté dans l'art musical, sans avoir dû passer, tout au moins aux yeux des lecteurs que nous sommes, par l'épreuve de l'existence terrestre. (*Proust et la musique du devenir,* pp. 88–89)

Lorsque Proust parle de musique, il n'est jamais très loin de Wagner, comme nous le verrons aussi plus tard pour d'autres raisons. Jean Milly remarque, lui aussi, que Vinteuil et Wagner sont constamment associés dans le roman, et qu'en parallèle avec «la couleur d'un Elstir», Proust donne même «l'harmonie [non pas d'un Vinteuil, mais] d'un Wagner» (III, 159).[2]

Or, nous savons que la musique de ce «Vinteuil» synthétise toute *La Recherche:* «La vue d'arbres que j'avais cru reconnaître dans une promenade en voiture autour de Balbec, la vue des clochers de Martinville, la saveur d'une madeleine trempée dans une infusion, tant d'autres sensations dont j'ai parlé et que les dernières œuvres de Vinteuil m'avaient paru synthétiser...» dit Proust, juste avant d'en être définitivement convaincu (III, 886). On serait tenté de simplifier par une équation: si *La Recherche* sort en grande partie de la musique, et si cette musique sort en grande partie de Wagner, il en résulte que... Mais ce serait, bien sûr, aller trop vite et oublier l'individualité de chaque art et de chaque artiste. En tous cas, le nom de Wagner qui devait être plus tard remplacé par celui de Vinteuil dans la version définitive de *La Recherche,* apparaît encore dans *Les Carnets,* textes corrigés d'après le manuscrit, avant que Proust ne choisisse, pour les besoins de son histoire, un compositeur de musique de chambre comme Vinteuil.

Une admiration de longue date

L'identification que Proust fait constamment de la musique la plus parfaite avec Wagner a donc toujours été ignorée, sous-estimée ou escamotée. Pourtant, Proust la confessait clairement dès *Jean Santeuil:* «C'est un signe de passion de la musique que d'aimer Wagner» (Tome III, p. 331). Piroué dit que l'œuvre de Wagner est devenue, pour Proust,

> non une simple musique, mais «quelque chose d'humain», une «acquisition sentimentale» (I, 350). Dans sa *Correspondance,* Marcel écrit à Mme de Noailles: «C'est de Wagner que vous me paraissez surtout la pareille... Vous êtes encore plus Siegfried qu'Iseult» (*Lettres à Mme de Noailles,* p. 178). Une autre fois, s'adressant à Schiff, il plaisante sur la consonnance du nom de son correspondant avec le cri tant de fois répété de Tristan, au troisième acte de l'opéra. (*Lettres à Schiff,* p. 26)

En vertu de cette véritable profession de foi, Proust, défenseur militant de Wagner, justifie chez le compositeur des passages de musique qui pourraient paraître médiocres (pour «nous qui connaissons *Tristan,* l'*Or du Rhin* et *Les Maîtres-Chanteurs*», dit-il) comme la «Romance à l'Etoile» ou la «Prière d'Elisabeth» dans *Tannhäuser* (les titres de Wagner sont en français, dans *La Recherche,* sauf pour *Götterdämmerung* cité en allemand par Saint-Loup, II, 412);

> Il faut supposer que ces mélodies sans caractère contenaient déjà cependant, en quantités infinitésimales, et par cela même plus assimilables, quelque chose de l'originalité des chefs-d'œuvre qui rétros-

pectivement comptent seuls pour nous, mais que leur perfection-même eut peut-être empêchés d'être compris; elles ont pu leur préparer le chemin dans les cœurs. (III, 263)

Proust note ainsi dans le génie du compositeur allemand une évolution que l'on retrouvera dans l'évolution du génie de Vinteuil. L'inspiration provenant alors de Wagner n'est pas simplement incidente, ni éphémère; elle conduit en fait tout le développement, comme le remarque Florence Hier (*La Musique dans l'œuvre de Marcel Proust*, p. 49): «Vers la fin de son œuvre, Proust reprend la même idée de développement: 'Quelqu'un qui ne connaîtrait que le duo de *Lohengrin* ne pourrait prévoir le prélude de *Tristan*' (*Albertine disparue*, Tome II, p. 194)». Bref, il reste assez de Wagner dans le texte final de *La Recherche* pour qu'il n'y ait plus d'équivoque possible (... «bien que Vinteuil fût là en train d'exprimer un rêve qui fût resté tout à fait étranger à Wagner»! III, 158).

Si l'on considère la production totale de Vinteuil, ce que Proust dit, surtout à propos du Septuor, pourrait se rapporter à Wagner, à l'unité diversifiée de ses opéras, aux liens thématiques qui en font une masse homogène, à l'inépuisable fertilité de son inspiration qui le porte au gigantesque. (Piroué, op. cité, p. 179)

Dans le *Temps retrouvé* (p. 159), Proust dit se rendre compte de tout ce qu'a de réel l'œuvre de Wagner et dénonce comme hypocrites les réticences d'un Nietzsche, c'est-à-dire d'un «homme qui poussait la sincérité avec lui-même jusqu'à se détacher, par scrupule de conscience, de la musique de Wagner» (II, 394). Proust, lui, déclare:

Je n'avais, à admirer le maître de Bayreuth, aucun des scrupules de ceux à qui, comme à Nietzsche, le devoir dicte de fuir, dans l'art comme dans la vie, la beauté qui les tente, qui s'arrachent à *Tristan* comme ils renient *Parsifal* et, par ascétisme spirituel, de mortification en mortification, parviennent, en suivant le plus sanglant des chemins de croix, à s'élever jusqu'à la pure connaissance et à l'adoration parfaite du Postillon de Longjumeau. (III, 159)

Dans la polémique nietzschéenne, Proust prend le parti anti-décadent de l'Esthétisme, comme le remarque Enrico Guaraldo (*Lo Specchio della Differenza, Proust e la poetica della Recherche*, p. 189):

Sostenere la causa di Wagner essendo a giorno della notissima polemica nietzschiana, significa difendere a viso aperto le ragioni dell'Estetismo.

Ce qui est donc présenté dans *La Recherche* comme une croissante prise de conscience de la «réalité» de l'œuvre de Wagner avait en fait des racines partout ailleurs dans la vie de Proust:

Pour moi qui admire beaucoup Wagner, je me souviens que dans mon enfance aux concerts Lamoureux, l'enthousiasme qu'on devait réserver aux vrais chefs-d'œuvre comme *Tristan*, ou *Les Maîtres-Chanteurs* était excité, sans distinction aucune par des morceaux insipides...

> A supposer que musicalement je ne me trompasse pas (ce qu~~i~~
> pas très certain) je suis sûr que la bonne part n'était pas la mien~~ne~~
> mais celle des collégiens qui autour de moi applaudissaient indéfi-
> niment à tout rompre, criaient leur admiration comme des fous...

dit-il dans son article sur Baudelaire (*Chroniques*, p. 217). En évoluant, les goûts de Proust pour la musique de Wagner n'ont fait que s'accentuer; Florence Hier dit:

> Le public de ses concerts se composait donc de certains curieux pour qui la musique était incompréhensible, d'un grand nombre de fanatiques, et enfin d'une élite, la seule partie qui compte, après tout, ceux qui mettent toute leur intelligence à comprendre, et à comparer les œuvres de génie. Proust était de ceux-là. Si la musique de Wagner devenait sa compagne quotidienne ce n'était pas par fanatisme, mais par la qualité de son jugement qui savait discerner pourquoi *Tristan*, par exemple, contenait l'aliment qu'il croyait presque *nécessaire à la vie spirituelle* tandis que d'autres œuvres ne lui offraient rien. Pour Proust, comme pour Barrès, *Tristan* n'était pas tant une création, qu'*une force créatrice, qui continue de produire*. [nous soulignons]
> (*La Musique dans l'œuvre de Marcel Proust*, p. 7)

Comprise de cette façon et avec cette intensité, la musique de Wagner a pu apparaître au jeune Marcel comme un potentiel à réaliser perpétuellement. Proust écrit dans une lettre: «je ne pense pas que l'Après-guerre doive consister à nous rendre inférieurs, à prouver je ne dis pas nos musiciens mais nos *écrivains* de la prodigieuse *fécondation* que c'est d'entendre *Tristan* et la *Tétralogie*.» [nous soulignons] (*Autour de soixante lettres de Marcel Proust*, Lettre X, p. 103). Proust s'est-il saisi de la notion que c'était à *lui* qu'il revenait de réaliser ce potentiel? Le fait est que Wagner occupe déjà tout le second chapitre de *Les Plaisirs et les Jours*.

> Wagner, présent dans ce livre au point de prêter un leitmotiv des *Maîtres-Chanteurs* à M. de Laléande, l'était encore plus dans *La Revue Blanche*: l'évocation du duo de Siglinde et Sigmund (*Die Walküre*, I, 5) – *Revue Blanche*, sept. 1893, pp. 164 et 165 – disparaît dans la version Plaisirs et Jours de «Mélancolique villégiature de Mme de Breyves»,

note Jean-Yves Tadié (*Proust et le roman*, p. 237). Une fois de plus, le nom de Wagner, très évident dans les premières versions du texte, ne l'est plus autant dans la version finale.

Wagner par rapport aux autres compositeurs cités

D'un point de vue simplement numérique, Wagner est cité trois fois plus, et développé sur un plus grand nombre de pages, que Beethoven. Celui-ci est, avec Schumann, l'autre compositeur que Proust admire le plus (Voir à ce

Album «Les confidences de salon», où Proust note ses pré-
N°2, dans *Par les yeux de Marcel Proust*, Ed. Denoël), et
étudie leurs ressemblances dans un ouvrage intitulé *Proust*
dans *A l'Ombre*, on lit que Charlus «avait eu envie de ré-en-
quatuors de Beethoven, car avec toutes ses idées saugrenues
re bête et est fort doué» (I, 751). Mais, de Beethoven, Proust
ne me...   avec admiration que les quatuors (ainsi, I, 531). Dans *La Re-*
cherche, il n'y a rien sur les symphonies, rien sur la Missa Solemnis, ni sur les
sonates. Sur ces dernières, Proust dit même, dans une des *Lettres à Walter*
Berry:

> Beethoven .. ne se déclara arrivé à la maîtrise que le jour où il cessa
> d'accumuler, dans une seule sonate, les idées qui pouvaient en nourrir
> dix. Mais si beethovenien que je demeure, malgré la mode, là-dessus
> je ne suis pas de son avis, je ne l'ai jamais été. (p. 4)

Proust émet aussi des réserves à l'égard de «ces phrases interrogatives de
Beethoven, répétées indéfiniment, à intervalles égaux, et destinées − avec un
luxe exagéré de préparations − à amener un nouveau motif» (II, 605).

A l'âge de quinze ans, Proust citait, comme compositeurs préférés, Gounod
et Mozart; mais ces premiers goûts, influencés par sa mère et par Mme de
Catusse, et confessés par Proust dans l'*Album d'Antoinette Fauré*, ne devaient
pas subsister. Reynaldo Hahn, qui n'aimait pas particulièrement Wagner, ne
parvint pas non plus, malgré sa qualité de grand ami et sa compétence de
compositeur, à rabaisser aux yeux de Proust le génie que celui-ci voyait en
Wagner. C'est le comte Henri de Saussine qui, paraît-il, réveilla en Proust
les goûts musicaux qu'il garderait désormais toute sa vie et qui nourriraient
son œuvre:

> Under Saussine's influence Proust acquired the enthusiasm for Wagner
> to which he was in any case born: it was on 14 January 1894, at the
> Sunday Colonne concert, that he first heard the Flower Maiden scene
> from *Parsifal*, which he recalled in the episode in *Le Côté de Guer-*
> *mantes* where the lady guests of the Duchesse («their flesh appeared
> on either side of a sinuous spray of mimosa or the petals of a full-
> blown rose») are compared to the Flower Maidens (II, 423),

dit George D. Painter (*Proust: the Early Years*, p. 213). Nombre d'incidents,
dans la vie de Proust, illustrent son admiration pour Wagner et ont fait dire
qu'il vivait dans un «wagnérisme quotidien»; Painter raconte par exemple:
«Marcel leaned on Fénelon's arm, while Fénelon, to encourage his athmatic
companion, and because the day was indeed Good Friday, sang the Good
Friday-Spell motif from *Parsifal*» (p. 371). Wagner semble être un facteur
déterminant, que ce soit dans la création d'ensemble de *La Recherche* −
comme nous le verrons plus tard − ou dans tel incident particulier de la vie
de Proust, de sa correspondance ou du sort particulier d'un de ses personnages;
Margaret Mein écrit:

Proust uses Mallarmé's poem 'Hommage à Richard Wagner' in the death scene of Bergotte. M. Henri Mondor drew my attention to this source of Proust's inspiration. The books surrounding the dead Bergotte become wings of angels, heralds and symbols of his resurrection. In 'Hommage à Richard Wagner' the books equally have the quiver of a wing, and trumpets of gold surmount the 'velins', testifying to an apotheosis of the dead Wagner. (*Proust's Challenge to Time*, pp. 106–06)

Pourtant, d'après Benoist-Méchin, le musicien préféré de Proust n'était pas Wagner mais Beethoven (*Retour à Marcel Proust*, p. 19); nous remarquerons alors que Benoist-Méchin dit «musicien préféré», et non musique, ou œuvre, préférée. Proust a toujours classé les choses qu'il admirait «par ordre de talent les plus illustres» (I, 75), comme si cette hiérarchie devait laisser, par le goût judicieux dont elle témoigne, un éclat indélébile sur l'œuvre. Mais si Proust aime Beethoven, c'est surtout pour des raisons extra-musicales, parce que Beethoven est l'artiste poursuivant son œuvre malgré la maladie, comme Proust lui-même. Ces raisons extra-musicales, Wagner les avait exprimées au mieux en disant de Beethoven: «Son regard ne rencontrait dans le monde extérieur que des importunités contrariant son monde intérieur» (cité par Roland Manuel, *Plaisir de la musique*, Tome II, p. 62). Cette préférence de Proust, en admettant qu'elle soit vraie, nous intéresse donc moins que l'influence sur l'œuvre. André Suarès explique pourquoi (en critique musical, il semble voir plus loin — et plus clair — que Benoist-Méchin):

Ce n'est pas Beethoven qui a fait comprendre Wagner à Paris; c'est Wagner compris qui ouvrit les Français à l'intelligence de Beethoven, de Bach, et de tout le grand art sonore. Grâce à Wagner, la musique a pris dans le goût et l'imagination des hommes la place réservée jusqu'alors à la seule poésie. (*La Revue Musicale*, 1 oct. 1923, «Sur Wagner», pp. 11–12)

Ainsi, les préférences confessées ont peu de valeur en elles-mêmes: Schumann, qui est cité par Proust comme étant son troisième musicien préféré, compte peu dans *La Recherche* et les rares fois où Proust le cite contiennent des erreurs: «Proust compare 'le dénouement précipité' de son amour avec 'quelques *ballades* de Schuman'. Est-ce qu'il voulait dire Chopin? ou peut-être pensait-il à d'autres compositions de Schumann?» (F. Hier, *La Musique dans l'œuvre de Marcel Proust*, p. 54). Nous remarquerons qu'il n'y a jamais la moindre inexactitude de nom ou de titre, ni la moindre faute de mémoire en ce qui concerne Wagner. D'ailleurs, Schumann lui-même, avec son charme très germanique, a sans doute été révélé à Proust par le truchement de la *Tétralogie*, d'après Piroué (*Proust et la musique du devenir*, p. 107). La voie était à présent ouverte à Cécar Franck et à ses élèves, Gabriel Fauré, Vincent d'Indy et tant d'autres.[3] Pour Fauré, Wagner est un «Titan» (article de Fauré sur *Le Crépuscule des Dieux*, mentionné par Proust dans une lettre à Reynaldo Hahn, p. 38). Debussy est seulement cité une douzaine de fois dans *La Recherche*, malgré le succès à la mode de son *Pélléas et Mélisande*:

> je me permis de réclamer du Franck, ce qui eut l'air de tellement faire souffrir Mme de Cambremer que je n'insistai pas. «Vous ne pouvez pas aimer cela», me dit-elle. Elle demanda à la place *Fêtes* de Debussy, ce qui fît crier: «Ah! c'est sublime!» dès la première note. Mais Morel s'aperçut qu'il ne savait que les premières mesures et, par gaminerie, sans aucune intention de mystifier, il commença une marche de Meyerbeer. Malheureusement, comme il laissa peu de transitions et ne fit pas d'annonces, tout le monde crut que c'était encore du Debussy, et on continua à crier «Sublime!» Morel, en révélant que l'auteur n'était pas celui de *Pélléas*, mais de *Robert le Diable*, jeta un certain froid. (II, 954)[4]

Mais c'est Proust lui-même qui découvre en *Pélléas* le style de «Malbrough s'en va en guerre»! (*Lettres à Reynaldo Hahn*, pp. 199—200). Au sujet de Debussy et de Fauré, «on ne verra nulle part qu'il les ait donnés pour des maîtres universellement reconnus. Il se contente de tirer de leurs œuvres des délectations personnelles et des considérations sur le devenir des arts et du goût» (Piroué, op. cité, p. 42). Il trouve que *Le Martyre de Saint Sébastien* est une œuvre «bien mince, bien insuffisante . . . et l'orchestre bien immense pour ces quelques pets», et il dénonce la distinction que Debussy a obtenue en «jetant par dessus bord tout ce qu'on a à exprimer», en effectuant systématiquement une «décantation déloyale». (*Lettres à Reynaldo Hahn*, pp. 202—203 et 206). D'après Piroué, Proust trouvait trop de musique dans Beethoven et pas assez dans Debussy, mais «Wagner, au centre, est le musicien qui concilie le mieux ces aspirations contraires» (p. 134). En effet, dans un passage de *La Recherche*, Proust affirme la supériorité de Wagner sur Debussy — malgré la vogue de ce dernier — et la dette que Debussy a envers Wagner:

> Debussy n'était pas aussi indépendant de Wagner qu'elle-même [Mme de Cambremer] devait le croire dans quelques années, parce qu'on se sert tout de même des armes conquises pour achever de s'affranchir de celui qu'on a momentanément vaincu. . . Ceux qui bâillent de fatigue après dix lignes d'un article médiocre avaient refait tous les ans le voyage de Bayreuth pour entendre la *Tétralogie*. D'ailleurs, le jour devait venir où, pour un temps, Debussy serait déclaré aussi fragile

---

3 En 1914, l'année qui a vu les premières représentations de *Parsifal* en France (plus de trente ans donc après la création de l'œuvre), Jacques Rivière disait de César Franck: «On ne dira jamais assez combien Franck doit à Wagner, et surtout à *Parsifal*, au point de vue technique. (Tous ses thèmes sont contenus en puissance dans le seul thème du Vendredi-Saint)» (*La Nouvelle Revue Française*, 1er Mai 1914, Tome XI, No 65, p. 768; et cet article sur *Parsifal* est loué par Proust Franck, une lettre qu'il adresse à Jacques Rivière) Cf. César Franck, *Le Chasseur Maudit*, poème symphonique imité de Wagner.

4 Cf. la position de Wagner contre Meyerbeer et *Robert le Diable* joués par Liszt dans un salon mondain, *Prose Works*, vol. III, pp. 97 et 137 (*Letters from Paris*, 1841).

que Massenet et les tressautements de Mélisande abaissés au rang de ceux de *Manon.* (II, 815)

Victor Graham voit en Vinteuil le trait d'union qui confirme cette dette: «As in the case of literature, the individual creator of music is partly a product of the times, partly an original artist. Both Debussy and Vinteuil owe something to Wagner.» (*The Imagery of Proust,* pp. 40—41) Quant à Fauré, ce que Proust admire le plus dans sa sonate — jouée par Charlus — c'est son côté schummanesque (II, 953). Reste César Franck, dont certains critiques ont tant parlé en rapport avec Vinteuil: Proust l'aime bien (II, 954), mais le trouve un peu trop «innocent et mélodieux» — comme Mendelssohn (III, 635), et l'adjectif «mélodieux» n'est pas particulièrement élogieux dans le vocabulaire musical de Proust — il caractérise souvent une musique assez facile, assimilable sans effort, donc d'une valeur inférieure. Ainsi, Albertine, ressemblant par là «aux personnes qui portent le plus en elles le goût instinctif de la mauvaise musique et des mélodies, si banales soient-elles, qui ont quelque chose de caressant et de facile» (II, 448), Albertine aime Massenet[5] (La musique de *Manon* «rentrait pourtant bien, quoique mieux écrite et plus fine, dans le genre de celle qu'elle aimait.» III, 452). Franck n'est cité que quatre fois et fait partie de ce qu'on pourrait appeler la petite histoire du roman, la vie malheureuse de Franck ayant peut-être servi d'exemple pour Vinteuil. Mais la sonate que Proust nous décrit laisse loin derrière elle celle de César Franck, dont le premier mouvement est une quasi-ritournelle, le troisième une accumulation de clichés romantiques paraphrasant Listz et Brahms avec moins d'inspiration qu'eux, et les dernières barres d'un mielleux qu'Albertine — et non Proust — aurait goûté: les superbes volutes des génies du Romantisme ont fait place à des lieux communs, certainement agréables à écouter, mais dépourvus de la valeur musicale supérieure qu'on attendait, si elle devait illustrer la description de Proust. Certains ont prétendu que la Sonate et le Septuor de Vinteuil ont été inspirés par Franck; ne serait-ce pas parce que celui-ci est le compositeur français qui a le plus aimé, compris, et imité la musique allemande, et en particulier celle de Wagner? comme le remarque Pierre Meylan (*Les Ecrivains et la musique,* p. 72). Proust reconnaît cette affiliation de Franck à Wagner lorsqu'il commence par dire, dans *Jean Santeuil,* «C'est un signe de passion de la musique que d'aimer Franck», pour y substituer bien vite le nom de Wagner sans rien changer au reste de la phrase: «C'est un signe de passion de la musique que d'aimer Wagner» (*Jean Santeuil,* vol. III, p. 331).

Hector Berlioz, bien qu'il affectionne une musique plus littéraire que ses compatriotes contemporains, n'a droit qu'à deux citations insignifiantes

---

5 Rappelons le sobriquet de «Mlle Wagner» donné à cette époque à Massenet par certains critiques de salons (cités par Patrick Smith dans son article «Why Massenet»; *Lincoln Center* Program for *Lohengrin,* Nov. 1976, p. 6).

(II, 1105 et III, 221). Liszt qui, pour les musicologues, se placerait également dans la lignée de Wagner, est cité seulement six fois; tandis qu'un authentique «descendant» de Wagner, Richard Strauss, encore jeune et bien moins consacré que Debussy, est déjà mentionné quatre fois par Proust qui s'émerveille «avec raison» de «l'éblouissant coloris orchestral de Richard Strauss.» (II, 449)

Proust est censé avoir trouvé dans une des sonates de Saint-Saëns quelques barres qui auraient pu *aussi* servir à la construction de la «petite phrase de Vinteuil». Mais Proust dit ne pas aimer Saint-Saëns; juste après l'avoir cité dans *Jean Santeuil* comme le représentant officiel de la musique française, il déclare — en pleine période de guerre — lui préférer Richard Strauss.

D'autres compositeurs sont mentionnés en passant, sans conséquence: «Vous n'avez pas été entendre *Cavalleria Rusticana?* Ah! je trouve ça idéal!» dit Albertine (I, 883) dont l'air préféré («Le Biniou», musique d'Emile Durand, paroles de H. Guérin, cité par P. Hansford dans *Six Proust Reconctructions,* p. 285) signale encore le manque de profondeur. «Entendre du Wagner pendant quinze jours avec elle qui s'en soucie comme un poisson d'une pomme, ce serait gai!» dit Proust (I, 301), qui tient à se dissocier de goûts aussi déplorables (II, 1014). Ailleurs, on envoie un petit coup de pied à Bizet et au «côté gosse» de sa musique. Jamais rien de tel sur Wagner.

Et pourtant, la *Bibliographie des études sur Marcel Proust et son œuvre,* de Victor Graham (1976) nous révèle qu'il n'existe pas d'ouvrage qui se soit totalement concentré sur Proust *et* Wagner. Certes, Wagner a souvent été mentionné *à propos* de Proust, mais il s'agit la plupart du temps de quelques mots; ou bien d'un paragraphe traitant de «la musique en général» dans *La Recherche;* ou tout au plus, d'un sous-chapitre sur Wagner dans un ouvrage sur Proust (un sous-chapitre de quinze pages au maximum, comme dans *Proust et la musique du devenir,* de Piroué). Le plus souvent, Wagner passe, aujourd'hui encore, presque inaperçu dans *La Recherche;* c'est à peine si James Hewitt, par exemple, le remarque (à propos de Vinteuil, et presque sans y croire vraiment): «the little phrase was inspired by various composers of [Proust's] era: Fauré, Franck, Saint-Saëns, *even* Wagner.» [nous soulignons] (Hewitt, *Marcel Proust,* p. 78). Nombreux sont ceux, cependant, qui ont senti un rapport plus précis entre Wagner et Proust; et il nous faudra citer ces sources qui, sans l'avouer ouvertement, confirment notre thèse. Si nous essayons de comprendre le silence des autres, nous voyons d'abord qu'il n'a pas pu être dû au nombre d'années séparant Proust de Wagner. En effet, le décalage qui existe entre eux est plus apparent que réel.

Décalage dans le temps et décalage politique entre Wagner et Proust

D'abord, pour Proust, on juge toujours mieux de loin que de près; en raillant Sainte-Beuve, Proust déclare, avec le faux air du renard apprivoisé: «comme disait M. Sainte-Beuve *qui avait bien de l'esprit,* il faut croire sur eux ceux qui les ont vus de près et ont pu juger plus exactement de ce qu'ils valaient» [nous soulignons] (I, 771). Ensuite, c'est justement pendant la jeunesse de Proust que Wagner, mort déjà depuis longtemps, devient le plus célèbre en France:

> Proust a participé de toute son âme à l'engouement général et pres-
> que déjà rétrospectif pour Wagner qui s'empara de Paris dans les an-
> nées 1880–1900. «Il est celui qui, le plus sûrement, le plus ferme-
> ment a vécu cette vie wagnérienne dont le propre est de rapporter,
> naturellement et sans effort, tel sentiment ou telle circonstance à tel
> drame de Bayreuth... L'élément wagnérien est devenu seconde na-
> ture. L'analyste ne peut éviter alors de s'exprimer lui-même ou d'ana-
> lyser autrui au travers de cet élément dominateur... Proust offre cet
> exemple, peut-être unique, d'un écrivain qui a vécu, comme l'on res-
> pire, dans un wagnérisme quotidien et familier»

rapporte Piroué (pp. 39–40). Les lettres de Léon Daudet nous décrivent ces concerts Lamoureux où Wagner apparaît non seulement comme un grand musicien original, mais comme le symbole d'une nouvelle conception de l'art. En parlant des musiciens innovateurs, tels que Vinteuil (peut-on encore douter qu'il s'agisse là de réflexions sur Wagner?), Proust dit: «La révolution que leur apparition a accomplie ne voit pas ses résultats s'assimiler anonyme-ment aux époques suivantes, elle se déchaîne, elle éclate à nouveau» (III, 254). Quelques scènes de *Parsifal* furent données en concert en 1894[6] et Proust parle d'y assister, dans une lettre à Montesquiou (datée du 13 janvier 1894, veille de ce concert). La popularité de Wagner à Paris avait commencé en 1876, mais Proust la fait avancer de quelques années lorsqu'il dit qu'Odet-te veut aller à Bayreuth vers 1872, car le théâtre de Wagner à Bayreuth date de cette année-là. Ce qui explique cette «erreur» chronologique, ce n'est pas tellement le fait que les Verdurin soient en avance sur leur temps, mais le fait que la gloire grandissante de Wagner en France longe très exactement la vie de Proust. Les premières représentations de *Tristan,* de *Götterdämme-rung* et de *Parsifal* n'ont lieu qu'en 1903 et 1904 (grâce, remarquons-le, à une relation de Proust, la comtesse de Greffulhe), faisant de Wagner le con-tamporain de Proust.[7]

---

6 voir *Le Figaro,* 12 janvier 1894, p. 4; Noël et Stoullig, Annales du théâtre et de la musique, 20ème année, p. 558.

7 voir André Maurois, sur «la comtesse de Greffuhle en qui Marcel Proust entrevoit la future princesse de Guermantes» (*Le Monde de Marcel Proust,* Hachette, 1960, p. 32).

On lit, dans *La Recherche:* «Si l'œuvre était tenue en réserve, n'était connue que de la postérité, celle-ci, pour cette œuvre, ne serait pas la postérité, mais une assemblée de contemporains ayant simplement vécu cinquante ans plus tard.» (I, 532). Le décalage entre l'un et l'autre est effacé par le talent d'un artiste comme Wagner ayant su lancer son œuvre «là où il y a assez de profondeur, en plein et lointain avenir», explique Proust dans un commentaire rattaché — pour la circonstance — à Vinteuil. D'ailleurs, en revivant lui-même une expérience aussi semblable à celle de Swann devant la musique, Proust — qui cherche toujours à se libérer de l'Histoire — ne nous montre-t-il pas que le laps de temps qui peut s'écouler entre deux phénomènes est un facteur sans effet sur leur ressemblance? Car la réalité de l'Histoire, selon Proust, n'est pas objective, mais incarnée dans les circonstances individuelles.

Aux dires de certains, la lacune, dans le monde de notre critique littéraire, d'une étude consacrée exclusivement à rapprocher Proust de Wagner proviendrait d'une autre sorte de distance, l'éloignement politique. Le territoire français occupé trois fois en l'espace de quatre vingts ans — depuis la guerre franco-prussienne jusqu'à la seconde guerre mondiale — par les Allemands aurait fait que les rancœurs sociales et politiques du peuple français se soient étendues jusqu'à atteindre la critique littéraire.

Je pense en particulier à Benoist-Méchin qui semble tronquer et passer outre, dans l'œuvre de Proust, les références à Wagner les plus manifestes. Ainsi, dans une citation que Benoist-Méchin fait à la page quarante de son *Retour à Marcel Proust,* le nom des œuvres de Wagner semble avoir été soigneusement prélevé, ou omis. Les autres citations sont rapportées avec exactitude, même celles qui ont trait à Beethoven. Celui-ci, par la figure émouvante de l'artiste qu'il incarne, échappe sans doute au patriotisme offensé de Benoist-Méchin, auteur de l'*Histoire de l'armée allemande.* Benoist-Méchin, qui se faisait photographier «en uniforme, debout contre la façade de la maison de Biebrich, où Wagner avait composé *Les Maîtres-Chanteurs,*» (*Retour à Marcel Proust,* p. 189) a encore du mal à dissocier Wagner de la nation ennemie. Benoist-Méchin, alors Ministre de l'Etat français, étaye sa critique littéraire de remarques telles que: «j'ai pris part à la guerre, j'ai été enfermé derrière des barbelés. . . J'ai été incarcéré, jugé et condamné à mort». Au son de Wagner. (*Retour à Marcel Proust,* pp. 176, 189, 196, 206, etc.) Tout dernièrement encore, le 15 octobre 1981 à Tel-Aviv, un concert dirigé par Zubin Mehta a provoqué une violente manifestation de la part de l'audience lorsque le chef d'orchestre a ajouté au programme, sans l'annoncer au préalable, le prélude de *Tristan;* Wagner, en effet, a toujours été censuré — officieusement — en Israël à cause des tendances excessivement nationalistes et anti-sémites (en matière de musique et d'économie) qu'il adopta vers la fin de sa vie, et que Hitler a exploitées aux tristes fins que l'on sait. En 1923, c'était à Paris que Wagner était censuré. Cette année-là Benoist-Méchin était en Allemagne et il décrit, dans une soirée passée au Schauspielhaus, le caractère que la musique de Wagner commençait à revêtir et qui s'accentuerait hélas sous Hitler:

> L'enthousiasme était indescriptible. On eût dit que la voix de tout un peuple déferlait jusqu'aux cintres et, pendant près d'une demi-heure, toute la salle debout, retenant son souffle et figée dans un silence religieux, écouta le message que Wagner lui apportait par delà la tombe et qui semblait inspiré par la minute qu'elle était en train de vivre. On eût dit que tous les cœurs battaient à l'unisson. L'émotion atteignait son paroxysme. (p. 206)

A cette même époque, Proust, contre l'avis de son milieu social, déplore que Wagner ne soit plus joué à Paris (III, 777). Son attitude devait se savoir, qui fit dire à un académicien d'alors, comme s'il s'en prenait vraiment *au style* de Proust: «Comment peut-on s'exprimer dans un tel charabia? C'est écrit comme par un cochon, comme par un Allemand» rapporte Pierre-Quint, qui ajoute: «et l'injure, pendant la bataille de Verdun, cinglait deux fois déshonorante.» (*Proust et la stratégie littéraire*, p. 79)

On peut s'étonner aussi de voir Henri Bonnet mentionner Gabriele d'Annunzio mais pas les retentissants succès de Wagner (ni même la polémique à son sujet), dans la «Chronologie» de son «essai de biographie critique» *Marcel Proust de 1907 à 1914.* (L'influence de d'Annunzio sur l'œuvre de Proust est-elle si profonde?) Tout ce qu'il y a sur Wagner, c'est quelques lignes vers le milieu du livre (p. 92), où Bonnet dit, en parlant de la chambre tapissée de liège de Proust:

> Dans ce silence, il entendra de la musique, car il vient de s'abonner à ce théâtrophone qui lui apporte néanmoins jusqu'à son lit la musique de l'opéra et des grands concerts. Ce mode de transmission n'est pas toujours très bon, mais il lui procure néanmoins de grandes jouissances. D'ailleurs pour les opéras de Wagner, qu'il connaît presque par cœur, il supplée aux insuffisances de l'acoustique. (Lettre LXXV, à George de Lauris)

Que dire aussi de l'absence de Wagner dans ce qui est censé être un «tableau synoptique détaillé (il couvre dix pages) des événements littéraires, artistiques et historiques» ayant marqué l'époque de Proust, dans l'ouvrage de Jacques Borel *Marcel Proust — Ecrivains d'hier et d'aujourd'hui?*

Proust, lui, n'est ni germanophile ni germanophobe (III, 913) et l'on peut supposer que même la seconde guerre mondiale n'aurait pas entamé son «wagnérisme». Elle a pourtant tenu bien des français éloignés de Wagner pendant longtemps encore après 1942. Et nous pouvons dire que les critiques, par ces temps de crise, ne faisaient pas exception à la règle. Wagner est alors le bouc émissaire, «comme le serait devenu Tolstoï si la France avait été en guerre contre la Russie.» Proust écrit:

Frédéric Masson, dont j'ai souvent goûté le style vieux grognard autrefois, incarne vraiment trop en ce moment la «culture» française. S'il est sincère en trouvant *Les Maîtres-Chanteurs* ineptes et imposés par le snobisme, il est plus à plaindre que ceux qu'il déclare atteints de «wagnérite». Si au lieu d'avoir la guerre avec l'Allemagne, nous l'avions eue avec la Russie, qu'aurait-on dit de Tolstoï et de Dostoïewsky? Seulement, comme la littérature contemporaine allemande est tellement stupide qu'on ne peut même pas retrouver un nom et un titre que seuls les critiques des «Lectures étrangères» nous apprennent de temps en temps pour que nous les oubliions aussitôt, aussi ne trouvant où se prendre, on se rabat sur Wagner. (*Autour de soixante lettres de Marcel Proust*, Lettre X, pp. 101–102)

Proust nous fournit lui-même la conclusion à notre chapitre sur l'attitude de la critique: dans une lettre, il félicite Paul Souday de ne pas succomber à ce préjugé politique contre Wagner en particulier: «combien j'ai apprécié, pour leur justesse, leur verve, leur courage, les articles où, à peu près seul, je crois, dans toute la presse, vous avez su dire et osé dire ce qu'il *faut* penser, ce que beaucoup pensent de Wagner» (*Lettres à Paul Souday*, Lettre No III, p. 64).

Chapitre III

DE WAGNER A PROUST

Il y a peut-être aujourd'hui une autre hypothèse qui expliquerait pourquoi, en étudiant *La Recherche,* on laisse encore de côté Wagner: il faut imputer cet «oubli» au purisme de nombreux critiques littéraires ou à leur appréhension, jusque dans nos universités, à mettre côte à côte des œuvres d'ordres différents. C'est cette dernière hypothèse que je crois la plus plausible et qui rend le mieux compte du demi-silence fait sur le rapport Proust-Wagner.

Certains critiques ont cependant pris plus de risques et ont pu apporter quelques lumières supplémentaires en abordant un autre rapport musique-littérature, celui de Wagner et Mallarmé:

> Un livre peu connu en France, *The Aesthetic of Stéphane Mallarmé* par H. Cooperman, nous donne de Mallarmé une interprétation surprenante au premier abord en rattachant son esthétique à celle de Richard Wagner. M. Cooperman définit en ces termes sa thèse: «L'esthétique de Stéphane Mallarmé n'a pas été une innovation. En fin de compte elle fut une adaptation de la doctrine de Richard Wagner dont il emprunte et assimile les idées» (p. 30). Tentons d'écarter la différence si profonde de climat entre ces deux œuvres pour ne pas nous laisser influencer par de l'accessoire. Des points communs surgissent qu'il faudra examiner avec plus d'attention... Tous deux étouffent dans les limites étroites que leur propose l'art contemporain qu'ils estiment fragmentaire et manquant sa destination essentielle... Si ces points communs ont échappé au public français — malgré l'article consacré à Wagner par Mallarmé — c'est uniquement parce qu'ils viennent heurter certains préjugés tenaces qu'il nous faut rapidement examiner et combattre.
> (Guy Delfel, *L'Esthétique de Mallarmé,* pp. 25 et 27)

Ne nous étonnons donc pas de voir Proust rapprocher Ver Meer et Dostoïewsky, dans *La Prisonnière:* «Comme chez Ver Meer il y a création d'une certaine âme, d'une certaine couleur des étoffes et des lieux, il n'y a pas seulement création d'êtres mais de demeures chez Dostoïewski» (III, 378). Faut-il encore froncer les sourcils lorsque Proust compare Mme de Sévigné à un peintre impressionniste (I, 653)? Il ne se prive jamais lui-même de ces rapprochements soi-disant peu orthodoxes. Il les recherche, au contraire, comme étant ce qu'il y a de plus révélateur. Comprenons bien une fois pour toutes la pensée qui le tenait le plus à cœur: à savoir que des œuvres de genres pourtant distincts — comme musique, peinture, littérature — peuvent parfaitement susciter en nous les mêmes sentiments et les mêmes idées. La musique n'est-elle pas exprimée en images tout au long de *La Recherche*? Nous lisons par exemple, dans *La Prisonnière:*

> Il y avait des jours où le bruit d'une cloche qui sonnait l'heure portait sur la sphère de sa sonorité une plaque si fraîche, si puissamment étalée de mouillé ou de lumière, que c'était comme ... une traduction musicale du charme de la pluie ou du charme du soleil. Si bien qu'à ce moment-là, les yeux fermés, dans mon lit, je me disais que *tout peut se transposer* [nous soulignons] et qu'un univers seulement audible pourrait être aussi varié que l'autre. (p. 84)

Proust va ainsi résolument à l'encontre de ce que pense la critique traditionnelle, à savoir qu'«il est dangereux de transposer les catégories d'un art dans un autre» (Gisèle Brelet, *Le Temps musical*, p. 13). Dans son article «Richard Wagner et Tannhäuser à Paris» (*Oeuvres complètes*, Pléiade, Vol. I, p. 1208), Baudelaire citait déjà les deux premières strophes de son sonnet des «Correspondances».

Proust se sert abondamment des bruits qui l'entourent; ces bruits, par lesquels il faudrait peut-être commencer toute étude sur Proust-musicographe, constituent en effet une musique naturelle dont maints compositeurs ont fait un savant usage depuis le début du siècle. Mais remarquons qu'elle existait déjà dans Wagner: citons seulement ici l'enclume de Siegfried (Acte I, scène iii) ou les coups de sifflets dans *Der Fliegende Holländer* (Acte III, scène i).

Prestige littéraire de Wagner depuis Baudelaire

Le «tout peut se transposer» que Proust va pratiquer, Wagner en avait d'abord donné une idée vague à Gérard de Nerval — à qui pourtant même les extraits de Wagner sous forme de concert étaient inconnus (bien que Nerval fût en train de traduire le *Faust* de Goethe au moment où Wagner, de son côté, en écrivait une «ouverture»): «Il ne faut pas oublier comment Gérard de Nerval comprenait l'esthétique de Wagner longtemps avant les concerts de morceaux wagnériens» dit F. Hier (*La Musique dans l'œuvre de Marcel Proust*, p. 5). L'idée vague de ce que représente la musique de Wagner va se précisant peu à peu, d'abord explicitée par Baudelaire, puis entretenue par beaucoup d'autres jusqu'à Proust. Et, depuis la mort de Wagner jusqu'à Proust, les partis-pris nationalistes *contre* Wagner ne sont que la rançon de son énorme prestige en France.

En même temps que Proust grandissait, il voyait autour de lui croître ce prestige; Proust fréquentait assidûment les wagnériens: Robert de Montesquiou, Jacques-Emile Blanche, la princesse Hélène Bibesco, dont Wagner lui-même avait autrefois fréquenté le salon.[1]

Il convient maintenant de savoir au juste comment Wagner parvient à Proust et quels sont les facteurs qui ont le plus facilité le contact que révèle notre première impression — encore fondée principalement sur les statistiques précédentes.

Effectuons d'abord un petit retour en arrière: malgré les débuts malheureux de Wagner en France, malgré les difficultés rencontrées à Paris par ses premiers opéras, Wagner réussit de plus en plus à s'imposer, grâce à l'appui de quelques mécènes, en tête desquels figure Louis II de Bavière, le roi dit «fou» qui sut être plus lucide en matière de musique que n'importe qui à son époque, par son entêtement acharné à défendre Wagner. Il y en avait quelques autres: la comtesse Gasparin, par exemple, qui écrivait dès 1853: «A day will come — how soon I know not — when Wagner will be enthroned as undisputed ruler of Germany, and of France too. Perhaps we shall not live to see the glory of this dawn; no matter! if only we have greeted it from afar!» (Chamberlain, *Richard Wagner*, p. 78).

La musique de Wagner en France trouvera en Baudelaire un défenseur aussi passionné que Zola avec l'affaire Dreyfus, et qui non seulement voudra réhabiliter Wagner aux yeux des Français, dont il dit alors «avoir honte», mais qui proclamera avec une modestie émouvante de sincérité la nette supériorité de Wagner sur tous les artistes de son temps. Chamberlain rappelle dans son livre sur Wagner l'enthousiasme de Baudelaire, cet élève de Théophile Gautier, pour, d'une part, l'admirable beauté littéraire de Wagner (qui restaurait les beautés mythiques de l'Antiquité) et pour, d'autre part, la nouvelle forme qu'il avait donnée à l'art. Et Proust de retrouver Wagner dans Baudelaire:

> La dernière strophe du poème «L'Imprévu» évoque à Proust la musique de *Lohengrin* bien qu'il n'y ait point de coïncidence thématique entre les deux œuvres. Le son délicieux de la trompette annonçant la délivrance se retrouve dans le prélude de *Lohengrin* quand l'apparition du Graal s'accompagne d'un éclat éblouissant de coloris, d'un vif étincellement rendu par les trompettes et les trombones,

rappelle Juliette Hassine (*Essai sur Proust et Baudelaire*, p. 239). Nous reviendrons plus tard sur la «Lettre à Richard Wagner» de Baudelaire et sur son essai «Wagner et le Tannhäuser à Paris».[2] Turquet Milnes l'avait déjà noté:

---

1 Sur Wagner chez la princesse de Bibesco, voir Pierre Quennel, *Marcel Proust*, Ed. Simon & Schuster, New York, 1971, p. 121.

2 Ces deux textes de Baudelaire viennent d'être republiés dans un même volume *avec* un essai de la plume de Wagner; les textes de Baudelaire constituent la deuxième partie du livre; la première partie, «L'Art et la révolution» est extraite des *Oeuvres en prose* de Wagner (Editions de l'Opale, Paris, 1978).

It was Wagner who first so definitely proclaimed the importance of the universality of art, declaring that since painting, literature, and music suggest only one mode of life, and that life is the union of these three, the aim of the artist now should be to show this union in his art. (*The Influence of Baudelaire in France and England*, p. 283)

Baudelaire, en tous cas, fut le premier catalyseur du rapport Wagner-littérature en France. Milnes ajoute:

Let us be grateful to Baudelaire and the line of his great followers, since they have been able to suggest to us new combinations of words, colours, and sounds such as literature, painting and music were incapable of expressing before them, (op. cit., chap. «The Baudelairian spirit in music», p. 290)

Après Baudelaire, qui se trouve avoir donné le grand signal, un flot d'écrivains français déclarent leur admiration pour Wagner: Mallarmé (dans *Hommages et Tombeaux:* «Hommage à Wagner»), Verlaine (dans «Lettre au poète de Missive») qui écrit: «Le Saint Graal de Wagner, sommet de l'Art Moderne . . . *Lohengrin, Parsifal,* la manifestation triomphale et triomphante de la plus sublime musique, *de l'effort poétique peut-être définitif de ces temps-ci*» [nous soulignons] ; citons également:

Villiers de l'Isle-Adam dont l'*Axel* n'est pas sans analogie avec *Parsifal* (Voir *l'Epoque 1900* d'André Billy, pp. 57–58); Huysmans qui, dans *A Rebours,* lance une campagne publicitaire en faveur de toutes les formes d'art nouvelles. . . Mallarmé, dont Proust parle en spécialiste à Reynaldo Hahn. Initié à la musique de Wagner par les concerts dominicaux du Cirque d'Eté, l'auteur des *Divagations* ne tarit pas d'éloges sur elle dans sa «Rêverie d'un poète français». Et les disciples d'emboîter le pas. (Piroué, op. cit., p. 39)

Ajoutons-y Paul Valéry qui fait l'éloge de Wagner dans son article de novembre 1889 intitulé: «Sur la technique *littéraire*» [nous soulignons] .. En 1886, c'est-à-dire trois ans après la mort de Wagner, *la Revue Wagnérienne,* témoignage d'une tendance opposée à l'«ennui» d'*A Rebours,* connaît un succès sans précédent. Sa publication, pendant trois ans, de 1885 à 1888, constitue un phénomène unique dans l'histoire de la littérature française et peut-être universelle: l'influence d'un compositeur de musique étranger sur une génération d'écrivains de toutes sortes — malgré l'étiquette de «symbolistes» qu'on leur attribue par commodité. En effet,

le Wagnérisme de *la Revue Wagnérienne* n'a de musical que le fait que Wagner fut musicien. Mais ce qui intéresse surtout les écrivains de *la Revue Wagnérienne* ce n'est pas sa musique, mais ses livrets et ses écrits philosophiques. (Isabelle de Wyzewa, *La Revue Wagnérienne,* p. 52)

Le Wagnérisme en France

Le directeur de *la Revue Wagnérienne* était Edouard Dujardin, auteur de *Les Lauriers sont coupés* – que l'on dit quelquefois être «le premier monologue intérieur». Au départ, son co-directeur devait être Mallarmé, qui en est tout de même resté, par la suite, un étroit collaborateur. Richard Bales écrit:

> Practically all authors of note contributed to this journal at one time or another, including: Verlaine («Parsifal», *Revue Wagnérienne*, 8 janvier 1886, p. 336; and «La Mort de S.M. le roi Louis II de Bavière», *Rev. wagn.*, 8 juillet 1886, p. 117. Cf. also «Saint Graal», *«Oeuvres Complètes»* II, 43–44), Mallarmé («Richard Wagner. Rêverie d'un poète français», *Rev. wag.*, 8 août 1885, pp. 195–200; «Hommage à Richard Wagner», *Rev. wag.*, 8 janvier 1886, p. 335; Huysmans («L'Ouverture de Tannhäuser», *Rev. wagn.*, 8 avril 1885, pp. 59–62 and Villiers de l'Isle-Adam («La Légende de Bayreuth», *Rev. wagn.*, 8 mai 1885, pp. 100–104). Mallarmé, in his sonnet «Hommage (à Richard Wagner)», speaks of «Le dieu Richard Wagner irradiant un sacre» (v. 13), and in doing so betrays not only the adulation in which Wagner was held in certain circles, but also, by implication, the aesthetic ideals of the Symbolist period. The idea of an artist taking on god-like proportions and, in his works, conducting a form of religious ceremony, is fully in accord with Symbolist theories. (R. Bales, *Proust and the Middle Ages*, p. 13)

La disparition de *la Revue Wagnérienne*, au bout de trois ans, a été due aux divergences d'opinion sur *la manière d'interpréter* les idées de Wagner; à un excès, justement, d'enthousiasme pour le maître, et non pas à l'infidélité de ses disciples. Le culte de Wagner était au contraire à son comble: un enthousiasme de cet ordre, et aussi soutenu, une fidélité aussi totale étaient jusqu'alors inconnus en France. Bref, celui qu'on commençait à appeler d'un commun accord, dans les milieux artistiques les plus variés, «le dieu Wagner» (selon l'expression de Mallarmé) devenait omniprésent: si l'on s'amusait à faire l'inventaire, pour ainsi dire, de toutes les constantes artistiques observées en cet effervescent début de siècle, si l'on faisait une liste récapitulative de toutes les conventions du «post-symbolisme» et autres mutations littéraires, c'est tout le matériel de base de Wagner qui nous serait restitué. Et le registre ainsi obtenu ne couvrirait pas seulement la musique, mais les thèmes littéraires qui ont séduit nos artistes pendant toute la période s'étendant de Wagner jusqu'à Proust.

Ces thèmes, Wagner les annonçait dès son premier opéra, *Die Feen* (Les Fées) et dès la première scène du premier acte de ce *Tannhäuser* qui, après Baudelaire, fit couler tant d'encre en France. Notre liste comprendrait alors le retour à l'hellénisme et aux mythes (sur lesquels brodera un Jean Moréas par exemple), les sirènes, les nymphes, les vaisseaux vogant sans direction – comme «le vaisseau fantôme» du Hollandais –, les cygnes – comme celui de Lohengrin ou celui que tue Parsifal (Acte I, scène iii) –, les coupes de poison

– comme celle que présente Hagen à Siegfried (*Götterdämmerung,* Acte III, scène ii) –, ou les filtres d'amour – comme celui de Brangaine pour Tristan et Isolde (Acte I, scène v) ou celui qui fait oublier Brünnhilde à Siegfried pour lui faire aimer Gutrune (*Götterdämmerung,* Acte I, scène ii) –, les calices sacrés – dans *Parsifal* –, la perte d'anneaux magiques – comme celui des Nibelungen –, les légendes, les cavernes. Autant de thèmes *romantiques* qui, par Wagner, se trouvent remis à la mode. De plus, Wagner arrive jusqu'à Proust en qualité de «maître des concordances», titre que continue à lui donner Alexandre Baillot (*Influence de la philosophie de Schopenhauer en France,* p. 288). Dans son *Art de Richard Wagner,* Alfred Ernst étudie les symboles – dignes du Cénacle de Mallarmé – dans l'œuvre de Wagner; ce qu'il en dit n'est pas sans rappeler certains phénomènes de correspondances développés avec lyrisme par Proust au sujet de l'été de Balbec, que la présence d'Albertine transforme et illumine; Ernst évoque par exemple l'improvisation symbolique sur le printemps dans *Die Walküre:* «... de son sang chaleureux éclosent des fleurs bienheureuses; ... Avec la tendre parure de ses armes, il maîtrise l'univers... l'Amour attirait vers elle le Printemps... joyeusement désormais elle rit vers la lumière!...» (A. Ernst, op. cit., pp. 274–75). Que l'on songe aux Elsa, aux Lohengrin et aux Parsifal d'un Jules Laforgue, aux princesses du Moyen-Age en exil comme «L'Infante» d'Albert Samain rappelant Isolde, dans le poème «Le jardin de l'Infante». C'est Wagner qui remet à la mode les tempêtes, les forêts, les signes mystérieux d'une étrange maladie sans nom comme celle qui ronge Amfortas dans *Parsifal,* ou les signes d'une Mort que l'on ne voit pas mais qui agit autour de nous (Je pense à *L'Intruse* de Maeterlinck. «On n'aurait guère de peine à rapprocher ici Maeterlinck de certaines convictions nourrissières de Proust» dit Marcel Postic dans son *Maeterlinck et le symbolisme,* p. 242.)[3] La popularité de ces thèmes a contribué à faire croître la renommée *littéraire* de Wagner jusqu'à l'époque de Proust.

On retrouve d'ailleurs un certain nombre de ces thèmes chez Proust-même (ainsi, François Davy étudie de ce point de vue, dans son livre *L'Or de Proust,* la seule image de l'or dans *La Recherche;* et semble la trouver aussi répandue que dans *L'Or du Rhin* de Wagner). Harold March résume en ces termes le lien avec Proust, qui est ici ce qui nous intéresse:

> Proust was early caught up by the Wagnerian enthusiasm of the symbolist era, and followed the Colonne and Lamoureux concerts which were so instrumental in establishing the taste for Wagner in France. (*The Two Worlds of Marcel Proust,* p. 88)

Richard Bales le développe un peu plus longuement:

> In French musical circles, the numbers of composers directly influenced by Wagner was considerable: the most obvious examples are Franck and d'Indy. In the field of painting, Wagner gave rise, at least indi-

3 voir notre appendice sur *La Revue Wagnérienne* (p. 153).

rectly, to a whole wealth of canvasses inspired by legendary material:
Theodore Fantin Latour (1836–1904) and Odile Redon (1840–1916)
both provided illustrations for the *Revue Wagnérienne* (Fantin-Latour,
«L'Evocation d'Erda», *Rev. wagn.*, 8 mai 1885, frontispiece; Redon,
«Brünnhilde», *Rev. wagn.*, 8 août 1885, frontispiece. Proust's friend
Jacques-Emile Blanche also provided illustrations: «Tristan et Isolde»,
Rev. wagn., 15 novembre 1886, frontispiece; and «Le pur-simple»,
Rev. wagn., 15 décembre 1886, frontispiece). In their more autonomous
works, Fantin-Latour and Redon carry on the same concern for what
might be termed a «Wagnerian atmosphere». The works of Gustave
Moreau (1826–1898) carry this development to its extreme: Moreau
is not solely Wagnerian in his effects (his sources are varied), but
the whole atmosphere he conveys is one of a world of misty legend,
lit from time to time by blinding flashes of light which reveal exotic,
bejewelled figures. Proust was, of course, a great admirer of Moreau.
(R. Bales, *Proust and the Middle Ages*, pp. 13–14)

Et quand la musique française, pour affirmer son indépendance, se dé-
tournera de Wagner, Proust défendra encore celui qui avait été la grande
révélation de sa jeunesse. Jusqu'à la fin de sa vie, Proust ne cessera de s'en
référer aux drames de Bayreuth «pour illustrer les détails les plus insigni-
fiants de sa vie comme ses mystères les plus profonds», dit Piroué (op. cit.,
p. 33). Et c'est bien lié à ces deux pôles que nous retrouvons Wagner dans
La Recherche. Mais ce que Proust retient surtout de Wagner, ce n'est au
fond ni les intrigues de ses opéras ni la psychologie de ses personnages. Les
mêmes intrigues traitées par d'autres compositeurs que Wagner avaient déjà
mené au désastre; on en a un exemple avec l'œuvre de Pierre Dietsch, aujour-
d'hui complètement tombée dans l'oubli:

The *Flying Dutchman* was actually set as an opéra by a mediocre
composer of the name of Pierre Dietsch and produced in Paris in 1842.
It was a failure (Ernest Newman, *The Life of Richard Wagner*, vol. I,
p. 283)

Ce que Proust retient surtout de Wagner, ce n'est pas non plus la technique de ce génie de la composition musicale, sa recherche scientifique en matière d'harmonie ou de contrepoint. Non, ce que Proust aime surtout chez
Wagner, c'est qu'il «expectore tout ce qu'il contient de près, de loin, d'aisé,
de difficile sur un sujet (*seule chose que j'estime en littérature*),» [nous soulignons, en attendant de l'expliquer plus loin] dit Proust dans une des *Lettres à Reynaldo Hahn* (p. 115). Ainsi, la musique de Vinteuil occupe plus
de cinquante pages dans *La Recherche* mais on peut à peine en rassembler
quatre de strictes notations techniques.

Wagner entre les lignes

Le souvenir d'un détail, tout au début de *La Recherche*, aurait dû cependant mettre un plus grand nombre de critiques sur la voie de Wagner, les «sensibiliser» en quelque sorte à la présence de Wagner dans l'œuvre de Proust. Ce détail, c'est la fascination de Proust pour la duchesse de Guermantes. La duchesse au nom d'une «douceur pour ainsi dire wagnérienne» (II, 12) est vue de loin dans l'église de Combray qui est baignée d'un soleil apportant, pour la circonstance, «cette sorte de tendresse, de sérieuse douceur dans la pompe et dans la joie qui caractérisent certaines pages de *Lohengrin*, certaines peintures de Carpaccio, et qui font comprendre que Baudelaire ait pu appliquer au son de la trompette l'épithète de délicieux» (I, 178). L'église pourrait être celle de Ste. Catherine, à Nuremberg (*Die Meistersinger*, Acte I, scène i), la trompette au lever du jour celle de *Rienzi* (Acte II, scène iv), ainsi que l'entrée solennelle de la duchesse (Acte IV, scène ii). Juliette Hassine rapproche cette scène de *Parsifal:* «Pour l'enfant qui attend d'être touché par la grâce du regard de Mme de Guermantes, le spectacle de la duchesse s'avançant dans la sacristie est pour lui une vraie apparition du Graal» (*Essai sur Proust et Baudelaire*, p. 239). Cette duchesse de Guermantes est une «descendante – comme Proust le dit lui-même – de Geneviève [et Elsa] de Brabant», rattachée à *Lohengrin* de Wagner et dont l'histoire est rappelée en quatre «planches» dans la partie iconographique de l'ouvrage de Marcel Muller *Préfiguration et structure romanesque dans A la recherche du temps perdu avec un inédit de Marcel Proust* (Documentation Labarre). A cette héroïne wagnérienne revient ainsi le premier exemple – un indice, pour nous – de la séduction des généalogies que Proust éprouvera tout au long de *La Recherche* et le plus vivement dans *Le Côté de Guermantes*. Ne sous-estimons jamais, chez Proust, la portée d'un nom, ni la séduction magique que le nom symbolise pour lui:

> Qu'une sensation d'une année d'autrefois – comme ces instruments de musique enregistreurs qui gardent le son et le style des différents artistes qui en jouèrent – permette à notre mémoire de nous faire entendre ce nom avec le timbre particulier qu'il avait alors pour notre oreille, et ce nom en apparence non changé, nous sentons la distance qui sépare l'un de l'autre les rêves que signifièrent successivement pour nous ces syllabes identiques. (II, 11)

Un nom, échappé de *Lohengrin*, c'est-à-dire du passé le plus ancien, accompagne Proust tout au long de son cheminement. Ajoutons à cela que c'est à la représentation, en 1908, de *Tristan und Isolde* (chanté par Litvinne et Van Dyck) que Proust, dans sa *Correspondance*, dit admirer pour la première fois, assise dans sa loge, la princesse de Bibesco qui semble avoir été un des modèles pour la duchesse de Guermantes.

Avant d'examiner le rôle de Wagner dans *La Recherche,* voyons ce qui pouvait, au départ, prédisposer Proust à s'y intéresser. Qu'est-ce qui a pu faire que Proust s'intéressât à Wagner, pourquoi compte-t-il aussi souvent avec lui, pourquoi l'intègre-t-il aussi fréquemment dans ses propos? Il nous faut commencer par dire quelques mots sur ce qu'on a appelé l'hyperesthésie proustienne, c'est-à-dire son hyper-sensibilité aux sons en général.

L'hyperesthésie de Proust

Proust, qui interprète en métaphores poétiques les bruits du monde extérieur, rejoint en cela Wagner; il remarque lui-même son affinité à ce sujet avec le compositeur: Proust dit à propos de la mort de sa grand mère:

> Wagner, qui a fait entrer dans sa musique tant de rythmes de la nature et de la vie, du reflux de la mer au martellement du cordonnier, des coups du forgeron au chant de l'oiseau, on peut croire, s'il a jamais assisté à une telle mort, qu'il en a dégagé pour les éterniser dans la mort d'Iseult les inexhaustibles ressassements. (II, 1156—57)

Et en effet, dès *Rienzi,* on remarque chez Wagner le rôle joué par le tintement des cloches ou les éclats sonores de boucliers (Acte III, scène iii), pour ne citer ici que deux exemples. Proust se sert lui aussi abondamment des bruits qui l'entourent. Ainsi, au début de *La Prisonnière,* les bruits de la rue sont assimilés à des «cantiques de la vie extérieure» qui ne sont pas sans évoquer le réveil matinal du village de Nuremberg dans *Die Meistersinger,* avec ses artisans entrant à tour de rôle dans la ronde grandissante du chœur. Proust, lui, dira:

> Dehors, des thèmes populaires finement écrits pour des instruments variés, depuis la corne du raccomodeur de porcelaine, ou la trompette du rempailleur de chaise, jusqu'à la flûte du chevrier . . . orchestraient légèrement l'air matinal, en une «ouverture pour un jour de fête» . . . La fantaisie, l'esprit de chaque marchand ou marchande, introduisant souvent des variantes dans les paroles de toutes ces musiques que j'entendais de mon lit . . . Les motifs commençaient à s'entre-croiser. (III, pp. 116, 118, 119)

Ailleurs, Proust éprouvera le bruit que fait le train de Balbec comme une partition de musique: «quatre doubles croches égales, puis une double croche précipitée contre une noire» (I, 654). Ainsi interprétés, les bruits, dans *La Recherche,* constituent une musique naturelle au même titre que les coups de sifflets dans *Der Fliegende Holländer* (Acte II, scène i), que la «ponctuation» de Hans Sachs à coups de marteau *(Die Meistersinger,* Acte II, scène vi), que le son jaillissant de l'enclume de Siegfried (Acte I, scène iii) ou que les crépitements du feu qui attend Brünnhilde *(Götterdämmerung,* Acte III, scène iii).

D'après H. Kopman, bruits et musique constituent dans *La Recherche* un *seul* type de «rencontres» avec des forces inanimées que l'on peut étudier conjointement dans un même chapitre (*Rencontres with the inanimate in Proust's Recherche*, p. 24). Et maints compositeurs ont fait, après Wagner et depuis le début du siècle, un fréquent usage de ces «forces» invisibles jusqu'à aboutir à la musique «concrète». Mais celle-ci, en allant trop loin, dévisage la nature, ce que Wagner et Proust ne font jamais («La nature est pour l'écrivain une source pure à laquelle on peut boire sans crainte... Elle est sa sauvegarde contre l'intellectualisme de décadence qui est le plus grand ennemi de l'art,» dira Apollinaire dans *Les Peintres Cubistes* – à propos de Duchamp-Villon). La vérité et la Nature, que l'auteur «tourmente», parleront plus haut que les coutûmes de salons ou les traditions littéraires. Comme pour s'assurer de ne pas dévisager la nature, c'est chez elle que prend racine la musique proprement dite:

> Les comparaisons empruntées au domaine des sons s'accumulent à tel point, dans *La Recherche du Temps perdu*, qu'il est bien difficile de dire où y commence la musique. Bien avant le moment, à coup sûr, où Proust en parle nommément. (Benoist-Méchin, *Retour à Marcel Proust*, p. 51)

Dès les premières pages de *La Recherche* (I, 33), Proust déclare que, pour lui, la marge qui sépare la musique et les bruits n'est pas immuable, que les deux domaines se chevauchent souvent, qu'ils découlent l'un de l'autre si notre esprit y prend part. Pour Marcel, la Berma joue de sa voix «en musicienne» (I, 457). C'est pourquoi il peut dire de Wagner:

> Même ce qui dans la nature est le plus indépendant du sentiment qu'elle nous fait éprouver, garde sa réalité extérieure et entièrement définie; le chant d'un oiseau, la sonnerie du cor d'un chasseur, l'air que joue un pâtre sur son chalumeau, découpent à l'horizon leur silhouette sonore. Certes, Wagner allait la rapprocher, s'en saisir, la faire entrer dans un orchestre, l'asservir aux plus hautes idées musicales, mais en respectant toutefois son originalité première comme un huchier les fibres, l'essence particulière du bois qu'il sculpte. (III, 160)

Par ce biais, Proust arrive à faire entrer Wagner dans sa vie, à le faire participer aux événements les plus personnels et les plus communs:

> La porte du palier ne se refermait d'elle-même, très lentement, sur les courants d'air de l'escalier, qu'en exécutant les hachures de phrases voluptueuses et gémissantes qui se superposent au chœur des Pèlerins, vers la fin de l'ouverture de *Tannhäuser*. (II, 391)

Placé exactement sur le même plan que la musique, le bruit de la mer «nous enchante comme la Musique en imitant les mouvements de l'âme», dit Proust dans *Les Plaisirs et les jours*. Jean Mouton note que chez Proust et chez Wagner, cette intégration des bruits par la sensibilité – rythmique – de l'auteur se distingue des harmonies imitatives qu'on ferait passer de temps en temps dans une œuvre et qui lui seraient ajoutées comme par exotisme. Ici, au contraire, l'assimilation des bruits traduit les mouvements profonds de la nature, les résonances de la vie intérieure de l'univers:

> Exposés sur ce silence qui n'en absorbait rien, les bruits les plus éloignés, ceux qui devaient venir de jardins situés à l'autre bout de la ville, se percevaient détaillés avec un tel «fini» qu'ils semblaient ne devoir cet effet de lointain qu'à leur pianissimo, comme ces motifs en sourdine si bien exécutés par l'orchestre du Conservatoire (I, 33). (Dans une lettre à Lucien Daudet, Proust parle du «refalado» en sourdine et pianissimo de *Lohengrin*)

Les silences eux-mêmes sont traités comme un contre-point capital à la mélodie, ainsi que dans *Parsifal:*

> On n'entendait aucun bruit de pas dans les allées. Divisant la hauteur d'un arbre incertain, un invisible oiseau s'ingéniait à faire trouver la journée courte, explorait d'une note prolongée la solitude environnante, mais il recevait d'elle une réplique si unanime, un choc en retour si redoublé de *silence* et d'*immobilité* qu'on aurait dit qu'il venait d'*arrêter pour toujours l'instant* qu'il avait cherché à faire passer plus vite. (I, 137) [nous soulignons]

L'hyperesthésie de Proust n'était pas pour négliger le son de la parole et le rire. Que ce soit au sujet de Gilberte («Souvent son rire en désaccord avec ses paroles semblait, comme fait la musique, décrire dans un autre plan une surface invisible», I, 491), ou au sujet de Bergotte: «rien n'altère autant les qualités matérielles de la voix que de contenir de la pensée: la sonorité des diphtongues, l'énergie des labiales, en sont influencées. La diction l'est aussi», *point de départ* d'une analyse de dix pages sur Bergotte, dans laquelle il est question de «cadence», d'«accords», de «mesures». Le baron de Charlus, lui aussi, «chante» son rôle aux oreilles de Proust:

> Sa voix ... pareille à certaines voix de contralto en qui on n'a pas assez cultivé le medium et dont le chant semble le duo alterné d'un jeune homme et d'une femme, se posait, au moment où il exprimait ces pensées si délicates, sur des notes hautes, prenait une douceur imprévue et semblait contenir des chœurs de fiancées, de sœurs, qui répandaient leur tendresse. (I, 764)

Proust l'entend, bien que la littérature soit impuissante à la reproduire:

> Pour peindre complètement quelqu'un, il faudrait que l'imitation phonétique se joignit à la description et celle du personnage que faisait M. de Charlus risque d'être incomplète par le manque de ce petit rire si fin, si léger,... (II, 942),

qui pourrait bien être celui de Mime dans *Siegfried* (Acte II, scène iii). Et Wagner n'a aucun mal à nous le restituer fidèlement, qu'il soit chanté ou instrumental. Proust continue à invoquer la musique au sujet de la voix des jeunes filles comparée à celle d'oiseaux:

C'est avec délices que j'écoutais leur pépiement. Aimer aide à discerner, à différencier. Dans un bois, l'amateur d'oiseaux distingue aussitôt ces gazouillis particuliers à chaque oiseau, que le vulgaire confond. L'amateur de jeunes filles sait que les voix humaines sont encore bien plus variées. Chacune possède plus de notes que le plus riche instrument. (I, 908)

Après avoir salué au passage la princesse de Luxembourg, il dit:

les paroles restèrent si indistinctes et le son que seul je perçus se prolongea si doucement et me sembla si musical, que ce fut comme si, dans la ramure assombrie des arbres, un rossignol se fut mis à chanter. (I, 814)

Vers la musique proprement dite

Lorsque les bruits de tous les jours suggèrent à Proust une musique plus précise, qu'il peut nommer, celle-ci est le plus souvent empruntée à Wagner: «j'entendis tout à coup, mécanique et sublime, comme dans Tristan l'écharpe agitée ou le chalumeau du pâtre, le bruit de toupie du téléphone,» (II, 731) ou bien le passage suivant (dont le cinéaste Francis Ford Coppola aurait pu s'inspirer pour son film de 1979 *Apocalypse Now*):

Et ces sirènes, était-ce bien assez wagnérien, ce qui du reste, était bien naturel pour saluer l'arrivée des Allemands, ... c'était à se demander si c'était bien des aviateurs et pas plutôt des Walkyries qui montaient.» Saint-Loup semblait avoir plaisir à cette assimilation des aviateurs et des Walkyries, et l'expliqua d'ailleurs par des raisons purement musicales: «Dame, c'est que la musique des sirènes était d'un *Chevauchée!* Il faut décidément l'arrivée des Allemands pour qu'on puisse entendre du Wagner à Paris.» A certains points de vue la comparaison n'était pas fausse... Escadrille après escadrille, chaque aviateur s'élançait ainsi de la ville transportée maintenant dans le ciel, pareil à une Walkyrie... Tout en contemplant l'apocalypse dans le ciel, ... (III, 758–59)

La musique proprement dite intervient donc aussi pour décrire ce que l'on regarde: «je suis sûre que si [le clocher de Combray] jouait du piano, il ne jouerait pas sec», dit la grand mère de Marcel (I, 64). Plus loin, il s'agit de s'«unir au rythme qui jetait [les fleurs des aubépines] ici et là, avec une allégresse juvénile et à des intervalles inattendus comme certains intervalles musicaux, ... comme ces mélodies qu'on rejoue cent fois de suite...» (I, 138)

L'hyperesthésie auditive de Proust, telle que nous la confirme encore Saint-Loup lorsqu'il s'adresse au narrateur (II, 72), occupe la première place dans la synesthésie proustienne, car «nos intonations contiennent notre philosophie de la vie, ce que la personne se dit à tout moment sur les choses» (I, 909). Donnons ici un exemple du terrain couvert par cette sensibilité de Proust à l'égard du son:

Rien ne ressemblait plus qu'une belle phrase de Vinteuil à ce plaisir particulier que j'avais quelquefois éprouvé dans ma vie, par exemple, devant les clochers de Martinville, certains arbres d'une route de Balbec ou plus simplement, au début de cet ouvrage, en buvant une certaine tasse de thé. Comme cette tasse de thé, tant de sensations de lumière, les rumeurs claires, les bruyantes couleurs que Vinteuil nous envoyait du monde où il composait promenaient devant mon imagination, avec insistance, ... quelque chose que je pourrais comparer à la soierie embaumée d'un géranium. (III, 374)

Pour rapprocher encore Proust et Wagner, recommandons-nous ici de cette synesthésie, définie comme association spontanée entre des sensations de nature différente, mais qui peuvent se suggérer l'une l'autre. De la page qu'on a sous les yeux aux notes qu'on a entendues.[4] Dans la musique de Wagner, la «synopsie» ou «audition colorée», tient une place capitale; Baudelaire, le premier, avait parlé dans sa «Lettre à Richard Wagner», de cette variété de synesthésie où le son est perçu comme étant d'une *couleur* déterminée; on y lit, à propos de *Tannhäuser:*

... une vaste étendue d'un rouge sombre. Si ce rouge représente la passion, je le vois arriver graduellement par toutes les transitions de rouge et de rose, à l'incandescence de la fournaise. Il semblerait difficile, impossible même d'arriver à quelque chose de plus ardent; et cependant une dernière fusée vient tracer un sillon plus blanc sur le blanc qui lui sert de fond. (*Oeuvres Complètes*, p. 1206)

Notons en passant que ces textes de Baudelaire semblent avoir été calqués sur certains passages descriptifs de la plume de Wagner lui-même:

The glory of the vision grows and grows until it seems as if the rapture must be shattered and dispersed by the very vehemence of its own expansion. The vision draws nearer, and the climax is reached when at last the Grail is revealed in all its glorious reality, radiating fiery beams and shaking the soul with emotion. (Wagner on *Lohengrin, Lincoln Center* pub., nov. 1976, pp. 19–20)

Luigi Magnani admet aussi la synesthésie comme étant le moyen de passer légitimement de Wagner à Proust:

E se in Wagner ciò che il linguaggio non può esprimere viene reso manifesto dal linguaggio orchestrale mediante «le figure sonore proprie del carattere individuale degli strumenti», (Wagner, *Oper und Drama*, pp. 400–03), in Proust l'ineffabile troverà espressione mediante la sinestesia o, come dice Baudelaire, in virtù della «métamorphose mystique de tous les sens fondus en un». (L. Magnani, *La Musica, il Tempo, l'Eterno nella Recherche*, p. 80)

---

4 D'après le dictionnaire Robert, «synesthésie (gr. sunaisthêsis, perception simultanée») = relation *subjective* qui s'établit spontanément entre une *perception* et une *image* appartenant au domaine d'un autre sens» [nous soulignons].

Les musicologues parlent toujours beaucoup aujourd'hui de ces rapports entre la musique et sa représentation visuelle ou dans l'imagination. Wolfram Schwinger dit:

> Chez Wagner, la couleur sonore ne provient pas d'une coloration extérieure, mais fait partie de l'imagination créatrice, de la substance même de la musique. Wagner est bien plus compositeur de couleurs sonores que «bricoleur» de leitmotiv — on écoutera avec profit les alternances de couleurs lors de l'annonce de la mort dans l'acte central des «Walkyries».
>
> («Le Cosmos lyrique», *Das Rheingold,* p. 9)

Dans *La Recherche,* «le blanc sera associé par synesthésie à la Sonate, le rouge au Septuor,» qui est pour Proust «une transposition, dans l'ordre sonore, de la profondeur,» rappelle Louis Bolle (*Marcel Proust, ou le Complexe d'Argus,* p. 122), dans «son chapitre à lui» sur Proust et la musique.

Ainsi, dans le silence de sa chambre de liège, Proust permettra l'intrusion exceptionnelle de la musique de l'Opéra que le théâtrophone lui apporte tant bien que mal: un acte des *Meistersinger* le 20 février 1911, et d'autres opéras de Wagner dont il ne connaissait jusqu'alors que des parties (Les Adieux de Wotan, le Prélude de *Tristan*) jouées par l'orchestre Pasdeloup ou Colonne. Proust avoue être «tyrannisé» par ce théâtrophone (*Lettres à un ami,* p. 235). D'après S. Kadi, la propre existence de Proust «s'efface devant les objets dont le souvenir persiste dans sa mémoire» (*Proust et Baudelaire: influences et affinités électives,* p. 73). Longtemps après qu'ils ont frappé l'oreille extérieure, la vie des sons peut en effet se prolonger dans l'oreille de la mémoire, souverainement, et avec encore plus de facilité si le silence nous entoure; jusqu'au sommeil, qui fabrique alors des sons («Plus matériels et plus simples, ils duraient davantage.» II, 986). On sait que la mémoire des sons et des couleurs n'est jamais aussi active que chez l'homme devenu soudain sourd et aveugle. L'homme qui peut voir et entendre se soucie moins, lui, d'analyser l'expérience de couleurs et de sons vécue tous les jours. Il n'est guère surprenant que Proust, dans son isolement, regarde et écoute «à une certaine profondeur seulement.» (III, 718)

Pour nous qui cherchons à comprendre cette manière d'écouter, il ne s'agira pas, dans la présente étude, de déchiffrer une partition de musique, ni d'en discuter en musicologue d'un point de vue technique. Avec Wagner et Proust, nous sommes bien entendu en présence de talents différents. Mais puisque Proust se réfère constamment à Wagner, c'est que leurs talents respectifs, au delà des différences d'époques, de genre, et de pays où ils sont nés, présentent un rapport méritant d'être élucidé. Une telle entreprise ne saurait avoir l'évidence d'une démonstration mathématique, comme nous l'avons dit plus haut.

Il convient ici de rappeler brièvement ce que nous disions dans notre introduction, à savoir que le lien à «démontrer», au lieu d'être l'équation que nous avons hasardée tout à l'heure, relève au contraire de l'«ineffable» qui,

d'après Proust, caractérise l'art (I, 835). L'explication rationnelle de toute
œuvre d'art n'ayant qu'une valeur relative, ne nous attendons pas à ce que
le lien invisible qui rattacherait deux œuvres distinctes soit plus démontrable que chacune des œuvres prise séparément. Démontrable ou pas, l'idée
d'un lien éventuel entre deux œuvres a cependant un but précis, et un seul:
celui de nous les faire réapprécier. («Une fois qu'on m'a dit qu'un morceau
d'orchestre veut peindre la tempête, je sens toutes les convulsions d'un vaisseau qui souffre. Mais tant qu'on ne me l'a pas dit, je ne sais pas,» dit Proust
dans une des *Lettres à Robert Dreyfus*, p. 252). Et d'autres possibilités sont
ainsi ouvertes.

La musique aux yeux de Proust

Ce que nous pouvons en tout cas déterminer avec certitude, c'est l'opinion qu'a Proust de l'art en général et du rôle de la musique en particulier;
citons pour cela Samuel Beckett:

> Music is the catalytic element in the work of Proust. It asserts to
> his unbelief the permanence of personality and the reality of art.
> It synthesises the moments of privilege and runs parallel to them.
> In one passage he describes the recurrent mystical experience as «a
> purely musical impression, non extensive, entirely original, irreducible
> to any other order of impression,... sine materia.» (*Proust*, pp. 71–
> 72)

Proust, comme Baudelaire dans sa «Lettre à Richard Wagner», placerait l'art
musical au dessus même de l'art littéraire, dans sa hiérarchie des arts. Dans
les mots de Pierre Abraham,

> Musique, une fois encore songeons à toi, qui imprégnas tant de ses
> heures douloureuses, tant de pages couvertes de sa mince et pâle et
> fiévreuse écriture. Musique, que nous interrogeons ensemble, lui et
> nous, délivre à notre anxiété ta réponse. Vois. Nous nous sommes
> pliés à ta loi. Avec une ivresse sévère, nous avons plongé dans cette
> atmosphère comme si elle était tienne, dans ce texte comme s'il éma-
> nait de toi. Au travers de cette chaleur toute gonflée de tes sonorités,
> nous avons, lui et nous, cherché notre chemin qui est le tien. Consi-
> dère cette vie entière donnée à l'œuvre. Considère cette œuvre entière
> chargée d'une vie. Que penserais-tu d'elles si c'était à toi que l'une
> et l'autre se fussent ainsi vouées? (*Proust*, p. 143)

Exemple à l'appui, Milton Hindus confirme, lui aussi, l'attitude révérente
de Proust envers la musique:

> It is not often that an artist puts another art in a position above that
> which he himself practices, but Proust unmistakably does so, on the
> rather strange ground, considering his own gifts of analysis, that music
> is the art which is least analytic in its effect:

> Every human and external word left me indifferent compared
> with the heavenly phrase of music... this return to the unanalysed
> was so inebriating that on emerging from that Paradise, contact
> with other people who were more or less intelligent seemed to me
> of an extraordinary insignificance. (*The Captive*, p. 349).
> It is interesting to read in this connection Regis Michaud's *Modern
> Thought and Literature in France* (New York, 1934), p. 34: «We
> obtain another clue to the Symbolist esthetics through Paul Valery's
> statement that Symbolism meant, most of all, for the poets a way
> of appropriating to themselves waht belonged to the musicians. Music
> was to the Symbolists what eloquence had been to the Romanticists
> and painting and sculpture to the Parnassians.»
> (Milton Hindus, *The Proustian Vision*, pp. 40—41)

Et Madeleine Remacle semble renchérir encore sur cette suprématie de la
musique dans *La Recherche:*

> La musique est, parmi tous les thèmes artistiques utilisés par Proust,
> à la fois le plus important et le plus poétique... Elle donne lieu tantôt
> à des exposés théoriques, où sont abordés de grands problèmes, tantôt
> à des évocations concrètes, volontiers poétiques. (*L'Élément poétique
> dans «A la Recherche du Temps Perdu»*, p. 111)

C'est que, depuis Wagner, et bien que la musique demeure l'art le moins
analytique qui soit, elle traduit pour le public, comme la littérature, des *idées*,
idées «d'un autre monde, d'un autre ordre, idées voilées de ténèbres, inconnues, impénétrables à l'intelligence, mais qui n'en sont pas moins parfaitement distinctes les unes des autres, inégales entre elles de valeur et de signigi-
cation» (I, 350). Et son influence, en tant que force évocatrice s'étendra
désormais non seulement aux vers, mais à la narration. C'est ce que remarquait T.S. Eliot, entre autres (dans *La Musique de la Poésie*). Pour Proust,
elle court comme un «fil conducteur» à travers toute son œuvre. Il n'est
d'ailleurs pas le seul: «tous ceux qui, de 1879 à 1885, fréquentaient les clubs
et les cénacles (Hydropathes, Hirsutes, Chat-Noir), ou les rédactions de revue
(*Décadent, Symbolisme, Vogue, Revue Wagnérienne, Revue indépendante*,
etc.) vont vers la musique, l'idéal, l'obscur, le nuageux,» dit Baillot (op. cit.,
p. 285).

La musique reste certes sensuelle, mais elle devient en outre source de
stimulation intellectuelle. Elle laisse toujours ses droits à l'imagination, qui,
elle aussi, est reconnue comme fonction intellectuelle. Morel n'est pas un vrai
musicien «au sens intellectuel du mot,» dit Proust (II, 911). Lorsque Proust
écrit: il faut «partir des illusions, des croyances qu'on rectifie peu à peu,
comme Dostoïevsky raconterait une vie,» il rend hommage à l'imagination
(III, 983). Ici encore, nous retrouvons Baudelaire; lui aussi avait perçu ce
côté «scientifique» de l'imagination comme point de départ. Lui aussi aurait
pu se dire: «Les choses, les êtres ne commençaient à exister pour moi que
quand ils prenaient dans mon imagination une existence individuelle» (III,
513). La faculté de sentir et d'imaginer — qui est peut-être la même — gou-

verne l'amour pour la musique autant que celui de Proust pour la littérature: «Il n'est pas certain que, pour créer une œuvre littéraire, l'imagination et la sensibilité ne soient pas des qualités interchangeables» (III, 900). L'œuvre de Proust se veut ouverte à d'aussi vastes horizons que la musique, et laisse «la plus grande liberté au lecteur» (III, 911). Pour Wagner, cette sorte de liberté était facile à accorder: en musique, il n'y a pas de tropes, on n'a pas besoin de parler de métonymie ou d'hypallage.

Même lorsque la musique se donne un objet précis à dépeindre, par exemple la tempête de *Der Fliegende Holländer*, ou le personnage ridicule de Beckmesser dans *Die Meistersinger*, la musique est toujours infiniment plus qu'allégorie.[5] Dans *La Recherche*, l'intelligence «raisonnable», «logique», se trouve reléguée au second rang: «Quant aux 'joies de l'intelligence', pouvais-je appeler ainsi ces froides constatations que mon œil clairvoyant ou mon raisonnement juste relevaient sans aucun plaisir et qui restaient [soulignons] *infécondes?*» (III, 866). Par la sensibilité et l'imagination qu'elle met en branle, la Musique règne. Et les mots – Baudelaire fut le premier à le souhaiter – pussent-ils en faire autant. C'est-à-dire provoquer, créer, à l'exemple de Wagner, de nouvelles sensations, en plus de celles qu'ils décrivent littéralement. Alors seulement l'œuvre littéraire pourra-t-elle être, comme dit Proust lorsqu'il y croit enfin, un «signe de bonheur» (III, 904). Mais avant d'en arriver là, il lui a fallu «quelque réalité s'adressant à son imagination... ou quelque élément général, commun à plusieurs apparences et plus vrai qu'elles,» tel que Wagner, présent dans différents contextes et ressortant toujours victorieux de la confrontation (III, 284).

This conception of the inevitability of the evolution of truths in music is similar to Proust's theory about literature. (Victor Graham, *The Imagery of Proust*, p. 41)

Il s'agit donc d'assigner à la littérature le pouvoir de la musique, tout en sachant que la musique a l'avantage de n'opposer, elle, aucune barrière à l'imagination. Devant l'énormité de cette tâche, Mallarmé avait exprimé l'angoisse de l'écrivain; et c'est alors la page blanche, ou *Hérodiade.*[6] Et les doutes attristés de Proust: «Mon absence de disposition pour les lettres ... me parut quelque chose de moins regrettable, comme si la littérature ne révélait pas de vérité profonde; et en même temps il me semblait triste que la littérature ne fût pas ce que j'avais cru» (III, 709). Mais Proust connait mieux son Wagner que son Mallarmé (En effet, il ne se trompe jamais lorsqu'il cite, pourtant si abondamment, Wagner – qu'il connaît «par cœur», dit-il – tandis que ses rares citations de Mallarmé sont souvent inexactes; voir par exemple dans *La Fugitive*, III, p. 456 et la note de la Pléiade p. 1098). Il finit donc par transcrire sans appréhension ce que lui dicte le matériau de base

5 Cf. aussi Reynaldo Hahn, pièces pour piano intitulées *Portraits de Peintres*, d'après les poésies de Marcel Proust; Au Menestrel, Heugel et Cie, Paris, 1896.

6 Cf. Gardner Davies, *Mallarmé et le rêve d'Hérodiade*, Ed. J. Corti, 1978.

que devient la musique. Et, ce faisant, il reprend le fil de sa vocation et la foi en la littérature. Remarquons que les termes d'«écrivain» et d'«artiste» sont presque toujours interchangeables dans son vocabulaire: «La seule vie ... réellement vécue, c'est la littérature; cette vie qui, en un sens, habite à chaque instant chez tous les hommes aussi bien que chez l'artiste» (III, 895).

Maurice Barrès, dans sa Préface à *Musique et Littérature* par André Cœuroy, donne du métier d'écrivain la définition que cette attitude implique: «Nous autres écrivains nous avons pour mission de traduire en idées claires et d'un vigoureux relief, bref, de rendre intelligible, le mystère qui bourdonne autour des orchestres.» C'est pourquoi la musique est presque toujours rattachée aux circonstances dans lesquelles Proust l'entend: elle est tour à tour traitée dans ses rapports avec la politique, l'habitude, la sexualité, le sommeil, le langage, le temps qu'il fait. Elle ne forme qu'un avec les bruits, les décors, les ambiances. Le réel se mêle à l'artificiel pour déclencher les états d'âme. Entre ces deux phrases: «La musique me semblait quelque chose de plus vrai que tous les livres connus,» (III, 374) et «Le déclenchement de la vie spirituelle était assez fort en moi maintenant pour pouvoir continuer,» (III, 918), il y a la prise de conscience de l'interaction entre la musique et la littérature telles que Proust les conçoit: d'une manière analogue. Comme *moyens* d'expression poétique, artistique. Tout au long de *La Recherche,* il y a interdépendance et chassé-croisé des vues de Proust sur la littérature *et* des vues de Proust sur la musique – et sur celles de Wagner en particulier (nous le verrons dans les chapitres suivants). Les échanges que Proust entrevoit alors ne feront que s'intensifier de plus en plus. En un dialogue sans fin. A conclusion ouverte. Avec Wagner, «on pourrait presque parler d'une amitié de métier. Wagner est par excellence, pour Proust, le technicien dont on prend l'avis et dont on écoute les conseils, l'aîné qui a ouvert la voie, dont l'exemple excite l'esprit en même temps qu'il le rassure,» dit Piroué. Plus qu'aucun autre, Wagner avait introduit la littérature dans la musique. Piroué dit qu'avec Proust, «simplement, les facteurs sont inversés: c'est l'introduction de la musique dans la littérature.» (p. 107–108).

Baudelaire et Swann dans l'optique de Wagner

Proust, par exemple, développe extensivement l'idée de divinité dans la musique qu'il décrit. Or, cette divinité, que Swann perçoit avant que ne la perçoive le narrateur-même, est exactement celle dont Baudelaire avait parlé dans sa lettre à Wagner: ce n'est pas une Divinité qui viendrait à Swann d'un au-delà inconnu, c'est la sienne propre. Baudelaire dit: «D'abord, il m'a semblé que je connaissais cette musique, et plus tard en y réfléchissant, j'ai compris d'où venait ce mirage; il me semblait que cette musique était la mienne» (*Oeuvres Complètes,* «Lettre à Richard Wagner», p. 1206), et pour Swann, il s'agit de «l'image d'une beauté nouvelle qui donne à sa propre sensibilité une valeur plus grande» (I, 211). La signification cachée des phénomènes physiques, – que la littérature se doit de dévoiler – est *en lui*.

La musique entendue par Baudelaire et par Swann devient l'écho, le miroir de leur subjectivité; Baudelaire dit: «j'ai éprouvé aussi, et je vous supplie de ne pas rire, des sensations qui dérivent probablement de la tournure de mon esprit et de mes préoccupations fréquentes», et Proust:

> Comme certains valétudinaires chez qui, tout d'un coup, un pays où ils sont arrivés, un régime différent, quelquefois une évolution organique, spontanée et mystérieuse, semblent amener une telle régression de leur mal qu'ils commencent à envisager la possibilité inespérée de commencer sur le tard une vie toute différente, Swann trouvait en lui, dans le souvenir de la phrase qu'il avait entendue, dans certaines sonates qu'il s'était fait jouer, pour voir s'il ne l'y découvrirait pas, la présence de ces réalités invisibles auxquelles il avait cessé de croire (I, 211)

Proust élabore sa «théorie» sur une base qui lui est commune avec Baudelaire, dont il se recommande dans *Le Temps retrouvé* («J'allais chercher à me rappeler les pièces de Baudelaire ... pour achever de me replacer dans une filiation aussi noble» – III, 920).

La signification cachée des phénomènes physiques se livrera comme une amante à celui qui saura la saisir et l'embrasser au passage; Baudelaire dit de la musique de Wagner: «je la reconnaissais comme tout homme reconnaît les choses qu'il est destiné à aimer», et parle de cette «jouissance de comprendre, de se laisser pénétrer, envahir, volupté vraiment sensuelle». Quant à Swann, la musique «lui avait proposé aussitôt des voluptés particulières, dont il n'avait jamais eu l'idée avant de l'entendre, dont il sentait que rien autre qu'elle ne pourrait les lui faire connaître, et il avait éprouvé pour elle comme un amour...»

Dans la lettre de Baudelaire, on lit encore à propos de la musique de Wagner: «Il y a partout quelque chose d'enlevé, quelque chose d'aspirant à monter plus haut»; de la même manière, la musique qu'entendait Swann «l'entraînait avec elle vers des perspectives inconnues.»

Baudelaire, qui écrit une lettre, et Proust, qui écrit un roman-fleuve, partagent aussi la même appréhension de ne pas pouvoir «tout dire»; sur les motifs musicaux entendus par Swann, Proust dit qu'ils sont «connus seulement par le plaisir particulier qu'ils donnent, impossibles à décrire», et de même, Baudelaire à Wagner: «J'avais commencé à écrire quelques méditations sur les morceaux de *Tannhäuser* et de *Lohengrin* que nous avons entendus; mais j'ai reconnu l'impossibilité de tout dire.»

Ainsi, le contenu, voire le style-même, des lignes que Wagner inspire à Baudelaire se retrouvent dans *Du côté de chez Swann*. Et Proust aurait pu songer à Baudelaire comme à lui-même en écrivant de Swann:

> Peut-être est-ce parce qu'il ne savait pas la musique qu'il avait pu éprouver une impression aussi confuse, une de ces impressions qui

sont pourtant les seules purement musicales, inétendues, entièrement originales, irréductibles à tout autre ordre d'impressions.

Plus loin la description du Septuor de Vinteuil pourrait même évoquer, pour un lecteur d'aujourd'hui, les décors de Wieland Wagner: «Ce rouge si nouveau... teignait tout le ciel, comme l'aurore, d'un espoir mystérieux. Et un chant perçait l'air...» (III, 250). Dans l'article de *La Nouvelle Revue Française,* Proust relevait chez Baudelaire «le souvenir de l'admirateur passionné de Wagner,» (*Chroniques,* p. 218) et profitait de l'occasion pour souligner le génie du musicien. Et la musique dont nous parle Swann, ce «personnage-personalité» qui ressemble ici à Baudelaire autant qu'à Proust, comporte en quelque sorte quatre fois Wagner. Expliquons-nous: dans l'œuvre-même, Proust dit d'abord qu'«elle fait penser à *Tristan* («En jouant cette mesure,... je ne pus m'empêcher de murmurer: 'Tristan'» − III, 158). Puis, dans une dédicace que Proust adresse à Jacques de Lacretelle, il dit que la petite phrase doit surtout son origine à deux autres œuvres de Wagner: *Parsifal* et *Lohengrin.* Enfin, quatrième lien, elle est comparée à la «Romance à l'Etoile» et à la «Prière d'Elisabeth» qui, elles, sortent de *Tannhäuser* (III, 263; voir également *Chroniques,* p. 218).

Pour mieux comprendre les extraits, de Baudelaire et de Proust, que nous avons précédemment cités, il faut remonter à Wagner, et à ce qu'il disait dans ses *Oeuvres en prose* au sujet des effets de l'art sur tout homme qui a la patience, le courage et la force de s'y adonner. Proust dit de Swann: «Comme si la musique avait eu sur la sécheresse morale dont il souffrait une sorte d'influence élective, il se sentait de nouveau le désir et presque la force de consacrer sa vie» [à cette réalité invisible] (I, 211). Juxtaposons à nouveau avec Wagner:

> The nature of man, like that of every branch of Art, is manifold and over-fruitful; but one thing alone is the soul of every unit, its most imperious bent («Notwendigster Trieb»), its strongest need-urged impulse. When this one thing is recognized by man as his fundamental essence, then, to reach this one and indispensable, he has power to ward off every weaker, subordinated appetite, each feeble wisch, whose satisfaction might stand between him and its attainment. (Richard Wagner, *Prose Works,* «The Art-Work of the Future», p. 192)

La faiblesse d'esprit contre laquelle Wagner nous met en garde, Proust l'incarne dans le personnage de Swann dont il dit d'abord: «Aussi avait-il pris l'habitude de se réfugier dans des pensées sans importance qui lui permettaient de laisser de côté le fond des choses» (I, 211). Pourtant, Swann possède également en lui la richesse de pouvoir, en accédant à l'art, s'élever au dessus des contingences matérielles du monde, au dessus de ses propres faiblesses:

> Swann does not look upon the «entity» of this little phrase with its simple and unique notes as a chance creation; rather it refers to an inner reality which it succeeds in communicating. This reality affects

the whole gamut of human emotions. Swann, whose sensitivity is at this moment in his life sharpened by suffering, can conclude from the objective reality of that phrase that the inner domain of emotions whence is sprang, and which it expresses, really exists. (Germaine Brée, *Marcel Proust and Deliverance from Time*, p. 194)

Mais Swann n'a pas su retenir les lueurs qu'il a entrevues l'espace d'un instant; et les perspectives nouvelles et inconnues se sont dérobées à jamais, pour lui. D'une pareille attitude, si conforme aux préoccupations du mouvement symboliste, Feuillerat nous dit:

On oublie trop que, lorsque Proust commença à écrire, l'école symboliste était en plein triomphe et qu'en somme, la méthode de Proust dans la première version, s'inspirait des théories symbolistes. Mais comme cette école et ses idées paraissaient vieilles, pour ne pas dire ridicules, aux yeux de la génération d'après-guerre! Proust a eu le sentiment très vif de ce vieillissement de son œuvre. Tout en défendant son livre, il ne voulait pas être «avant-guerre» — Cf. Robert Dreyfus, *Souvenirs*, 310.
(Albert Feuillerat, *Comment Marcel Proust a composé son roman*, p. 246)

L'apport du symbolisme

La nature du message commun à Wagner et à Proust peut être en effet rattachée aux poèmes symbolistes de Baudelaire, tels que «Harmonie du soir», où le violon devient une manifestation du cœur («Le violon frémit comme un cœur qu'on afflige», dit Baudelaire — et Proust, qui aimait à citer ce vers, y fait peut-être allusion dans *La Prisonnière* lorsqu'il écrit: «C'était surtout en moi que j'entendais avec ivresse un son nouveau rendu par le violon intérieur.» — III, 25), ou bien au sonnet des «Correspondances», devenu le crédo des poètes symbolistes. Cette extériorisation toute terrestre d'un état d'âme, cette transposition de quelque chose de plus ou moins ambigü sur un objet réel, nous la retrouvons chez Wagner et chez Proust. Le décor est à la fois conditionnement d'un état d'âme et projection visible de ce même état d'âme. Dans les vers de Wagner, en effet, l'esprit est très souvent matérialisé dans les manifestation physiques de la nature. La nature ici-bas devient alors instrument d'expression poétique. Par l'«attention portée à l'aspect et au bruit extérieur des humains, cette surface étant le révélateur d'un contenu secret, Proust est tout naturellement amené à faire alterner [ou se fondre, dirons-nous] , comme dans l'opéra de Wagner, les parties d'orchestre et les parties de chant,» dit Pir400é (p. 118). «Il y a une présence identique de la mer dans *Les Jeunes Filles en fleurs* et dans *Tristan*, obtenue chez Proust par la description, chez Wagner par le prélude orchestral, moyens différents qui jouent le même rôle.» (ibid.)

Le monde physique, ainsi conçu comme instrument d'expression poétique, prime dans le texte, dans la musique et dans la mise en scène de Wagner.

Dans le texte, ce serait par exemple les vers portant sur la nuit de *Tristan*, une nuit qui croît en intensité; ou bien le vaisseau qui devient rêve, le rêve de Senta, dans *Der Fliegende Holländer*. Dans la musique, ce serait le prélude presque homophonique de *Rheingold*, description de l'indescriptible (l'accord formé au début du prélude est soutenu jusqu'à la 136ème barre), le non-être d'avant la création de l'univers, ou l'attente anxieuse de Proust lorsqu'il dit ne pas savoir encore vers quoi il s'achemine.[7] Dans la mise en scène, ce serait le menhir stylisé de Wieland Wagner, petit fils de Richard, au début de son *Tristan*, sorte d'«ascension contigüe» (Bayreuth, 1966).

Chez Proust, l'épisode des clochers de Martinville relève exactement de la même esthétique: projection d'un état d'âme sur une réalité objective, interaction entre l'image extérieure des clochers et l'image intérieure, entre le subjectif et l'objectif. C'est le genre de phénomène que Proust nous dit être quelquefois incapable d'élucider; face aux trois arbres d'Hudimesnil, par exemple (I, 717): quel secret se cache donc en eux? c'est-à-dire en moi. «Le devoir et la tâche d'un écrivain sont ceux d'un traducteur» (III, 890). La petite phrase de Vinteuil est un autre «symbole» de cet appel à la vocation (III, 878). Pour mieux évoquer la signification infinie des objets — infinie parce qu'elle est indéfinissable —, Proust usera de techniques dites théâtrales et particulièrement chères à Wagner: «fondus» d'une scène à l'autre, enchaînements par des jeux d'éclairage, glissements de plans ou de tableaux, continuité engendrée par un son perçu dans un autre décor, pour une autre scène, qu'il «téléscope». A la «recherche de ce qu'on éprouve», et pour pouvoir le communiquer aux autres,

> une part immense du texte de Proust est consacrée à mettre une autre part de ce texte, moins importante et comme privée de vie, en musique. Et ceci non pour abstraire le réel, par dégoût de la figuration, mais au contraire pour nous faire voir les choses, mais ailleurs qu'à l'endroit où elles sont, ailleurs même que sur les planches d'un théâtre: sur la scène de notre esprit. Par un paradoxe étonnant, la mise en musique du roman proustien est conditionnée par le caractère représentatif de ce qu'il décrit et aboutit à une représentation mentale, à chacun personnelle, d'une réalité préalablement abolie. Comme si la musique, art désincarné par excellence, était le meilleur instrument pour peindre, la voie de l'incarnation. (Piroué, op. cit., p. 119)

Il ne s'agit plus alors de simples allégories à sens unique. «Je m'aidais des pieds et des mains pour arriver à l'endroit d'où je verrais les rapports nouveaux entre les choses,» dit Proust (II, 327). Des pieds et des mains. Du corps, donc. De la vue, de l'*ouïe*. . . Toute *La Recherche* illustre cette tentative de l'homme à appréhender simultanément, comme par la musique, *plusieurs* significations. Le sens *et* l'esprit feront tomber les barrières qui existent entre la vision *extérieure* et la problématique vision *intérieure* du monde:

7   voir Ernest Newman, *The Life of Richard Wagner*, Vol. II, p. 390.

Des impressions obscures ... cachaient ... une image précieuse que je cherchais à découvrir ... comme si nos plus belles idées étaient comme de airs de musique qui nous reviendraient sans que nous les eussions jamais entendus et que nous nous efforcerions d'écouter, de transcrire. (III, 878)

Wagner s'emploie à *provoquer* cette expérience; Proust veut la vivre et la revivre. De Balbec, de Venise, il attendait la révélation des vérités appartenant au monde de son esprit (I, 442). Et il dit: «La seule manière de les goûter davantage, c'était de tâcher de les connaître plus complètement, là où elles se trouvaient, c'est-à-dire en moi-même, de les rendre claires jusque dans leurs profondeurs» (III, 877). (Accusant la même illusion du sujet-objet, Paul Cézanne disait aussi, à l'époque de Proust: «Le monde se pense en moi et j'en suis la conscience»). Ainsi, pour Edmund Wilson, Proust est un auteur carrément symboliste; Francesco Orlando explique en ces termes la classification de Proust comme «écrivain symboliste» par l'auteur du *Chateau d'Axel*: «Wilson pensava soprattutto alla tecnica, all'influenza di Wagner, al sinfonismo tematico.»[8]

L'écart par rapport au symbolisme et au décadentisme

Notons toutefois que Proust dénonce souvent le maniérisme et la faiblesse de certains écrivains symbolistes («certains écrivains ... quittent le maniérisme quand, ne faisant plus de poèmes symbolistes, ils écrivent des romans feuilletons» – III, p. 590), Proust, il est vrai, se veut plus fort, plus actif, que le héros «symboliste» de Wilson, et plus fort aussi que Swann qui abandonne la poursuite d'une réalité impalpable. Sur des personnages de ce genre, Wagner disait également:

> Only the weak and impotent knows no imperious, no mightiest longing of the soul: for him, each instant is ruled by accidental, externally incited appetites which, for reason that they are but appetites, he can never allay; and therefore, hurled capriciously from one upon another, to and fro, he never can attain a real enjoyment. (Richard Wagner, *Prose Works*, «The Art-Work of the Future», p. 192)

Proust, au contraire, est l'artiste que Swann n'a pas su être. Les lignes suivantes de Wagner ne s'appliqueraient à nul autre mieux qu'à l'auteur de *La Recherche*:

> If the individual, however, feels in himself a mighty longing, an impulse that forces back all other desires, and forms the necessary inner urgence which constitutes his soul and being, and if he put forth all his force to satisfy it: he thus will also lift aloft his own peculiar force, and all

---

8 *Proustiana atti del Convegno internazionale di Studi sull'opera di Marcel Proust;* Venezia, 10–11 dicembre 1971; Francesco Orlando, «Marcel Proust Dilettante Mondano e la sua opera», p. 17.

his special faculties, to the fullest strength and height that ever can lie within his reach.

Comprendre Proust à la lumière d'un artiste sûr de lui, énergique et confiant comme Wagner, c'est éviter l'erreur hâtive de Wilson, car Proust ne saurait contenir tout entier dans la seule école du symbolisme. Et c'est aussi le cas pour Wagner; les deux se rattachent par exemple à l'école romantique (citons seulement *Rienzi* pour Wagner; et la trace, dans *La Recherche,* des *Mémoires d'Outre-tombe* de Chateaubriand, pour Proust), et même à l'école néo-classique, ou — selon d'autres critiques — réaliste, etc. Non, en ce qui concerne le symbolisme, Germaine Brée remarque avec raison:

> Proust's generation came of age just after the heyday of Symbolism. Under the influence of Montesquiou, young Proust had soon acquired a more than slight addiction to Decadent mannerisms, and he shared the Symbolist's admiration for Baudelaire and Wagner. *But* his intellectual formation and the salons he frequented were in fact antagonistic to both Symbolist and Decadent attitudes. (*The World of Marcel Proust,* p. 32)

En effet, dans la terminologie proustienne, comme dans l'optique wagnérienne, le terme de «décadent» est synonyme de «dégradant», de «dépravé»; il a la connotation de ce qui est moralement et surtout esthétiquement amoindri, corrompu. C'est-à-dire, en fait, *le contraire* de ce qui constitue, dans l'*A Rebours* de Huysmans, le décadentisme d'un Des Esseintes, au goût exacerbé. Donnons quelques exemples: le parler de Françoise est «décadent» depuis qu'elle «s'écoute parler», depuis que son vocabulaire «modernisé» a perdu sa pureté (III, 154); la langue de Sainte-Beuve est dépravée par un rejet du naturel et un excès de recherche analogue à celui de Françoise (les fins de lettre de Mme Cambremer montrent «la même dépravation du goût... qui poussait Sainte-Beuve à briser toutes les alliances de mots, à altérer toute expression un peu habituelle» —II, 1087). Lorsque la qualité d'érudition se suffit à elle-même — comme chez les *Maîtres-Chanteurs,* plus décadents sur le point, que les dieux de la Tétralogie —, lorsque l'érudition devient une fin en soi et qu'elle se complaît dans un exercice de virtuosité (l'«étalage de connaissances»), elle devient alors un obstacle à la compréhension de plus grands mystères: dans *Sodome et Gomorrhe,* Proust déplore «la dégradante influence, comme le charme aussi, qu'avait eus ce pays de Balbec de devenir pour [lui] un vrai pays de connaissances.» (II, 1111)

L'enthousiasme de Proust pour Wagner n'a donc pas été uniquement d'ordre musical. Wagner pensait «d'une manière double, poétiquement et musicalement», disait Baudelaire; il entrevoyait «toute idée sous deux formes, l'un des deux arts commençant sa fonction là où s'arrêtent les limites de l'autre» (Baudelaire, «Richard Wagner et 'Tannhäuser'», op. cit., p. 1217). Pour Wagner et Proust, l'art prend une signification aussi semblable que le permettent les branches distinctes dans lesquelles les deux hommes opèrent.

Le cas de Swann peut, ici encore, servir de tremplin: d'une part, Swann incarne la «première manière» de Proust qui dit: «La matière de *mon* expérience, laquelle serait la matière de mon livre, me venait de Swann» (III, 915); d'autre part, Swann incarne le personnage envisagé par Wagner dans les lignes que nous avons citées plus haut, sorte de version moderne du «Fliegende Holländer», «condamné à l'errance sur tous les océans; il souhaite le repos et garde la nostalgie d'un absolu qui le délivrera de la malédiction. (Erigeant la légende en symbole, Wagner parvient à universaliser l'essence purement humaine du drame au delà de toute contingence).» (Gúy Ferchault, «Le Vaisseau Fantôme», p. 5) Lorsque. Swann entend la musique de Vinteuil et qu'il éprouve soudain le sentiment de sa véritable identité, de sa véritable mission, la réaction qu'il a s'apparente au regain de mémoire du «fou innocent», dans *Parsifal*, lorsqu'il entend prononcer le nom de «Par-si-fal»; dans la description suivante de cette scène racontée par Kobbé, sachons, une fois de plus, lire au delà des accidents de l'intrigue propre à l'opéra, pour en dégager le vrai message, et lisons en pensant à Swann:

> 'Parsifal!' In all the years of his wandering none has called him by his name; and now it floats toward him as if borne on the scent of roses. A beautiful woman, her arms stretched out to him, welcomes him from her couch of brilliant flowers. Irresistibly drawn toward her, he approaches and kneels by her side; and she, whispering to him in tender accents, leans over him and presses a long kiss upon his lips. It is the lure that has sealed the fate of many a knight of the Grail. But in the youth *it inspires a sudden change.* The perilous subtlety of it, that is intended to destroy, transforms the 'guileless fool' into a conscious man, and that man *conscious of a mission. . .* The part he is to play, *the peril of the temptation that has never been placed in his path* – all these things become revealed to him in the rapture of that unhallowed kiss. (Kobbé, p. 304; nous soulignons)

Nous sommes ici en présence d'une même prise de conscience, par le souvenir involontaire, à la perception d'un son, que chez Bergson ou chez Proust. A la fin de ce deuxième acte de *Parsifal,* le baiser de Kundry est aussi, pour le héros, une expérience non pas *sensuelle* mais *sensorielle* qui produit les mêmes effets de recouvrement de mémoire. Ici, le phénomène physique extérieur – l'union par un baiser – révèle le phénomène intérieur – la prise de conscience de plus hautes vérités morales – parce qu'il s'y oppose précisément. Il définit par l'inverse le phénomène inverse en le précédant.[9] La métamorphose d'un ancien dilettante comme Swann, c'est exactement le sujet du passage de Wagner que nous avons cité plus haut. Cette transformation de l'homme se lit jusque sur son aspect physique:

9 Le nom de Bergson, que nous citons ici dans un contexte plus esthétique que philosophique ne doit pas, non plus, surprendre: E. Fiser remarquait déjà dans son ouvrage *Le symbole littéraire, essai sur la signification du symbole chez Wagner, Baudelaire, Mallarmé, Bergson et Marcel Proust,* que la conception de l'art qu'a Wagner «est exactement la même que celle de Bergson.» (op. cit., Chap. 1, p. 1).

La musique, autant que la profession ou que la race, avait donné à leur figure cette expression spéciale qui élève si noblement le visage de ceux qui s'adonnent habituellement à des plaisirs désintéressés... Entre les yeux bleus et tranquilles de Visale, les yeux noirs et dédaigneux de Saint-Géron, les yeux gris et pétillants de Griffon, et leurs regards, entre leurs voix et leurs accents flottait perpétuellement comme un reste de cette âme que la musique délivre en nous (*Jean Santeuil*, Vol. III, pp. 147–48)

Wagner étudie un homme qui pourrait être Swann; il étudie son potentiel face à l'œuvre d'art et il en tire une sorte d'évangile de l'art. Proust écrit:

Un autre besoin ... caractérisait cette période nouvelle de la vie de Swann où à la sécheresse, à la dépression des années antérieures avait succédé une sorte de trop-plein spirituel, sans qu'il sût davantage à quoi il devait cet enrichissement inespéré de sa vie intérieure qu'une personne de santé délicate qui à partir d'un certain moment se fortifie, engraisse, et semble pendant quelque temps s'acheminer vers une complète guérison: cet autre besoin qui se développait aussi en dehors du monde réel, c'était celui d'entendre, de connaître de la musique, (I, 304),

mots qui ne sont pas sans évoquer, une fois de plus, Baudelaire:

Depuis le jour où j'ai entendu votre musique, je me dis sans cesse, surtout dans les mauvaises heures: Si, au moins, je pouvais entendre ce soir un peu de Wagner! Il y a sans doute d'autres hommes faits comme moi... Vous nous avez fait connaître un avant-goût de jouissances nouvelles. (*Oeuvres Complètes*, «Lettre à Richard Wagner», p. 1207)

Ainsi, un peu comme Jean-Paul Sartre se demandera: «*Qu'est-ce que la littérature?*», Wagner et Proust se sont demandé: Qu'est-ce que la musique?, outre son aspect sensuel et mathématique. Ils veulent capter, en l'analysant (et, pour Wagner, en la composant aussi, bien entendu) cette autre «sorte d'ivresse, nullement sensuelle,... que la musique donne à certaines personnes,» (II, 546), ivresse analogue à celle que décrit ainsi Kobbé (sur *Tristan*):

The impassioned Motive of Ecstasy reaches its climax with a stupendous crash of instrumental force... It is tinged with Oriental philosophy, and symbolises the taking up into and the absorption by nature of all that is spiritual, and hence immortal. (op. cit., p. 204)

Cet état d'ivresse — autrement plus important que l'ivresse causée par le mauvais champagne de Balbec qui réduit la musique à sa seule sensualité — dépend de ce que Proust appelle «l'Empfindung», c'est-à-dire la véritable sensibilité, par opposition à l'«Empfindelei», la sensiblerie (III, 107); mais nous sommes loin, à ce moment-là, de la sensualité commune:

Je pensais que, si Albertine n'était pas sortie avec moi, je pourrais en ce moment, au cirque des Champs-Elysées, entendre la tempête wagnérienne faire gémir tous les cordages de l'orchestre, attirer avec elle, comme une écume légère, l'air de chalumeau que j'avais joué tout à l'heure, le faire voler, le pétrir, le déformer, le diviser, l'entraîner dans un tourbillon grandissant. (III, 168—69)

Pour exprimer le phénomène de souvenir involontaire, Proust se sert souvent des mêmes termes (cordage, corde): «Frémissant tout entier autour de la corde vibrante, j'aurais sacrifié ma vie d'autrefois et ma vie à venir, passées à la gomme à effacer de l'habitude, pour cet état si particulier,» (III, 26), de sorte que c'est encore Wagner qui semble le mieux conduire à «cet état si particulier». Qui semble l'incarner, aussi, dans la célèbre litanie de la «vision par les yeux d'un autre»: «Savoir ce que voit un autre de cet univers», à cela seul est due la multiplication des mondes (III, 895—96). Wagner avait résumé symboliquement cette idée dans une phrase musicale appelée quelquefois «Motif de l'héritage du monde», dans *Siegfried:*

L'ivresse particulière

Wallace Fowlie affirme que les méditations de Proust sur la poursuite d'un idéal de vie prennent Wagner comme point de départ (*A reading of Proust,* p. 192—93). Et cela, en effet, figure sans aucune ambigüité dans le texte-même de *La Recherche:*

> The Wagnerian themes, by evoking their artistic truth, only assure him that Wagner is the great master of the kind of artist he has in mind. Music helps him to descend deeper within himself, more than his life with Albertine has allowed. He compares the harmony of Wagner with the color of Elstir, and his thoughts of Wagner lead him to consider certain works of art of the nineteenth century of gigantic proportions: Balzac's *Comédie Humaine,* Hugo's *La Légende des Siècles,* and Michelet's *La Bible de l'Humanité.*

Louons également ici la spontanéité de B.G. Rogers qui ose dire:

> We can liken *A la Recherche,* in some important respects, to a prose version of Wagner's four music dramas, seeing both as separate but connected manifestations of something common to all art, just as the paintings of Elstir are intimately connected with the music of Vinteuil. . . It is not fanciful to draw a parallel here between the construction of the *Ring* and that of *A la Recherche.* Proust does not use a plot in the conventional sense of the word, but relies far more on the recurrence of passages of description, analysis and reflection all similar in tone, all somehow related to each other. . .

The complicated sub-sections of the *Ring* find an echo in the often tortuous explorations into characters' lives and surroundings in *La Recherche;* but the overall unity common to them both contains them masterfully, thanks to the flexibility and comprehensiveness of both structures. In short, Proust's real love of Wagner's music may be seen once again to be the expression of a close affinity between himself and another artist preoccupied with themes similar to those which interested him, but also the means whereby he was able to adapt, from one medium to another, formulae and techniques which helped him to express himself with the great precision necessary in all great works of art. (B.G. Rogers, *Proust and the nineteenth century*, pp. 144–45)

D'autres critiques émettent aussi, mais indirectement, par allusion, la même opinion (à savoir que le type d'unité de *La Recherche* trouve un précurseur en Wagner). Tadié, par exemple, dit de Proust (dans *Proust et le roman*, p. 211):

L'auteur qui, au temps même de Jean Santeuil, oscillait entre le solipsisme et le roman à clés ou d'actualité, a su, dix ans plus tard, animer des centaines de personnages pourvus de leur corps différent, de leur histoire, de leur secret: «D'où la plénitude d'une musique que remplissent en effet tant de musiques dont chacune est un être»,

mots que Tadié tire d'un passage de Proust *sur Wagner:* III, 159–160.

Faut-il encore s'étonner que, dans *Contre Sainte-Beuve* (p. 240), Wagner soit le seul *compositeur* dans une liste d'*écrivains* (qui comprend Ruskin, Dostoïevski, Tolstoï) ayant trouvé le moyen d'appliquer à leurs livres le cachet de cette unité. Nous verrons mieux plus loin (dans notre chapitre V), que Wagner, en effet, n'a écrit qu'«une seule» œuvre, malgré l'évolution qui s'y dessine. Proust remarque à ce sujet que Nerval, Baudelaire et Péguy ne l'ont pas fait, employés qu'ils étaient «à des tentatives différentes pour exprimer la même chose» (*Contre Sainte-Beuve*, p. 159). Nous avons vu cependant que d'autres aspects de Baudelaire peuvent néanmoins servir de charnière pour «passer» de Wagner à Proust; J. Hassine dit à propos de l'ensemble de *La Recherche:*

Cette orchestration de souvenirs est animée par une musique qui relève principalement de Wagner. Pour arriver à cette conclusion, nous avons pris en considération les points communs entre la traduction de l'ouverture de Berlioz au sujet de *Tannhäuser*, de Liszt et de celle de Baudelaire, ainsi que l'écho retrouvé dans la sonate et le septuor de Vinteuil et dans la vision enivrante du *Temps retrouvé*. (*Essai sur Proust et Baudelaire*, p. 242)

Hassine laisse entendre que Wagner est le plus notoire, le plus imposant de ces «bienfaiteurs» qui initièrent Proust dans la carrière artistique: dans *La Recherche*, «les révélations premières ne retrouvent leur unité, ne se renouvelleront que grâce à un labeur acharné symbolisé par les coups de marteau du jeune Siegfried» (op. cit., p. 243).

De la synesthésie au «Gesamtkunstwerk»

Proust, parmi les auteurs français, semble avoir le mieux compris la théorie wagnérienne du «Gesamtkunstwerk», qui se propose de mettre sur un plan d'égalité et de fondre ensemble, de «com-prehendere», les aspects visuels et musicaux de l'œuvre d'art. Cela cadre bien avec Proust, et avec le grand nombre de ses «je»; il dit en effet: parmi les divers personnages «qui composent notre individu, ce ne sont pas les plus apparents qui nous sont les plus essentiels. En moi, quand la maladie aura fini de les jeter l'un après l'autre par terre, il en restera encore deux ou trois qui auront la vie plus dure que les autres, notamment un certain philosophe qui n'est heureux que quand il a découvert, *entre deux œuvres, entre deux sensations, une partie commune*» [nous soulignons]   (III, 12). C'est ainsi que pour lui, par exemple, les opéras de Wagner «sont des faits de musique devenus visibles» (cité par J. Combarieu, *Histoire de la musique,* Armand Colin, Tome III, p. 471). L'unité de l'œuvre est le résultat logique de cette façon synesthésique remarquée chez Baudelaire d'éprouver le monde par osmose. Et d'après Proust lui-même, la synesthésie peut s'«attraper» comme une fièvre bénéfique: au sujet d'Albertine, Proust constate avec joie que, sans lui, elle n'aurait jamais été capable de dire: «Ce que j'aime dans ces nourritures criées, c'est qu'une chose entendue comme une rhapsodie change de nature à table et s'adresse à mon palais» (III, 129). Fièvre bénéfique, ou bien graine qui devait bourgeonner au delà de toute espérance, car Wagner — qui en fut le premier porteur — n'avait jamais compté avec de telles ramifications dans le seul cadre de la littérature. A peine les avait-il remarquées vers la fin de sa vie (la lettre que lui avait envoyée Baudelaire, par exemple, est restée sans réponse). Mais ce vague scepticisme de Wagner quant à l'influence personnelle qu'il devait avoir sur la littérature, n'a pas découragé les Symbolistes; ni Proust, qui, à ce sujet, les continue dans son enthousiasme pour le Maître: «Proust seems not to have abandoned one Symbolist ambition, born of the enthusiasm for Wagner — the desire to create through literature a «synthesis» of all the arts.» (Germaine Brée, *The World of Marcel Proust,* p. 38)

En effet, avant Baudelaire — qui n'en avait eu que le rêve — et longtemps avant les Symbolistes, le perfectionnement de l'art par une collaboration entre ses différentes branches avait déjà été *réalisé* dans le drame wagnérien[10]. Pour Margaret Mein, la ligne qui va ainsi de Wagner à Proust n'a rien de surprenant:

> It is only natural that Wagner's attempt at a synthesis of the arts and more especially his efforts to graft poetry, which he deemed conceptual in nature, on music (sentiment), should have as corresponding reaction an attempt on the part of the Symbolists to recover for poetry something of its musicality, its emotivity and powers to express feelings. (*Proust's Challenge to Time,* p. 109),

10 Cf. Jack Madison Stein, *Richard Wagner and the synthesis of the arts,* Greenwood Press, Westport, Conn., 1973.

après quoi Margaret Mein mentionne la lecture par Proust d'un article de E. Barthélémy paru dans le *Mercure de France* (Vol. 15, pp. 167–68, VIII, 1895):

> It is significant that Barthelemy's article is on the *Master-Singers*. . . Barthelemy's quotation from Carlyle in the *Mercure de France* comes nearest to an estimate of musicality and recalls very vividly Proust's account of his own attempted penetration into 'l'inanalysé' as well as Vinteuil's transcription of the 'inner melody', the innermost soul and essence of things. (Margaret Mein, *Proust's Challenge to Time*, p. 109)

La musique envahit le roman, et le roman doit la faire *entendre*. Dans les deux sens du verbe. *Audible* par la seule lecture du texte. Communiquée et communicative. Pourquoi ne le pourrait-elle pas, puisqu'elle est *visible* pour Proust?:

> la musique qu'elle jouait avait aussi un volume produit par la visibilité inégale des différentes phases, selon que j'avais plus ou moins réussi à y mettre de la lumière et à rejoindre les unes aux autres les lignes d'une construction qui m'avait d'abord paru presque toute entière noyée dans le brouillard. (III, 373)

La synthèse avait déjà été accomplie (et plus aisément) dans l'enceinte d'une salle d'opéra; Wagner écrivait:

> La forme d'art collective la plus élevée est le drame: celui-ci n'atteint toute la plénitude possible que si chacune des formes d'art qu'il renferme atteint elle-même sa plénitude la plus totale *(Das Kunstwerk der Zukunft)*. L'*architecture* enfin dégagée de l'odieux utilitaire nous en dessine le cadre, jusqu'au moment où la pierre, sentant son impuissance à exprimer la nuance le cède à la *peinture* qui suscitera autour de la scène *la nature* dans toute sa vie. La place est libre pour l'auteur en qui s'unissent, sans jamais se séparer (comme c'était le cas dans l'ancien Opéra) les trois sœurs: *Danse, Musique,* et *Poésie* tandis que l'orchestre, l'environnant et le dépassant de toute part, introduit l'immense diversité de tous les sentiments humains et élargit la scène à la dimension du monde (*Das Kunstwerk der Zukunft*, IV: *Grundzüge des Kunstwerkes der Zukunft*).

Si nous pouvions remonter à la source de la création artistique et retrouver le prisme que Wagner et Proust plaçaient entre la réalité et eux pour créer l'œuvre d'art, ce seul et même prisme servirait pour tous les deux. On pourrait voir dans l'œuvre de Proust une sorte de réalisation prophétique sur le plan du roman, du «Gesamtkunstwerk» que Wagner appliquait au «drame». L'«œuvre d'art de l'avenir» à laquelle il songeait (en poète-voyant qui aurait devancé son siècle) se proposait d'embrasser les facettes amalgamées de notre civilisation: les couleurs par la peinture, les formes par la sculpture ou le découpage de décors amovibles, les sons par les bruits de scène inhérents au théâtre, composant ici avec la musique.

Après les Romantiques, Baudelaire avait applaudi cette conception synthétique et totalisatrice de l'œuvre d'art («Wagner, créateur d'une totalité,» dit Piroué, p. 112, d'une totalité où se mêlent drame et musique, vie et art — et *tous* les arts).

> In Wagner's «Gesamtkunstwerk», literature and the visual arts are almost as important as music itself... Wagner aims at a more compendious art-form which takes advantage of arts other than the one with which he is apparently immediately concerned... It seems reasonable to assume that this fact did not escape Proust's notice, and that he apprehended from it the wider possibilities of art in general. (Richard Bales, *Proust and the Middle Ages*, pp. 126–27)

Synthétique et totalisatrice, à cause de tous les sens qu'elle met alors en action, telle doit être, pour Proust, l'œuvre d'art. Piroué ne rend pas assez justice à Wagner en passant trop rapidement sur le rêve — non réalisé, d'après Piroué — du compositeur: «On pourrait suggérer qu'avec des moyens techniques tout nouveaux, ... le cinéma achève ce que Wagner et ses disciples français avaient rêvé de réaliser: le spectacle complet» (op. cit., p. 189). Certes, le cinéma a mis à profit l'usage simultané de toutes les branches de l'art, mais ce n'est pas le cinéma — pas même celui d'Eisenstein — qui en eut l'idée le premier. Wagner, lui, écrivait dès le milieu du dix-neuvième siècle:

> L'originalité d'une œuvre dramatique consiste en ce qu'elle se présente comme un tout dont les parties s'enchaînent et non comme un assemblage hétéroclite d'éléments divers. (Wagner, «Lettre à Zigesar»)

L'interaction entre les diverses facettes de ce que notre civilisation aurait de meilleur était déjà matérialisé chez Wagner, intégrée, comprise comme dans une seule pensée:

> In the work of Wagner, which in so many respects parallels that of Proust, poetry, legend, opera and the drama were all being fused to support a vast superstructure with philosophical and even metaphysical implications. (B.G. Rogers, *Proust and the nineteenth century*, p. 143)

Marcel n'avait-il pas déjà vu tout cela dans le petit théâtre de sa lanterne magique, où se mêlaient la légende, la poésie, le drame? Là déjà, l'ombre de Gilbert le Mauvais sur son cheval s'élançait à la poursuite d'une héroïne parente de l'héroïne de *Lohengrin*. Quant à la musique de Vinteuil, elle subit, dans la description qu'en fait Proust, une telle métamorphose qu'elle devient, elle aussi, une véritable représentation théâtrale. Proust la transforme «en une description de poète, et si colorée que l'on songe à un tableau qui se déroulerait (si incompréhensible que cela semble) à la fois dans l'espace et dans le temps,» remarque Jean Dutourd (*L'Ame sensible*, p. 184).

Proust nous avertit sans cesse de bien voir au delà de l'aspect fragmentaire que son œuvre peut parfois revêtir. Il faut, dit-il, «beaucoup d'êtres pour un seul sentiment» (III, 1138, note N° 967). Le volume et la consistance du «Gesamtkunstwerk» provenaient, de la même façon, des gigantesques tableaux qu'il dépliait sur plusieurs générations. La préface d'André

Maurois pour l'édition Pléiade de *La Recherche* parle beaucoup de «symphonie»; mais avec toutes ces voix que nous offre Proust, voix conçues, donc, par un même auteur et qui «passent successivement de la pénombre à la lumière,» comme le dit lui-même André Maurois (I, page xvi), n'est-il pas grand temps que nous parlions enfin d'«opéra», plutôt que de symphonie? Et d'un opéra parmi les plus longs. Comme le sont *seulement* ceux de Wagner. (La longueur de *Götterdämmerung* est commentée par Saint-Loup dans *Le Côté de Guermantes;* II, 412).

L'«opéra intériorisé» que constitue *La Recherche,* et sa ressemblance avec l'opéra wagnérien avaient été entrevus par Piroué lorsqu'il écrivait:

> Nour irions jusqu'à suggérer qu'une des similitudes les plus nettes entre Wagner et Proust réside dans la conception qu'ils ont de la représentation lyrique. L'idée a été peu explorée. Elle a pourtant pour avantage de réconcilier deux aspects presque toujours séparés ou opposés du roman proustien: la chronique psychologique et sociale, l'excercice de la poésie. De même que Wagner, en dépit de ses prétentions révolutionnaires a dû se plier à certaines lois du spectacle, ménager des entractes, rassembler des choristes, faire progresser l'action par duos, solos, dresser des décors, de même Proust a coupé son œuvre en chapitres, en parties, a rameuté de partout une masse de personnages, les a réunis en de vastes cérémonies mondaines, a multiplié et allongé les «a parte», a évoqué mille lieux divers où les rencontres se déroulent. Et ce qui frappe, c'est qu'il l'a fait comme il aurait mis sur pied une représentation. (p. 115)

Les personnages présentés en troupe se détachent en effet sur un fond de choristes; leurs entrées inattendues (Charlus à la maison de rendez-vous de Jupien, par exemple) ou cérémonieuses, et le tableau final de la dernière soirée Guermantes évoquent l'opéra. Les costumes des personnages y sont d'une importance analogue. Comme le remarque aussi Piroué, «les lieux d'élection de Proust sont ceux où l'homme se sent le plus en représentation: la sortie de la messe à Combray [comme à l'acte I, scène i, de *Die Meistersinger*], à l'Opéra, où l'on ne sait trop si l'essentiel de la comédie se joue sur scène ou dans les loges, la plage,» (op. cit., p. 116) et autres toiles de fond disposées là, d'une certaine manière, pour le jeu étudié des chanteurs-acteurs et pour les figurants.

> Proust n'a pas pris soin seulement de montrer ses décors et d'y enfermer ses personnages en état de représentation, il considère les uns vraiment comme des décors et les autres vraiment comme des marionnettes dont l'apparence seule l'intéresse. Il n'a nul souci de nous restituer la nature dans sa réalité physique [c'est aussi le cas pour la plupart des mises en scène de Wagner]. Il se sait totalement incapable de nous faire croire à l'existence de cette réalité hors de lui-même. Il ne la conçoit que refractée par l'esprit, ce qui fait qu'elle est à la fois niée et présente à la conscience: pure vision intellectuelle, rêve fragile et obsédant. Il la fait vivre non pour elle-même, mais d'une manière anthropomorphique, en l'animant, (Piroué, p. 117),

par l'art de la prosodie et de la déclamation.

Ainsi, Proust s'attache comme Wagner aux effets que produisent les unes sur les autres toutes les formes de l'art; cellules différentes d'un seul et même organisme, c'est leur mouvement à l'intérieur de l'organisme qui constitue justement ce dernier. Wagner et Proust s'attachent à la transposition, sur ces formes mouvantes et variées, de nos états d'âme; ainsi, les visages d'Albertine, de Rosemonde ou d'Andrée se trouvent perpétuellement métamorphosés, par l'éclairage du décor (I, 946), aussi radicalement que pouvait l'être Gutrune aux yeux de Siegfried, après que celui-ci a coiffé le Tarnhelm, casque magique (*Götterdämmerung*, Acte II, scène ii). La synesthésie, qui associe des stimuli différents à l'esprit de l'homme, joue aussi pour nous.

> De proche en proche, le vu, l'entendu, le senti s'appellent, s'attirent et se combinent de la même manière que les sons doués de mystérieuses affinités réciproques. Gilberte est inséparable de l'image des aubépines, Mlle de Stermaria des brouillards du Nord, Odette Swann du bois de Boulogne. Albertine tient liées autour d'elle «toutes les impressions d'une série maritime.» (II, 363)

Ces «correspondances» font également intervenir les arts «de la pierre, de la lumière, du son et posent avec force à l'esthétique le problème d'un ensemble qui reste unité vivante.» (Guy Delfel *sur Wagner,* dans *L'Esthétique de Mallarmé,* pp. 26–27). Il s'agit donc de mettre en scène un univers personnel, tout un milieu que l'esprit seul a pu organiser et enrichir de multiples échos qui semblent pouvoir se répondre indéfiniment les uns aux autres. Pour les soumettre, par la vue, l'ouïe (et c'est là surtout où Proust se distingue de beaucoup d'autres auteurs) à l'esprit d'un autre. Lecteur ou spectateur. Cela, avec les transmutations, comme au théâtre, de couleurs, de formes et de caractères «selon les jeux innombrablement variés d'un projecteur lumineux,» (I, 947), est également à la base de *La Recherche.* C'était déjà à la base du livre dont rêvait Mallarmé et qu'il n'a pu réaliser. Car c'est ce que l'*intrigue* d'un livre, à elle seule, ou le *livret*, à lui seul, d'un opéra ne parviendrait pas à exprimer, comme dit Proust (I, 390). Sur la difficulté de réaliser une telle œuvre, Richard Bales note, dans *Proust and the Middle Ages* (p. 127):

> Beneath the vagueness of the terms employed by Mallarmé, it is possible to distinguish his ambitious vision of a work which should not be merely encyclopaedic, but also possess a spiritual dimension, via the intermediary of the visionary poet. This work was never composed, of course, but the mere fact of Mallarmé's being able to consider it is indicative. . .

> Les qualités, requises en cet ouvrage, à coup sûr le génie, m'épouvantent un parmi les denués: ne s'y arrêter et, admis le volume ne comporter aucun signataire, quel est-il: l'hymne, harmonie et joie, comme pur ensemble groupé dans quelque circonstance fulgurante, des relations entre tout. L'homme chargé de voir divinement, en raison que le lien, a volonté, limpide, n'a d'expression qu'au parallélisme, devant son regard, de feuillets. (Mallarmé, *Oeuvres Complètes,* p. 378)

62

L'exemple de Bayreuth

Wagner, lui, en a laissé le «monument à la postérité», au sens propre du terme, dans la conception symbolique de son théâtre de Bayreuth.[11] Pour Bayreuth, Wagner n'allait faire aucune concession à la facilité:

> Wagner, unhappy over the mountings of *Rheingold* and *Die Walküre* in the old-fashioned Court Opera House at Munich (through the enforced terms of a contract with king Ludwig II of Bavaria, who had generously come to his aid), withheld the orchestral score of *Siegfried* for two years, claiming it had not been completed. This act of bad faith turned the King against him temporarily, but not irrevocably, and Wagner had his way. *Siegfried* was not given publicly until it appeared in 1876 as part of the complete *Ring* at the opening of the festival theater in Bayreuth. (Robert Lawrence sur Bayreuth, *Metropolitan Opera pub.*, Nov. 1972, p. 32)

Proust se réfère maintes et maintes fois à ce théâtre de Bayreuth: I, 300 et 301; II, 536, 749 et 815; III, 159, etc. (pour ne considérer ici que les allusions qui y sont faites dans *La Recherche*). En fait, la référence la plus significative de Bayreuth semble se trouver non pas dans *La Recherche,* mais dans la comparaison que Proust fait lui-même de son œuvre avec une «cathédrale», spécimen d'art architectural avec tout ce qu'il comporte de troisième dimension. En tous cas, le commentaire suivant de Piroué sur la «cathédrale» que constituerait l'œuvre de Proust s'appliquerait beaucoup mieux au temple artistique de Bayreuth:

> Pour que le monument puisse s'élever, il faut que préalablement un certain espace soit enlevé à l'espace commun du réel, arraché à sa destination première de contenant des choses, délimité et parcouru par l'imagination du constructeur-poète. Puis les colonnes et les voûtes se dressent, selon un plan précis, mais aussi au gré des fantaisies, des illuminations de l'artiste, des difficultés et des catastrophes qui peuvent l'assaillir. (Piroué, p. 203)

Devant des sièges que Wagner voulait sans dossiers pour les plus ascétiques des spectateurs (car c'est en eux que se complète la fusion des arts, «En eux, elle s'achève.» — III, 570), l'orchestre est situé au dessous de la scène pour mieux se fondre avec elle. Dans cette superposition, ou «élévation», pour employer le mot de Baudelaire, le son et l'image se fondent (comme dans le jeu — «si rempli de ce qu'il interprète,» II, 47 — de la Berma, où se fondent la voix, les gestes et l'origine, c'est-à-dire l'auteur, des vers qu'elle chante). Guy Ferchault note que cette disposition particulière de l'orchestre est très différente de celle des théâtres habituels; dans le théâtre de Wagner,

> l'esprit d'unité qui préside aux représentations fait que les mérites personnels des interprètes et des admirables chœurs de W. Pitz viennent se fondre dans un ensemble dont il serait bien difficile d'abstraire

11 Cf. Wagner, *Prose Works*, vol. V, *Bayreuth*, pp. 307–314 (Part II: *The Festival-Playhouse at Bayreuth*, on architecture).

un élément sans compromettre l'impression qui se dégage de l'œuvre ainsi conçue. (Guy Ferchault, «Le Vaisseau Fantôme», p. 2)

A Bayreuth, même la musique annonçant, dans les jardins du Théâtre, la fin de chaque entracte − d'une heure chacun − est de Wagner (tirée de l'acte qui va commencer).

Wolfgang Wagner, petit-fils de Richard et directeur actuel du Festival de Bayreuth, entretient scrupuleusement la tradition, comme il disait encore en 1978 dans le premier programme de Bayreuth mondialement télévisé, l'opéra de *Tannhäuser* (autrement rendu que par ce pauvre théâtrophone de Proust). Mais les techniques modernes n'ont pas trahi l'esprit de Wagner; ses leçons sur les mises en scène à adopter pour Bayreuth portent encore leurs fruits; donnons-en un exemple, choisi délibérément loin de ce Bayreuth, dans l'espace et dans le temps:

> The work of bringing Schneider-Siemssen's conception to fulfillment began with those who painted the slides designed by him and continued through various levels of collaboration to the operators of the projection units themselves. And, of course, the interrelationship of these changing images with the performance of the score under the musical direction of Erich Leinsdorf had to be synchronized precisely. What is basically contained in the Schneider-Siemssen-Everding approach to *Tristan* is a cinemagraphic statement of changing scenes (without interruption of action), close-ups by use of spot lighting, detachment from reality by dissolution of the physical surroundings, evocation of mood and psychic involvement by periodically putting the principal performers, literally, in space,

lit-on dans un programme du Metropolitan Opera de New York pour sa dernière production − sa dernière en date − de *Tristan (Metropolitan Opera* pub., Dec. 1971, pp. 12−13). De pareilles notions sont encore en parfaite harmonie avec les idées de Wagner;[12] le théâtre de Bayreuth est aujourd'hui encore la mise en application d'un texte de Wagner extrait de sa *Lettre sur la Musique:*

> I recognized that it was just where one of these arts reached its impassable limits that − with most rigorous precision − the sphere of action of the next began, and that consequently with the intimate union of these two arts one would express with the most satisfactory clearness what each of them could not express by itself − and that, on the contrary, any effort to render by means of one of them that which could only be rendered by the two together must necessarily lead to obscurity.

Wagner pourtant n'avait pas compté avec le génie de Proust, qui semble avoir relevé le défi, pour transformer cette «obscurité» en lumière, et créé son «Gesamtkunstwerk» à lui. En conclusion de ce chapitre, citons B. Bucknall:

12 Voir l'article sur «Tannhaueser» [sic] dans *The Village Voice,* vol XXVII, N⁰ 1, p. 49, 30 déc. 1981−2 jan. 1982.

There is a deliberate linking of music, painting and literature in the sequence in which these themes are presented. Vinteuil's sonata is mentioned before the work of Elstir, which appears as a kind of intermediate stage between music and words; then Vinteuil's septet appears, indicating a more complex awareness of the connection between music, painting and words; and finally the narrator is inspired to create his literary masterpiece. (*The Religion of Art in Proust*, p. 95).

Quant au voyage à Bayreuth dont parle Proust, nombre de poètes français, au début du siècle, n'hésitaient pas à le comparer au pèlerinage de Tannhäuser (Acte I, scène iii). Bayreuth était devenu ce que Proust espère de son œuvre: «une église où des fidèles sauraient peu à peu apprendre des vérités et découvrir des *harmonies*, le grand plan d'ensemble» (III, 1040). L'attitude de ces voyageurs, attitude qui aujourd'hui nous semble peut-être exagérée, s'expliquerait par les récits de voyage que faisaient circuler ces «pèlerins» à leur retour en France, et aussi, plus vraisemblablement je crois, par le climat artistique dont il a été question plus haut (Voir nos pages 30 à 35). Sur l'engouement du public, Proust écrivait: «Comme une foule, fut-elle une élite, n'est pas artiste, ce cachet dernier qu'elle donne à l'œuvre garde toujours quelque chose d'un peu commun» (III, 570). Proust est loin, cependant, de condamner d'emblée cet enthousiasme collectif, cette espérance devenue cri de ralliement que Wagner avait formulée ainsi, dans son ouvrage *L'Art et la révolution:*

Plus et mieux qu'une religion vieillie, niée par l'esprit public, plus effectivement et d'une manière plus saisissante qu'une sagesse d'État qui depuis longtemps doute d'elle-même, l'Art, éternellement jeune, pouvant trouver constamment en lui-même et dans ce que l'esprit de l'époque a de plus noble, une fraîcheur nouvelle, l'Art peut donner au courant des passions sociales qui dérive facilement sur des récifs sauvages ou sur des bas fonds, un but d'une noble humanité.

Chapitre IV

MYSTICISME ET PHILOSOPHIE

Schopenhauer, Wagner et Proust

Cette préoccupation majeure chez Wagner, l'avenir de l'art, signale l'influence du philosophe allemand Schopenhauer. Deux siècles après René Descartes, on ne croit plus possible une connaissance objective du monde, et il n'y a plus aujourd'hui que des *visions* du monde. Wagner, Schopenhauer et Proust partagent l'idée que l'homme est pris entre les deux pôles également mystérieux de sa naissance et de sa mort. L'homme ne peut comprendre ni l'une ni l'autre. Il est donc condamné au pessimisme. Wagner l'exprime aux dernières pages de la mort de Siegfried dans le manuscrit original.[1] On pourrait aisément retrouver aussi Schopenhauer dans *Tristan und Isolde* (dont Wagner envoie d'ailleurs une copie à Schopenhauer pour approbation):

Isolde   — die uns der Tag trügend erhellt...
Tristan   — zu täuschendem Wahn entgegengestellt...
Beide   — selbst dann bin ich die Welt

[Isolde   — Ce monde que le jour éclaire d'un mensonge...
Tristan   — lui qui s'oppose en illusion menteuse...
Ensemble — alors, c'est moi-même qui suis le monde]
                     (Acte II, scène ii)

Autour de l'homme, il n'y a point de Vérité; pour lui, il n'y a point d'Absolu, l'Absolu étant ici ce qui aurait un sens indubitable comme une foi, et qui répondrait à une exigence affective et à une logique propre — l'opposé de ce qu'on appelle aujourd'hui l'Absurde.

Pour Schopenhauer, il y a, au delà de l'espace et du temps solaires qui règlent notre vie, l'Espace et le Temps infinis, éternels, trop grands en eux-mêmes pour que nous puissions, dans l'abstrait, les comprendre. Schopenhauer représente pour nous un nouveau trait commun entre Proust et Wagner car après avoir observé l'inadéquation de l'homme par rapport à l'or-

---

1 Voir le document N⁰ 103 dans *Wagner, a documentary study* par Barth, Mack et Voss, New York, 1975, et la légende en bas de page de ce document: «Siegfrieds Tod. The closing pages of Wagner's personal copy of the first impression with textual corrections made as a result of reading, in 1854, Schopenhauer's philosophical writings.»

dre naturel du Cosmos, Schopenhauer essaie de la résoudre dans des termes humains, à la portée de l'homme. La solution qu'il suggère alors est fournie par une théorie de caractère platonique qu'il développe dans le livre III de son ouvrage *Le Monde comme Volonté et comme Représentation:* la seule vérité possible et la seule véritable sagesse — les seules auxquelles l'homme, en tout cas, puisse prétendre — sont à tirer de l'œuvre d'art, par l'intense concentration qu'exige l'œuvre d'art, par son observation constante.[2] Robert Champigny voit en ce même Schopenhauer la *première* influence philosophique subie par Proust:

> Schopenhauer. . ., mentioned in connection with Proust, is a more likely choice than Bergson, Plato or Spinoza. Unlike Plato or Spinoza, he belongs to the Romantic era. Unlike Bergson, he belongs to the «pessimistic» branch of Romanticism: he stresses life and becoming, but the will-to-live is painted in darker colors than the élan vital. Bergson tends to be lyrical concerning individual life and epic about creative evolution (with other Romantic thinkers, it would he History). Schopenhauer sees the individual as a victim of the will-to-live of the species and considers individual life as a comedy in detail and a tragedy as a whole. This is more in keeping with Proust's outlook. (Robert Champigny, *Proust, Bergson and Other Philosophers*, p. 129)

Et en effet, de nombreux passages de *La Recherche* semblent refléter les idées de Schopenhauer, comme le démontrerait une juxtaposition des deux textes suivants:

> Cette musique me semblait quelque chose de plus vrai que tous les livres connus. Par instants, je pensais que cela tenait à ce que ce qui est senti par nous de la vie, ne l'étant pas sous forme d'idées, sa traduction littéraire, c'est-à-dire intellectuelle, en rend compte, l'explique, l'analyse, mais ne le recompose pas comme la musique où les sons semblent prendre l'inflexion de l'être, reproduire cette pointe intérieure et extrême des sensations qui est la partie qui nous donne cette ivresse spécifique que nous retrouvons de temps en temps,

extrait de *La Prisonnière* (III, 374), et celui-ci, de Schopenhauer:

> That music acts directly upon the will, i.e. the feelings, passions, and emotions of the hearer, so that it quickly raises them or changes them, may be explained from the fact that unlike all the other arts, it does not express the Ideas, or grades of the objectification of the will, but directly the will itself... Music, far from being a mere accessory to poetry, is an independant art, nay, the most powerful of all the arts. (Schopenhauer, *The World as Will and Idea*, Londres 1909, Vol. III, p. 232)

Si donc Schopenhauer a également exercé l'influence philosophique la plus marquante sur Wagner, c'est aussi parce que celui-ci a vu en Schopenhauer le plus ardent défenseur de la musique; et de la musique que Wagner avait en tête, en particulier. C'est la raison pour laquelle Wagner peut dire en toute confiance:

2 sur Schopenhauer et Wagner, voir: Felix Gotthelf, *Schopenhauer und Richard Wagner*, Kiel, 1915.

Schopenhauer was the first to perceive and point out with philosophic clearness the proper position of music with reference to the other fine arts. (Richard Wagner, *Beethoven*, p. 8)

Pour Schopenhauer, c'est l'œuvre d'art plutôt que le progrès social, qui peut réaliser l'idée de l'homme. La seule «Volonté» de l'homme, l'élan vital, substratum des phénomènes, ne suffit pas.

But the artistic genius is able to emerge from the Will, to encompass it and bring it to rest in a representation. The artistic analysis, in the etymological sense, brings about an adequation of subject and object. (Robert Champigny sur Schopenhauer, dans *Proust, Bergson and Other Philosophers*, p. 129)

La nature de l'art et de l'expérience esthétique est donc l'un des thèmes majeurs de Schopenhauer, comme il le fut pour Platon, Kant, Nietzsche et Ruskin. Samuel Beckett souligne la parenté de Proust et de Schopenhauer, lorsqu'il dit:

Schopenhauer rejects the Leibnitzian view of music as «occult arithmetic», and his aesthetics separates it from the other arts, which can only produce the Idea with its concomitant phenomena, whereas music is the Idea itself, unaware of the world of phenomena, existing ideally outside the universe, apprehended not in Space but in Time only, and consequently untouched by the teleological hypothesis. (Samuel Beckett, *Proust*, pp. 70–71)

Piroué, qui définit l'Absolu par la métaphore, confirme aussi, indirectement, l'influence de Kant et de Schopenhauer sur Wagner et Proust:

Proust nous paraît soumis à l'enseignement de Kant qu'il aurait assimilé surtout par la lecture de Schopenhauer et qui se ramène à la phrase célèbre: «Le monde est ma représentation», – le possessif «*ma* représentation» ayant naturellement un sens beaucoup plus étroit que chez les philosophes idéalistes allemands. La métaphore est donc pour lui une forme de perception de l'univers que l'esprit s'est donnée à lui-même. Là est l'invariant, là est l'éternité, non hors de lui, dans une matière étrangère, mais *en lui* et dans la manière dont il moule à sa ressemblance la matière des choses. (Piroué, pp. 264–65)

Proust «vénérait» Schopenhauer (*Lettres de Marcel Proust à la Comtesse de Noailles*, p. 23). Dans un article de la *Revue d'esthétique* intitulé «Marcel Proust, disciple de Schopenhauer» (octobre-décembre 1949), R. de Luppe rappelle tout ce qui se cache derrière la remarque du *Temps Retrouvé:* «Relisez ce que Schopenhauer dit de la musique» (III, 992), même si Proust la met légèrement (bien tard dans l'œuvre, et comme si elle était sans importance) dans la bouche de Mme de Cambremer.

La philosophie de Schopenhauer a aidé Proust et Wagner à mieux se comprendre eux-mêmes, à alimenter ou cristalliser leurs propres méditations sur l'Art. Comme le remarque justement Germaine Brée (*Du temps perdu au temps retrouvé*, p. 5), les leçons de philosophie données par M. Darlu, maître de philosophie de Proust lorsque celui-ci était au Collège, n'ont jamais entravé l'individualisme éclectique de Marcel.

Pessimisme ou optimisme?

Nous noterons de même que certaines nuances idéologiques distinguent bien entendu Proust et Schopenhauer (voir: Robert Champigny, *Proust, Bergson and Other Philosophers*). Sans nous étendre ici sur ces différences, qui ne concernent plus notre rapport Proust-Wagner, disons toutefois que dans une seconde phase de sa philosophie, Schopenhauer rejette la «solution par l'art». Elle lui semble finalement trop optimiste, parce qu'elle se rattache, indirectement, (comme c'est le cas pour Wagner et même pour Proust) à l'amour, sentiment sans intérêt — même dans sa forme la plus digne — pour Schopenhauer. Pour Schopenhauer, le pessimisme reprend le dessus.

Mais Wagner et Proust s'arrêtent à cette solution par l'art, et ils laissent continuer Schopenhauer sur sa voie d'un pessimisme renouvelé, après que Schopenhauer a été déçu par les pouvoirs — qu'il estime insuffisants — de l'œuvre d'art. Chez Schopenhauer, la musique est alors rabaissée, après reconsidération, comme *un* témoignage de plus de l'imperfection et de l'incomplétude de la vie. Et c'est l'époque de la brouille entre Wagner et Schopenhauer. Car le pessimisme intermittent de Proust et de Wagner lorsqu'ils ne voient partout que «le royaume du néant,» (II, 276), s'accompagne du désir de *ne pas* se laisser vaincre par l'adversité incompréhensible du monde extérieur et du temps. Pour eux, l'Art, tout en étant senti comme une fin en soi, est l'instrument le plus sûr pour remporter une telle victoire. A ce sujet, ils se posent les mêmes questions: l'Art est-il une réalité encore vivante, ou un musée? Et l'Art de qui? d'une collectivité trouvant dans *un* artiste son expression privilégiée, ou l'art du seul artiste, dissident étranger à toute collectivité, comme aujourd'hui? Et comment la création artistique, toujours particulière, peut-elle être comprise hors de son milieu créateur? Nous examinerons plus loin (dans notre chapitre V) leurs réponses à ces questions; disons seulement ici que pour Proust et Wagner, l'épanouissement de la destinée de l'homme par l'Art est plus sûre, plus durable, que la restitution d'une quelconque Albertine par la mémoire.

Vers la fin de sa vie, Proust n'aspire plus qu'à sortir «de la chaîne universelle des illusions, qu'à échapper à ces plaisirs et à ces douleurs, qui ne sont que des aberrations de nos sens» (Bernard Pluchart-Simon, *Proust: L'amour comme vérité humaine et romanesque,* p. 103).[3] Les lignes suivantes, extraites du premier volume de *Le Monde comme Volonté et comme Représentation* (p. 422), pourraient sortir aussi bien de *La Recherche* que des *Oeuvres en prose* de Wagner:

---

3 Piroué voit pourtant Proust se livrer, dans sa passion pour Wagner, «au sentiment d'être violé par une âme sœur» (p. 197).

Ce charme indescriptible d'intimité, qui fait que la musique résonne à nos oreilles comme l'écho d'un Paradis bien familier quoique toujours inabordable pour nous, et que nous la comprenons si entièrement, bien qu'elle reste si entièrement inexplicable, repose sur ce qu'elle nous dépeint tous les mouvements les plus cachés de notre être, mais dépouillés de toute réalité et de toutes ses tortures.

L'attrait et la répulsion de ce que Baudelaire, en poète, appelait le «gouffre» et que Wagner appelait le «Venusberg» de Tannhäuser, Proust les retrouve en lui-même, c'est-à-dire dans l'homme, plus encore que dans les salons de l'aristocratie parisienne, plus encore que dans la déchéance mondaine du salon de Mme Villeparisis (Le Côté de Guermantes) ou de la princesse de Guermantes (Sodome et Gomorrhe). Et lorsqu'il parle des «éléments impurs» qui se sont conjugués chez Mme Verdurin «pour la manifestation du génie de Vinteuil», il dévoile la coexistence dans un même univers de la décadence morale qui nous guette, de l'approche de la mort, et des possibilités de salut que peuvent nous offrir l'Art, si nous avons la force de nous y arrêter.

> Proust sees in the red phrase of the Septuor, trumpeting its victory in the last movement like a Mantegna archangel clothed in scarlet, the ideal and immaterial statement of the essence of a unique beauty, a unique world, the invariable world and beauty of Vinteuil, expressed timidly, as a prayer, in the Sonata, imploringly, as an aspiration, in the Septuor, the «invisible reality» that damns the life of the body on earth as a pensum and reveals the meaning of the word: «defunctus».[4] (Samuel Beckett, *Proust*, p. 72)

Ainsi, ce qu'il y a de remarquable dans l'influence de Schopenhauer, ce n'est pas tant qu'elle ait atteint à la fois Wagner et Proust — car beaucoup d'autres écrivains français dits «décadents» furent influencés par Schopenhauer (A leur sujet, Baillot dit: «Ils se rendent compte qu'ils ne peuvent faire abstraction des influences étrangères, d'autant plus profondes qu'elles se sont infiltrées plus lentement. Et tout en se réclamant de Verlaine, ils s'avouent eux aussi 'nés du surblaséisme d'une civilisation schopenhaueresque', comme dit la revue *Décadent* du 10 avril 1886.» — Baillot, *Influence de la philosophie de Schopenhauer en France 1860–1900*, p. 286). Ce qu'il y a surtout de remarquable, c'est que Proust et Wagner aient tous deux rejeté, et par des arguments analogues, le pessimisme final, définitif, et qu'ils lui aient substitué une joie de vivre qui éclate manifestement chez Wagner; et que Gide a soulignée chez Proust. En cela, ils s'écartent encore résolument de l'Ecole poétique du Symbolisme engendrée par Mallarmé, ou même de ce qu'on appelait, vers 1889, l'esthétique du Décadentisme. Même si les œuvres de Wagner et de Proust comportent toutes deux des traces de ce décadentisme illustré par Huysmans dans *A Rebours,* on doit noter que Wagner et Proust sortent tous deux victorieux du pessimisme symboliste de Mallarmé ou du pessimisme décadent de Schopenhauer par la «porte étroite» de

4 Voir aussi Deryck Cooke, *I saw the world end; a study of Wagner's Ring,* Oxford University Press, Londres et New York, 1979.

l'Art. Cela, par exemple, n'est pas le cas pour Des Esseintes, bien que l'éloge de la musique occupe tout le chapitre quinze d'*A Rebours*. Dans Schopenhauer, Proust retrouve exactement ce que Wagner avait trouvé; Proust fait de Schopenhauer une lecture wagnérienne: ce que Wagner avait trouvé dans Schopenhauer, c'était l'idée   d'une religion nouvelle, différente de toutes les autres religions, une religion sans dogmes, une religion fondée sur l'art.

D'ailleurs, Wagner et Proust semblent bien avoir eu l'idée de cet enrichissement par l'Art longtemps avant de lire Schopenhauer, ou indépendamment de lui. Wagner a toujours été hanté par le conflit entre les faiblesses de la condition humaine et l'Idéal vers lequel l'être tente de se hausser. Ainsi, en apparence, Wagner et Proust traitent longuement de l'amour; mais c'est en réalité du Temps, c'est-à-dire de la mort, qu'il s'agit le plus souvent. «Le sombre feu dont je me sens embrasé faut-il, infortuné, lui donner le nom d'amour? Hélàs non! C'est l'attente inquiète de la délivrance,» avoue le Hollandais à Senta, dans *Der Fliegende Holländer* (Acte II, au début du duo qui termine la scène iii). A l'époque de Wagner, le philosophe allemand Ludwig Feuerbach (1804–1872) rattachait également l'amour à la mort. Le moment de la mort, si crucial soit-il, n'est que la transition, dans la destinée humaine, entre les contradictions apparentes d'un monde auquel on renonce et le retour à l'unité primordiale de l'Etre au sein de l'absolu. Voilà ce dont Wagner eut conscience, «bien avant de connaître Schopenhauer; et *Lohengrin* en témoigne, car l'Art était pour son esprit créateur une manière de mourir au monde et de parvenir ainsi au seuil de la beauté suprême» (Ferchault, ibid.). Mais Schopenhauer a explicité pour Wagner et Proust une théorie qui était déjà la leur d'une façon imprécise.

Dans *Pastiches et Mélanges*   (p. 259), Proust dit que Schopenhauer est un des écrivains dont l'érudition a «nourri le génie au lieu de l'étouffer.» Comme Proust lui-même, Schopenhauer est un penseur qui, dans ses lectures, profite «des allusions inconscientes et anticipées où il aime à retrouver quelques traits de sa propre pensée.» En écrivant cela, Proust semble aussi se situer lui-même par rapport à Schopenhauer. Dans un ouvrage récent, Chantal von Schmidt remarque l'optimisme plus ou moins caché et l'espoir obstiné de la littérature de la fin du XIXème et du début du XXème siècles (*Marcel Proust: Die Semantik der Farben in seinem Werk «A la recherche du temps perdu»*, Bouvier, Bonn, 1977). En France, Emilien Carassus exprime la même idée:

> Se mêlant à cet état d'esprit décadent tout en réagissant contre lui, naissait un besoin d'idéal, une aspiration à la vie spirituelle, au monde invisible. L'introduction des «Grands Initiés» d'Edouard Schuré, en 1889, souligne la généralisation de cette exigence: «On retrouve, dit-il, cette aspiration dans les regrets, dans les doutes, dans les mélancolies noires et jusque dans les blasphèmes, de nos romanciers naturalistes et de nos poètes décadents. Jamais l'âme n'a eu un sentiment plus profond de l'insuffisance, de la misère, de l'irréel de sa vie présente; Jamais elle n'a aspiré plus ardemment à l'invisible au-

delà, sans parvenir à y croire». Un mouvement se développe, fondé sur la religion de l'amour et de la souffrance, sur l'adhésion aux forces spirituelles qui meuvent l'univers. (E. Carassus, *Le Snobisme et les lettres françaises de Paul Bourget à Marcel Proust 1884–1914*, pp. 392–93)

Wagner est l'un de ceux qui renforceront cette foi optimiste, cet espoir que l'on trouve aussi dans la philosophie de Bergson ou dans l'œuvre de Proust. Qu'importe si les manifestations officielles qui glorifient l'Art prennent pour certains une allure décadente! Proust, ne cède pas au pessimisme qui, (selon les «termes de haute-couture» qu'emploie alors Brichot) «se portait beaucoup l'an passé» (II, 1050). L'Art proprement dit n'en est pas affecté.

Austère seulement parcequ'intouchable, supérieur par l'«habileté vulcanienne» d'un Wagner (III, 161), l'Art n'en apparaît que plus pur, comme «le rire immortellement jeune de Siegfried, reflet d'une réalité plus qu'humaine» (III, 162). D'ailleurs, la réalité d'ici-bas porte aussi bien tous les signes, à démêler, de cette autre réalité. L'ici-bas peut aussi être source de joie. Joie incomparable, illimitée, pour Proust qui la sent appartenir, comme l'œuvre d'art, «à un autre ordre de choses.» La Nature, pour celui qui arrive à y voir davantage que le reflet de ses propres faiblesses, offre des richesses insoupçonnées et infinies:

Nature, as Proust describes it, is a stylised terrestrial paradise; human beings are there in spirit, through art. This paradise is free of evil, and in it reign the beauty, purity, calm and innocence to which, in his overheated room, Proust seems to have aspired. Banished from it are these three ennemies of human happiness, intelligence, death, and time, which only art can exorcise. (G. Brée, *Marcel Proust and Deliverance from Time*, p. 218)

Cette joie se ressemble, par sa qualité morale, dans Wagner et dans Proust; Milton Hindus dit:

Proust, it seems to me, would have found highly agreeable, from his own point of view, the following passage from the writings of Wagner on the symphonies of Beethoven:
«Their effect upon the hearer is that of setting him free from the sense of guilt, just as their afterthought is a feeling of 'paradise lost', with which one again turns toward the world of phenomena. Thus these wonderful works preach repentance and atonement in the deepest sense of a divine revelation» (Wagner, *Beethoven*, pp. 55–56).
Only a very superficial notion of the meaning of morality as it appears in the work of art would readily dismiss this sentiment of Wagner's as too far-fetched. To the most sensitive listener, there are moral lessons to be derived from the most pure and abstract of the arts, music. (M. Hindus, *The Proustian vision*, p. 211)

Le mysticisme séculier de l'art, chez Wagner et Proust

Ne nous étonnons pas de voir, par exemple, que le boudhisme soit à la fois mentionné à l'égard de Wagner *et* à l'égard de Proust (et en particulier, bien entendu, le nirvāna, «dernière étape de la contemplation, caractérisée par l'absence de la douleur et la possession de la vérité» — définition du dictionnaire Larousse). C'est en effet l'un des facteurs les plus importants de leur conception artistique. Là encore, la «charnière» que représente pour nous Schopenhauer facilite la transition de Wagner à Proust:

> Schopenhauer is a source of Hindu-Buddhist ideas, not only for Proust but for many of the writers whom Proust read ... Schopenhauer tells us again and again how much he owed to the ancient Hindu texts (which later formed the basis for Buddhism). For instance, he calls the Vedas «the fruit of the highest human knowledge and wisdom, the kernel which has at least reached us in the Upanishads as the greatest gift of this century» (Barbara Bucknall, *The Religion of Art in Proust*, pp. 194—95)

Carlo Persiani confirme aussi cette ressemblance:

> La musica di Wagner si collega, in Proust, all'esplorazione dell'infinito. (Carlo Persiani, *Proust e il teatro con una nota su Proust e il cinematografo,* p. 108)

Mais la «religion de l'Art» qui anime Proust et Wagner se veut «à part», et sa forme à elle de rédemption est très différente des autres.

> Wagner ne comprend pas de la même manière que Schopenhauer le dualisme du monde. Pour lui, la victoire sur ce dualisme n'est pas transcendante, mais *immanente* [Comme chez Proust]. C'est *par les sens* qu'il fait l'expérience du triomphe sur le dualisme...
> (Mais ne peut-on soupçonner l'attirance de la mort qui est au centre du *Tristan* de ressembler à la négation du vouloir-vivre de Schopenhauer? Son accomplissement suprême conditionne «l'angoisse du réveil»; et aussi le désir ardent de la *vaincre.* «Chasse l'angoisse, douce mort, mort de l'amour ardemment souhaitée!» Mourir dans l'union la plus intime de l'amour, c'est duper la «nécessité du réveil»; *la mort procède de l'ici-bas et non de l'au-delà)* [nous soulignons] (Erich Emigholz, «Tannhäuser», pp. 3—4)

Même la mort, célébrée au titre de «jouissance suprême», prend donc ses racines dans l'optimisme et non pas dans le pessimisme.[5] Ce n'est plus, par exemple, la dernière étape de la désagrégation ou de la déchéance. Pour Wagner, ce n'est qu'un mythe élevé au niveau de l'art: Wagner sait trop bien que la «condition indispensable à la naissance de l'œuvre artistique» reste pour lui «la vie la plus réelle, la plus sensible» (Wagner cité par E. Emigholz, op. cit., p. 4). Et Proust ne l'oublie à aucun moment de *La Recherche.*

---

5 Cf. Jean Mistler, «Richard Wagner et la mort», dans *Hugo et Wagner face à leur destin,* Grasset, 1977.

Est-il besoin d'ajouter que nous ne sommes plus ici dans la lignée des mystiques qui voulaient se réintégrer à Dieu, des Martinez de Pasqually, des Illuministes comme Claude Saint-Martin, des Don Pernetty ou des Svedenborg (avec ses anges répartis en plusieurs sphères selon leur degré de perfection)? Le mysticisme dont nous parlons est un mysticisme *séculier* que l'on pourrait plutôt rapprocher de celui d'Eliphase Lévi, vision circulaire de l'univers, sorte de métamorphose du monde en et par lui-même (Georges Cattaui, dans ce sens, étudie *Proust et ses métamorphoses*). Bien que séculier, ce mysticisme n'exclut pas une croyance préalable, une adhésion déjà gagnée, acquise d'avance par une hypersensibilité innée, puis cultivée, qui prépare en quelque sorte les joies du mystique. Une croyance préalable (en l'œuvre d'art, ici). Mais c'est une croyance que Proust, nous l'avons vu, étend à la nature entière, et, pour ce qui nous intéresse, aux sons et à la musique. «Si quelque accident de l'existence [qui peut être un bruit, par exemple] ou l'association des idées [qui peuvent être suggérées par la musique] semble leur apporter une apparence de confirmation, il n'en faut pas plus pour que ce plaisir s'achève dans l'euphorie du sentiment d'évidence», dit Henri Bonnet (*L'Eudémonisme esthétique de Marcel Proust*, p. 210).

En réalité, pourtant, le terme de «métaphysique» convient assez mal à Proust et à Wagner. Il semble faux de dire, comme le fait André Maurois dans la préface de *La Recherche* (I, page xxi), que «Proust accède *à la métaphysique* par l'esthétique», comme si l'esthétique n'était qu'un *moyen*. Le monde est bien le point de départ de toutes les analyses de Proust; c'est dans le monde qu'elles prennent toutes racine, mais c'est toujours pour mieux retrouver le monde *à la fin de l'analyse*. La métaphysique, elle, n'a pas pour objet principal de mieux définir les *choses:* «La religion de ce qui se voit, se sent, se palpe, s'exprime en sons et en mots, l'exigence esthétique seules répondent aux désirs d'absolu de Proust», dit Piroué dans une autre étude sur Proust (*Comment lire Proust*, p. 39). Dans *La Recherche,* c'est par une oreille attentive *et* un effort de lucidité soutenu que Proust se révèle à lui-même, et entrevoit dans l'œuvre d'art la «vraie vie», la «promesse qu'il existe autre chose» (III, 263). Lorenza Maranini écrit, dans *Arte e conoscenza:*

> L'atteggiamento dell'artista proustiano di fronte ai fugaci instanti di extra-temporalità concessi alla sua contemplazione, simile a quello di uno che riceva una rivelazione. (p. 161)

Mais l'âme, de l'autre côté de cette «porte étroite» de l'Art, n'est plus reliée à un système de théologie; ce que Proust et Wagner entendent tous deux par le mot «âme», c'est l'essence de l'homme, indéniable certes, mais aussi vague en fait qu'elle l'était pour les symbolistes:

> Que signifie cette immortalité de l'âme dont le philosophe norvégien affirmait la réalité? L'être que je serai après la mort n'a pas plus de raisons de se souvenir de l'homme que je suis depuis ma naissance que ce dernier né se souvient de ce que j'ai été avant elle. (II, 985)

C'est l'enthousiasme accompagnant la création artistique qui est à l'origine de l'élaboration, par Wagner et par Proust, de cette nouvelle sorte de religion que l'on retrouvera chez les Goncourt. Piroué parle de la «tentation du panthéisme» de Proust: «mouvement des heures tout à coup arrêtées sur un moment de l'histoire du monde... immanence du divin dans l'instant, le devenir devenu miraculeusement un présent de richesses infinies emboitées l'une dans l'autre.» (op. cit., p. 133)

Malgré les différences de forme qui existent obligatoirement entre un opéra et un roman, ces deux types d'œuvre d'art concordent ici dans la possibilité de survie qu'elles permettent à l'artiste. Wagner et Proust partagent une même croyance en cette «résurrection» de l'artiste opérée miraculeusement par l'œuvre seule. La joie de l'artiste ne peut alors que transparaître dans son œuvre, même si celle-ci décrit un monde en déclin, comme le «crépuscule des dieux» ou *La Recherche.* Ainsi, dans *«En mémoire des églises assassinées»,* on trouve par exemple un autre de ces développements sur Wagner que Proust remanierait par la suite pour *La Recherche* (celui-ci, à propos de la *joie* dans Wagner): Proust compare le klaxon d'une automobile à l'évocation musicale de l'écharpe d'Isolde délirante de joie, au deuxième acte de *Tristan,* et à l'arrivée de la nef qui l'amène vers son amant au troisième acte.

C'est, la première fois, à la redite stridente, indéfinie et de plus en plus rapide de deux notes dont la succession est quelquefois produite par le hasard dans le monde inorganisé des bruits; c'est, la deuxième fois, au chalumeau d'un pauvre pâtre, à l'intensité croissante, à l'insatiable monotonie de sa maigre chanson, que Wagner, par une apparente et géniale abbication de sa puissance créatrice, a confié l'expression de la plus prodigieuse attente de félicité qui ait jamais rempli l'âme humaine. (Proust, *Pastiches et Mélanges,* p. 99)

Mais cette joie est si terrestre qu'entre les mains de Wagner, même le thème tout chrétien de Parsifal se teinte d'agnosticisme: le miraculeux est réduit au minimum. On a pu dire que la sensualité, notamment dans le deuxième acte, y occupe trop de place par rapport au reste. Indirectement, Wagner laisse entendre que seul l'œuvre d'art parvient à contenir pour l'éternité la pensée et la conscience de l'homme après sa mort. L'œuvre, comme le souligne également Gilles Deleuze, est le *signe* de la permanence de l'homme, et elle doit en exprimer la sensualité dans les contextes les plus religieux; ainsi s'explique, par exemple, qu'une mélodie idyllique, presque voluptueuse, accompagne Amfortas lorsqu'il revient du lac, transporté par ses chevaliers (*Parsifal,* Acte I, début de la scène iii, avant que l'orchestre ne fasse entendre les arpèges éthérées de ce que Kobbé appelle le «Motif de la Foi», op. cit., p. 307).

Bien entendu, l'idée de la rédemption n'est pas illustrée aussi concrètement chez Proust que chez Wagner — qui disposait pour s'exprimer d'une scène de théâtre pouvant littéralement élever dans les airs les personnages mythiques «rachetés» (Le Hollandais et Senta à la fin de *Der Fliegende Hollän-der*) ou faire voir au public l'allégorique branche d'olivier attestant du pardon accordé à Tannhäuser (fin de l'opéra). Chez Proust, le thème de la résurrection par l'œuvre d'art est pourtant souvent développé, et en particulier après la mort de Bergotte dans *La Recherche*. Après avoir observé tout ce qui rappelait Wagner en Vinteuil, il est intéressant de voir que nous retrouvons encore Wagner sur le chapitre de la mort de Bergotte: rappelons ici les images dont se sert alors Proust et qui sont celles que Mallarmé avait utilisées dans son «Hommage à Wagner», sorte de «requiem» à la gloire du compositeur:

> Hiéroglyphes dont s'exalte le millier
> A propager de l'aile un frisson familier,
> Enfouissez-le-moi plutôt dans une armoire
> Trompettes tout haut d'or pâmé sur les vélins,
> Le Dieu Richard Wagner irradiant un sacre
> Mal tu par l'encre même en sanglots sibyllins.

> On l'enterra, mais toute la nuit funèbre, aux vitrines éclairées, ses livres, disposés trois par trois, veillaient comme des anges aux ailes éployées et semblaient, pour celui qui n'était plus, le symbole de sa résurrection. (III, 233)

Il convient de bien distinguer cette sorte de résurrection ici-bas, par l'Art, de la Résurrection chrétienne traditionnelle. Au début, d'ailleurs, les héros de Wagner n'aspiraient à trouver leur rédemption que dans l'amour d'une femme, un peu à la manière de Swann, au début de *La Recherche*. On a beaucoup parlé du thème de «l'Amour rédempteur» dans les premiers opéras de Wagner, *Der Fliegende Holländer, Tannhäuser*, en oubliant peut-être la signification très spéciale que Wagner donne au mot «amour».

L'amour, prétexte de l'art

Plus grand que nature, comme ses héros, l'amour n'a pas, pour Wagner, les petits travers que nous lui connaissons dans la vie, et qui finissent toujours par décevoir Proust. Est-ce à dire que Wagner croit en la perfection de l'amour ici-bas, et qu'il symbolise cette perfection en la représentant chez des personnages d'une plus grande envergure que nous? Rien ne serait plus faux: nous disions plus haut que la mort, dans *Tristan,* avait été surtout exploitée pour le bénéfice poétique de l'œuvre d'art. Autrement dit, l'amour chez Wagner s'identifie mieux *à la musique qui l'exprime* qu'aux personnages amoureux. L'amour, comme dans *La Recherche,* y est «hors du plan de la vie» (II, 1015). «Sous l'apparence de la femme, c'est à ces forces invisibles dont elle est accessoirement accompagnée que nous nous adressons comme à des divinités... Avec ces déesses, la femme, durant le rendez-vous, nous met en rapport et ne fait guère plus» (II, 1127). Ces déesses toutes-puissantes rap-

pellent celles de Boticelli: Déesses, Grâces, ou Muses, elles portent les noms
de Musique, Danse, et Poésie. Pour elles, l'amour, fût-il celui de Tristan pour
Yseult, devient simple prétexte. Comme le disait Baudelaire, la musique de
Wagner est, en elle-même, la Divinité aimée (Baudelaire, *Oeuvres Complètes*,
p. 1205). On songe à ces vers de Malherbe:

> Par les Muses seulement
> L'homme est exempt de la Parque,
> Et ce qui porte leur marque
> Dure éternellement.
> («Ode à Henri-le-Grand»)

Prétexte, Senta le devient par exemple tout à fait, dans la récente mise
en scène à controverse de Jean-Pierre Ponnelle pour *Der Fliegende Holländer*
au San Francisco Opera. Le personnage féminin n'y est qu'un mythe, n'exis-
tant que dans le rêve du matelot (qui constitue *tout* l'opéra, après que le
matelot s'endort sur le pont du navire, au début de l'acte I).

> Elsa dans *Lohengrin*, c'est l'être dépourvu de conscience et de libre-
> arbitre.
> De *Tristan* à *Parsifal* l'ascendant de l'être masculin s'accentue radi-
> calement, tout en déterminant l'être féminin. Dans *Parsifal*, l'homme
> qui aspire à la rédemption devient lui-même rédempteur. En effet,
> «depuis des éternités», dit Kundry, «je t'espère». Mais en même temps
> elle lui dit: «es-tu rédempteur; qu'est-ce qui t'interdit, méchant, de
> t'unir à moi pour me sauver?» Kundry oriente le thème wagnérien
> de la rédemption vers *Parsifal:* «trouver en toi la purification et la
> rédemption». Cependant Parsifal n'aspire plus à l'union personnelle
> avec la femme. (Erich Emigholz, «L'aspiration à l'amour de Wagner»,
> *Tannhäuser*, p. 4)

On peut dire que l'amour, chez Wagner, existe surtout par la musique qui
l'exprime, elle seule est une réalité à notre niveau, et non un mythe. L'amour
ne peut être rédempteur qu'une fois contenu dans le symbole de l'œuvre
d'art.

Ainsi incarné, n'est-il pas aussi le seul que Proust respecte vraiment? N'est-
ce pas la seule version de l'amour qui soit valable à ses yeux parce qu'elle
concrétise dans le Beau non pas la personnalité changeante et indigne de
la femme qu'on aime, mais le pouvoir d'aimer. Ce dernier don, que l'homme peut pourtant cultiver, est le seul qui mérite l'épithète de divin. C'est
ainsi qu'on pourrait ramener les amours successifs de Proust à une seule chanson jouée sur des instruments différents au cours de *La Recherche*. Chez
Wagner aussi, les femmes se dédoublent volontiers dans le seul but de mieux
exprimer les conflits de l'homme: la Kundry de *Parsifal* réapparait dans le
jardin ensorcelé de Klingsor; la Vénus de *Tannhäuser* est la deuxième moitié
d'Elisabeth, etc. Vue uniquement par l'esprit de l'homme, la femme perd
beaucoup de son identité, comme chez Proust. Ainsi, les rôles de Vénus et
d'Elisabeth ont pu être joués par une seule et même cantatrice (Gwyneth
Jones, sous la direction de Colin Davis, au festival de Bayreuth de 1978).

What Music expresses is eternal, infinite, and ideal; she expresses not the passion, love, desires of this or that individual in this or that condition, but Passion, Love, Desire itself, and in such infinitely varied phases as lie in her unique possession... Of her let each man taste accordingly to his *strength,* his faculty and mood, what taste and feel he can. (Wagner, *Prose Works,* vol. VII, «A Happy Evening», p. 81).

Les amants se voient donc étrangement relégués au second plan, et souvent annihilés par le sentiment qui serait censé leur donner du relief. Amoureux de l'amour, leurs traits distinctifs s'estompent. En perdant de leur individualité, ils mettent à l'avant-scène la création elle-même. C'est ce que Proust ne manque pas d'apprécier lorsqu'il dit que la musique de Wagner nous permet de «connaître cette essence qualitative des sensations d'un autre où l'amour pour un autre être ne nous fait pas pénétrer» (III, 159). L'Art est supérieur à l'amour, le langage artistique «supérieur au langage social et meilleur communicateur que lui», pour employer les termes de Jacques Zéphir (*La Personnalité humaine dans l'œuvre de Marcel Proust,* chap. III, p. 239, section II). Il faut «se détacher des êtres pour en restituer la généralité et donner de cet amour, la compréhension de cet amour, à tous, à l'esprit universel» (III, 897). Pour Wagner, la meilleure façon d'accomplir cela était de l'exprimer directement dans une musique où la voix humaine, traitée comme un instrument de l'orchestre, ferait ressortir la beauté de l'œuvre d'art *avant* celle de l'amour que tel ou tel personnage est censé éprouver (Proust dit de la respiration d'Albertine endormie: «Parfois même, à cette musique la voix humaine s'ajoutait» — III, 114). «Pour Wagner, l'art et l'amour sont une seule et même chose», dit Piroué (p. 106).

C'est sans doute pourquoi l'idée de «rédemption par l'amour» disparaît presque entièrement dans les derniers opéras de Wagner. S'il y a toujours à la fin l'idée de rédemption, on atteindra celle-ci par la recherche d'un absolu encore plus abstrait que l'amour des premières œuvres. A la considérer dans son ensemble, comme la progression d'une pensée, l'œuvre de Wagner illustre une évolution analogue à celle de *La Recherche,* par la succession des expériences pour Proust, et celle des opéras pour Wagner. L'affermissement de la foi en l'œuvre d'art (ce que Proust appelle chez Wagner sa «deuxième manière» — II, 549) n'empêche pas de jeter un regard en arrière sur les premières illusions de l'artiste, sur les actions de jeunesse qui ont précisément contribué au dernier état de conscience exprimé dans *Parsifal* ou dans *Le Temps retrouvé:* «Il y a des êtres — et ç'avait été, dès la jeunesse, mon cas — pour qui tout ce qui a une valeur fixe, constatable par d'autres, la fortune, le succès, les hautes situations, ne comptent pas; ce qu'il leur faut, ce sont des fantômes... Ils mettent tout en œuvre, font tout servir à rencontrer tel fantôme. Mais celui-ci ne tarde pas à s'évanouir; alors on court après tel autre, quitte à revenir ensuite au premier» (II, 1012). Les amours, même malheureux, serviront d'intermédiaire dans cette quête — par les approximations successives de l'œuvre — vers la rédemption.

> Notre vie ... est, comme un atelier d'artiste, remplie des ébauches
> délaissées où nous avions cru un moment pouvoir fixer notre besoin
> d'un grand amour, mais je ne songeais pas que quelquefois, si l'ébauche
> n'est pas trop ancienne, il peut arriver que nous la reprenions et que
> nous en fassions une œuvre toute différente, et peut-être même plus
> importante que celle que nous avions projetée d'abord. (III, 389)

Même les étapes transitoires pourront alors être mieux comprises: «Ce sont
nos passions qui esquissent nos livres, le repos d'intervalle qui les écrit» (III,
907). On peut alors voir se détacher, dans l'œuvre poétique finie, le mouvement
de la pensée qu'il exprime. Albertine est déjà loin derrière Marcel, lorsque
celui-ci écrit, en la voyant dormir:

> Ce que j'éprouvais alors, c'était un amour aussi pur, aussi immatériel,
> aussi mystérieux que si j'avais été devant ces créatures inanimées
> que sont les beautés de la nature. Et en effet, dès qu'elle dormait
> un peu profondément, elle cessait d'être seulement la plante qu'elle
> avait été: son sommeil, ... c'était pour moi tout un paysage. (III,
> 70)

Ce paysage, c'est la «terre promise» de l'œuvre d'art. La rédemption «par
l'amour» de Wagner, c'est la rédemption par l'œuvre d'art de Proust. La nuance qui les sépare ne tient qu'à «l'individuel» dans l'expression, individuel
qui existe même lorsque deux artistes partagent un même sentiment (III,
256). Chez Wagner, de plus en plus, c'est dans l'art-même du héros qu'ap-
paraîtra l'idée de rédemption. D'un point de vue symbolique, celle de Parsifal, par exemple, dernier héros de Wagner, est *identique* à celle que Proust,
au bout de sa *Recherche,* espère pour lui-même («cette suprême révélation
qu'il a longtemps préparée», dit Madeleine Remacle; *L'Élément poétique
dans A la Recherche du Temps perdu,* p. 38). Oui, même dans *Parsifal,* ce
n'est pas tout à fait la Rédemption chrétienne:

> Chez Wagner, le problème posé reste *immanent:* la rédemption, c'est
> *ici-bas* et aujourd'hui que l'homme doit la trouver. L'homme qui
> aspirait un jour à travers la rédemption dans la femme, *devient main-
> tenant le «moment» rédempteur.* N'y-a-t-il pas ici aussi de la résigna-
> tion due à l'expérience de «Tristan»? Avec Kundry dans *Parsifal,*
> cette nature féminine en perpétuel changement, la femme prend une
> nouvelle place, elle devient servante [Est-elle autre chose, finalement,
> pour Proust?] ... Parsifal, et en lui l'artiste Wagner, deviennent les
> égaux de Dieu. Alors Parsifal n'a plus rien de commun avec la fem-
> me. La conclusion le révèle. La mort de Kundry n'est concevable
> qu'au sens symbolique. L'homme devenu lui-même rédempteur, la
> femme perd sa signification. (Erich Emigholz, «Tannhäuser», p. 5;
> nous soulignons)

Ceci nous ramène à la musique. Ce n'est pas par hasard qu'Albertine a «mauvais goût en matière de musique» (II, 1014): Albertine non plus ne participe
pas de la «vraie vie», de la «vie réelle, qui est mentale», et qui s'exprime le
mieux, ajoute Proust, dans la Musique. Chose que la littérature doit retrouver.

It is Proust's great regard for music which makes him value what might fairly be called the musical qualities of literature, the aura surrounding the qualities of language and almost independant of the literal statements... There is for him, in other words, a correspondence between a higher reality which is to be found behind the world of appearance and the way in which words are put together... The spiritual transposition of this world which is achieved in music is likewise the aim of literature and indeed of all art. (Milton Hindus, *The Proustian vision*, pp. 42–43)

Et pour la retrouver, Proust devra lutter contre l'éducation mondaine qu'il a reçue, contre l'obstacle des conventions sociales auxquelles il a été soumis pendant longtemps, et surtout contre ses propres phantasmes (ceux qui sont liés à Gilberte, à Albertine). Chacun d'eux l'éloigne un peu du but suprême, mais la quête de Proust, qui n'était ni juif-pratiquant ni chrétien-pratiquant, est encore plus teintée d'agnosticisme que le *Parsifal* de Wagner (Dans *Le Côté de Guermantes*, Proust l'avoue en passant: «Mon surplus de science sur la vie, sur la vie moins unie, moins simple que je ne l'avais cru d'abord, aboutissait provisoirement à *l'agnosticisme*», état d'esprit qu'il ne niera d'ailleurs nulle part après, dans la suite du roman).

Notons que le mysticisme de l'Art et celui qu'engendre comme une mode Wagner à la Belle Epoque, s'accomodent fort bien du snobisme des salons parisiens, et qu'historiquement, ce double mysticisme ne dépare pas avec les milieux dépeints dans *La Recherche:*

Der damalige Snob bezeichnete sowohl die Wagner-Opern als auch die Möbel des Engländers Morris und die Gemälde der Präraphaeliten als mystisch. «Il lui (bezieht sich auf den Snob) faut du compliqué et du mystique», meinte François Coppée. In der Pariser Society war «mystique» ein Schlüsselwort. – Cf. traduction en bas de page.[6] (Chantal Schmidt, *Marcel Proust: Die Semantik der Farben in seinem Werk «A la recherche du temps perdu»*, p. 131)

Swann avait été incapable de se détourner des seules «raisons de son cœur». «La porte du palier se refermait d'elle-même très lentement, sur les courants d'air de l'escalier, en exécutant les hachures de phrases *voluptueuses et gémissantes qui se superposent au chœur des pèlerins,* vers la fin de l'ouverture de *Tannhäuser*» [nous soulignons] (II, 391). Cherchant Odette dans la nuit, Swann était devenu un pitoyable Tristan, celui de la fin de l'opéra, pour une Isolde qu'il aurait *imaginée.* (Ainsi, «certains cherchent dans la musique un excitant à leur joie et à leur désir ou l'occasion de souffrir avec plus d'acuité. Je ne suis pas loin de voir là un phénomène d'*impuissance* et d'insensibilité», dit Arnold de Kherchove, *Musique*). Pour Swann, l'expérience artistique qu'il n'a pas pu poursuivre jusqu'au bout n'a pas eu de suite. La Mu-

---

6 (Les snobs appliquaient l'adjectif «mystique» aussi bien aux opéras de Wagner et aux peintures préraphaélites qu'aux meubles de l'Anglais Morris... «Le mystique» était comme un passeport qui ouvrait les portes de la haute Société parisienne; C.S.: *M.P.: La Sémantique des couleurs dans son œuvre.*)

sique laisse parfois deviner «ce qu'on ne sait pas», mais pour Swann, «célibataire de l'Art», elle est demeurée insondable. Elle n'a pas empêché l'acceptation par Swann de la fatalité, sa résignation à une sorte de masochisme existentiel. Puisqu'il en est ainsi, Proust se livrera *lui-même* à la création artistique; ses échecs temporels à lui n'auront pas de prise sur la lumière intérieure de la «vraie vie» que Baudelaire et Proust disent entrevoir dans la musique de Wagner. C. Schmidt écrit:

> Die Ähnlichkeit der Reaktionen beim Zuhörer der Musik Vinteuils und bei der Erinnerung an Combray gibt die genaueste Angabe über die Natur der «mystischen» Ebene bei Proust (op. cit., p. 133)[7].

Mais Proust a aussi compris que les émotions que nous ressentons tous les jours, pour une quantité variable de raisons, sont sans rapport avec celles que poursuit Wagner dans sa lutte contre l'éternel écoulement du Temps. Gisèle Brelet remarque que Proust a tenu à illustrer la lutte du musicien: «On y décèle, comme chez Wagner, un combat entre le temps musical et la durée psychologique» (*Le Temps musical, essai d'une esthétique nouvelle de la musique*, p. 533). «La méditation sur la valeur de l'œuvre d'art en tant que reflet énigmatique d'une réalité suprasensible n'éclaire qu'un aspect de *La Recherche*. L'immense effort d'élaboration qui sous-tend le roman cependant *ne s'explique guère que par rapport à elle*» [nous soulignons] , dit G. Brée (*Du temps perdu au temps retrouvé*, p. 18). On en trouve en effet des répercussions sur les moindres détails de l'œuvre.

Dans l'intrigue même, presque chacun des personnages est «situé» en fonction de ses réactions à la musique de Wagner, par exemple (voir plus haut notre chapitre II). Mais ce ne sont pas leurs commentaires et jugements critiques qui donnent sa valeur à la Musique, qui font d'elle, pour Wagner et pour Proust, ce moyen mystique d'une communion universelle supérieure au langage parlé et à toute religion traditionnelle. Une pareille conception de la musique se répercute aussi sur le thème de la survie du souvenir:

> L'ascension de Vinteuil, dans *La Recherche,* c'est l'absolution que Proust demande à sa grand-mère, et qu'elle lui donne, car le souvenir est rédempteur au point d'abolir le Temps destructeur, car cette joie du pardon, celle de Tristan au troisième acte, ou de Tannhäuser («Ah! Que le péché est lourd!»), est la plus chère à Proust, car le motif joyeux du «septuor» triomphe (III, 260):
> «ce n'était plus un appel presque inquiet lancé derrière un ciel vide, c'était une joie ineffable. . . Je savais bien que cette nuance nouvelle de la joie,. . . je ne l'oublierais plus jamais.» (François Régis, *Proust*, p. 220)

Dans la dyade que *la Tétralogie* de Wagner se propose d'illustrer, la seule existence de la musique suffit à effacer jusqu'au souvenir du Walhala, à l'engloutir mieux que ne le fait le dénouement de l'intrigue. Bien des leçons

---

7   (Le fait que la musique de Vinteuil et les souvenirs de Combray provoquent des réactions analogues détermine l'ampleur du champ mystique chez Proust.)

philosophiques à tirer de la *Tétralogie* sont aujourd'hui oubliées, même si Wagner les tenait à cœur. Mais le message philosophique que laisse Wagner dépasse de beaucoup une leçon de morale toute simple et spécifique, sur le mal que peut causer chez les hommes la convoitise.

Le message est plus général, plus abstrait. D'une façon analogue, c'est l'œuvre-même de *La Recherche* qui anéantit littéralement, comme pour le Walhala, les vices de Montjouvain. On pourrait y voir une illustration avant la lettre de cette pensée d'André Malraux extraite des *Voix du silence*: «L'Art, c'est ce qui fait passer le temps, l'espace, et le possible du monde que l'homme subit dans le monde que l'homme gouverne.» Paul Valéry aussi avait vu cette force de «gouverner» le monde, cette assurance de l'Art, qui est comme une réponse «à la variété-même et à l'indétermination de tout le possible qui est en nous» (E.R. Jackson, *L'Evolution de la mémoire involontaire dans l'œuvre de Marcel Proust*, p. 262). Swann, avec toutes ses imperfections, devra à Proust de survivre, de n'être jamais oublié — et inversement (puisque la matière de leur expérience leur est commune — III, 915).

«L'erreur» de Proust qui, par inadvertance, a fait «réapparaître» Bergotte au début du *Temps Retrouvé* (III, 700), alors que Bergotte est censé être déjà mort, prend dans cette optique de la résurrection et de l'immortalité de l'artiste une curieuse résonance symbolique supplémentaire. Plus loin, Proust rappelle que l'Art est «le vrai Jugement dernier» (III, 880), qui fait éclater à nos oreilles, sous nos yeux, «la richesse du monde des possibles par rapport au monde réel» (II, 115). Soit! Bergotte réapparaît dans l'histoire après sa mort. Mais ce détail émouvant ajoute encore à l'*intégrité* de Proust qui disait dans *La Prisonnière:* «Le monde des possibles m'a toujours été plus ouvert que celui de la contingence réelle» (III, 24). Dans le vocabulaire des philosophes, l'œuvre d'art a une valeur *ontologique*. C'est le signe du surgissement de l'être et de son appartenance au «toujours-déjà là» du monde, le «Da Sein». «La loi cruelle de l'art est que les êtres meurent et que nous-mêmes mourions en épuisant toutes nos souffrances, pour que pousse l'herbe non de l'oubli mais de la vie éternelle, l'herbe drue des œuvres fécondes» (III, 1038).

Le dévoilement progressif de la Vérité

Proust dit à plusieurs reprises que le monde n'a pas été créé une seule fois mais aussi souvent qu'un artiste original est survenu (à propos de Renoir dans *Le Côté de Guermantes,* par exemple). La Vérité se dévoile donc progressivement, et dans un phénomène de dialectique. Wagner en traduit l'idée dans le symbole de *L'Anneau des Nibelungen:*

> Ce qui était seulement en 1848 un thème embryonnaire, générateur de vastes développements, est devenu, dans la version finale, l'aboutissement du drame, la synthèse de toutes les actions qui l'animent

et le moment ultime où se résolvent dans *l'unité primordiale enfin retrouvée,* toutes les tendances contradictoires et les mobiles *dialectiques* qui l'avaient engendré. (Guy Ferchault, «Götterdämmerung», p. 6)

Le but de Wagner et de Proust est de comprendre comment se dévoile cette vérité pour le faire voir aux autres, un peu à la manière du sculpteur Duchamp-Villon, leur contemporain: devant son *Buste de Baudelaire,* pas un instant ne songe-t-on à la forme proprement dite de la bouche, des arcades sourcilliaires, des narines; les traits du visage ne sont pas le vrai sujet de la sculpture; dans notre rencontre avec elle, ce qui prime, c'est ce qu'on entrevoit à peine d'immensité, de mystère, de tout ce qu'il reste encore à découvrir, et de la part du sculpteur, la conviction, exprimée comme dans un souffle, d'une autre dimension.

Dans *Marcel Proust et les signes,* Gilles Deleuze dit: «Plus important que la pensée, il y a ce qui 'donne à penser'». A la base, leur dessein est identique, qu'il soit réalisé dans une «recherche» romanesque ou musicale. Dans leur entreprise, Wagner et Proust sont donc moins animés par le raisonnement accompagnant l'œuvre que par une croyance, par une conviction de foi à travers laquelle ils voient la vie (I, 947). Pour eux, l'art n'est ni un artisanat ni une technique: lorsqu'ils en parlent, on croirait parfois entendre Claudel. Leur art est défini par le but, et celui-ci n'est plus la représentation des passions humaines ou la figuration de Dieu, mais l'affirmation d'un monde intemporel créé par l'homme pour vaincre le destin.

C'est la conciliation, la réconciliation, dans l'homme, des forces mystérieuses qui lui permettent de se dépasser. L'artiste s'explorera, se définira à lui-même par son œuvre, qui incarne sa réaction au monde et le seul moyen possible d'action devant les forces transcendantales de l'Espace et du Temps qui nous sont imposés. Dans cette optique, Dieu semble à peine exister, et la seule immortalité réside dans l'œuvre d'art («Ist Veredelung möglich?» disait Nietzsche).[8] Ainsi, Wagner déclarait un jour à Villiers de l'Isle-Adam: «L'Art, c'est ma prière». Dans le manuscrit de *La Recherche,* le volume 5, intitulé alors *Sodome et Gomorrhe II – Le Temps retrouvé,* donne pour titre à cette avant-dernière section de l'ensemble de l'œuvre: *L'adoration perpétuelle* (Voir III, 1060). Et rappelant encore la phrase de Wagner citée plus haut, ces lignes: «Prière, espérance qui était au fond la même, reconnaissable sous ses déguisements dans les diverses œuvres de Vinteuil, et d'autre part qu'on ne trouvait que dans les œuvres de Vinteuil» (III, 255). Cette prière constructive, cette espérance liée à une action hors du temps, à une action capable de libérer l'homme de sa sujétion, est du même ordre que celle que Gabriel Marcel opposera à l'*illusion* dans *Position et Approches concrètes du Mystère Ontologique.*

---

8 («Est-on en droit d'aspirer à autre chose?»)

Mais ce que cette foi en l'Art a de commun avec la foi religieuse traditionnelle, c'est surtout que *le doute* en fait *aussi* partie. Il la traverse de temps en temps, chez Proust comme jadis chez Swann: comment l'art serait-il capable de réaliser toutes ses promesses, puisqu'il demeure le produit escompté d'un travail industrieux? Ce doute, qui est vital pour la carrière du narrateur, prend forme autour de Wagner:

> Marcel, with obvious premonitions of his own work, is awed by Wagner's skill and ability to forge originality through the mere expending of labor and industry... 'J'étais troublé par cette habileté vulcanienne' (III, 161). His conclusion to these thoughts is disillusioned. (Wallace Fowlie, *A reading of Proust,* p. 193)

Ce moment de faiblesse a donc été suscité *à la fois* par la perfection-même du génie de Wagner, *et* par l'incertitude qu'éprouvait Proust au sujet de son propre métier d'écrivain. «Si l'art n'est que cela, il n'est pas plus réel que la vie, et je n'avais pas tant de regrets à avoir», dit-il (III, 162). Mais ce moment de faiblesse passera; et lorsque la foi revient, Proust craint seulement pour son œuvre qu'elle ne reste «un monument druidique... infréquenté à jamais» (III, 1040), termes dont le choix peut évoquer, par contraste, la gloire d'un Bayreuth où *se précipitent* alors tant de *dévôts* («Car ceux qui bâillent de fatigue après dix lignes d'un article médiocre avaient refait tous les ans le voyage de Bayreuth pour entendre la *Tétralogie*» – III, 815). Le culte de l'art semble se confondre chez Proust avec la religion du Wagnérisme telle que la lui révéla Montesquiou (voir: Piroué, p. 24). C'est comme si les doutes de Proust, lorsqu'il joue Wagner au piano, étaient les doutes de la littérature devant la Musique. Proust trouve «inutilisables» les impressions qui donnent pour lui leur valeur aux choses (II, 949). La musique de Wagner, elle, les «utilise» pour exprimer la «vraie vie», sans pour cela avoir besoin, comme la littérature, de nous en fournir une analyse.

Cela expliquerait pourquoi les doutes de Proust se dissipent dès qu'il arrive à assimiler totalement dans son esprit l'«écrivain» à un «artiste», dès que les deux termes deviennent absolument interchangeables, pour lui (III, 158 et 895). Par ce regain de confiance, l'Art *et* la littérature se relèvent de l'amoindrissement où Proust les avait tenus quelquefois.

> A phase of disillusion is necessary before Marcel is able to reach the final phase, of consolation, and of assurance. (Wallace Fowlie, *A reading of Proust,* p. 193)

Dans cette «phase finale», Proust est entièrement convaincu que quel que soit l'exil qu'on s'impose, que ce soit chez les Verdurin ou chez les Guermantes (car on se l'impose fatalement même lorsqu'on s'imagine le choisir de gaieté de cœur), l'Art *peut* nous en faire sortir. Et nous faire renaître en laissant derrière nous nos travers et nos faiblesses.

Dans son volumineux *Message poétique du Symbolisme*, Guy Michaud note comment ce genre de mysticisme relie l'œuvre de Wagner aux grandes œuvres romantiques – comme il ferait se rejoindre Proust et Chateaubriand, dont Proust avait dit: «tandis qu'il se lamente, il donne son essor à cette personne merveilleuse et transcendante qu'il est et nous sourions, car au moment-même où il se dit anéanti, il s'évade, il vit d'une vie où l'on ne meurt point» (*Nouveaux Mélanges*, pp. 407–408). En fait, la pratique du mysticisme de l'art alliée au crédo de Novalis («La musique et la poésie ne font qu'un») aurait déjà suffi à placer Wagner dans l'histoire de la littérature, bien avant le Symbolisme ou *La Revue Wagnérienne*. Wagner et Proust furent donc à la fois artistes eux-mêmes *et* théoriciens de l'art; l'esthétique qu'ils ont développée met en lumière le rôle de l'art dans notre civilisation.

> Wagner est un intuitif, il est l'homme-artiste. Et, même s'il le voulait, son bouillonnement intérieur lui interdisait toute adhésion définitive à un système. . . L'essentiel ici, c'est que chez Wagner, à partir des écrits de 1850, l'esthéticien et le poète soient restés jusqu'au bout d'accord et nous offre cette «merveilleuse unité»

dit Guy Michaud, Michaud pensait-il encore à Proust en écrivant sur Wagner:

> Wagner part d'une conception mystique de l'art, en réaction violente contre le matérialisme ambiant. Le but de l'art, selon lui, est de faire saisir la réalité qui sommeille dans les profondeurs de la nature et de l'âme humaine. En effet, l'homme, dans des *moments privilégiés*, a l'*intuition de ce qu'est la vraie vie* [nous soulignons] , la vie profonde, la «vie immédiate» (Wagner, *Oeuvres Complètes*, Vol. III, p. 61): c'est quand il «s'entretient avec la nature», quand il vibre avec l'âme des choses ou des hommes (Ibid., Vol. V, p. 54). [Cf. les pages excellentes de Fiser, *Le Symbole littéraire, essai sur la signification du symbole chez Wagner, Baudelaire, Mallarmé, Bergson et Marcel Proust*, p. 71]. Wagner appelait cette intuition le «sentiment», une communication d'âme en âme, à la fois exaltée et sereine, rejoignant ainsi la connaissance intuitive des primitifs. Mais cette connaissance resterait lettre morte pour autrui, comme celle ces mystiques, s'il n'y avait un moyen de l'*extérioriser:* l'œuvre d'art. Plus précisément, c'est la musique qui permet d'exprimer «dans une plénitude absolue le contenu sentimental de la langue purement humaine». La musique est «le cœur de l'homme», elle en «exprime l'infinie profondeur» (Wagner, *Oeuvres Complètes,* Vol. III, pp. 118–126), elle nous apparaît, «dans le sens le plus rigoureux, comme la révélation d'un autre monde». Elle est le langage mystique par excellence, et par là, «surpassant pour nous toute logique», elle «s'impose à nous avec la persuasion la plus irrésistible» (Wagner, *Lettre sur la Musique*, p. 57).

Il ne faudrait rien changer à ces mots pour les faire s'appliquer à Proust. Dans les deux cas, l'œuvre naît d'un même sentiment qui s'affirme de plus en plus au cours d'une vie, et auquel on reconnaît l'exigence d'une foi croissante encore renforcée par les mêmes influences intellectuelles et philosophiques.

Nous avons déjà parlé de Schopenhauer. L'influence de Kant sur Wagner, pour qui l'espace et le temps sont aussi des formes de la sensibilité, est également reconnue. Enfin, on ne pourra vraiment rapprocher Wagner et Proust que si l'on fait d'eux une critique d'ensemble, d'ordre phénoménologique, montrant que les déconcertantes fluctuations de la réalité par rapport à nous mettent également en relief les lumineuses issues de secours placées tout au long de l'œuvre.

L'esprit de phénoménologie dans Wagner et dans Proust

On rencontre à maintes reprises dans *La Recherche* de véritables définitions qui semblent échappées de *La Phénoménologie de l'esprit*, de Hegel. Ainsi: «L'homme est l'être qui ne peut sortir de soi, qui ne connaît les autres qu'en soi» (III, 450), ou bien des *applications pratiques* de cette philosophie: «c'était moi seul qui avait insinué une âme dans les pierres du palais et l'eau du Canal» (III, 655), ou encore:

> Je prenais conscience de mes propres transformations en les confrontant à l'identité des choses. On s'habitue pourtant à elles comme aux personnes et quand, tout d'un coup, on se rappelle la signification différente qu'elles comportèrent, puis, quand elles eurent perdu toute signification, les événements bien différents de ceux d'aujourd'hui qu'elles encadrèrent, la diversité des actes joués sous un même plafond, entre les mêmes bibliothèques vitrées, le changement dans le cœur et dans la vie que cette diversité implique, semblent encore accrus par la permanence immuable du décor, renforcés par l'unité du lieu. (II, 1126)

Guy Michaud exprime, à propos de Wagner, les raisons que *Proust* invoque fréquemment pour écrire:

> Pourtant, si la musique exprime parfaitement le contenu sentimental de l'âme, la musique s'avère impuissante à rendre ce contenu intelligible. L'audition d'une symphonie ne provoque-t-elle pas presque nécessairement en nous cette question: «Pourquoi?» (Wagner, *Lettre sur la Musique*, p. 60). Or l'artiste, comme l'auditeur, éprouve le besoin de répondre à cette question, autrement dit d'expliciter son sentiment. Pour le rendre intelligible, il doit alors faire appel à l'entendement qui, à son tour, s'extériorise par le langage parlé. «Répondre à cette question — «Pourquoi?» — à la fois troublante et inévitable, de telle sorte qu'elle cesse de s'élever et soit désormais en quelque sorte éludée, voilà ce que le poète seul peut faire» (Wagner, *Lettre sur la Musique*, p. 61). Pour découvrir et exprimer le secret de la vie, par conséquent, seule l'union de *l'intuition* et de *l'intellectualité* [nous soulignons] , du sentiment et des idées, de la musique et de la poésie sera efficace. Sentir et comprendre: telle est, pour Wagner, la double condition d'une réalisation intégrale de l'homme; tel sera l'effort vers lequel tendra son art. (Michaud, *Message poétique du Symbolisme*, p. 207)

Ainsi, en philosophie comme en biologie, la génération spontanée n'existe pas; Proust reprend presque textuellement les théories de Wagner lorsqu'il dit que l'amour n'est autre chose que «l'espace et le temps rendus sensibles au cœur» (III, 385).

Quant à l'imagination, nous avons vu également que Wagner et Proust la réhabilitent: certes, elle est toujours incapable, comme le dit Kant, de connaître les «choses en soi» (ou «noumènes»), mais elle permet néanmoins d'accéder aux vérités humaines contenues dans l'œuvre d'art, car celle-ci n'est plus «objet», mais *esprit* de l'homme. Et c'est précisément par l'imagination que nous pourrons peut-être nous débarrasser du «liséré de contingences et de perception qui empêche la mise en contact absolue de la réalité et de l'esprit» (III, 975). Par l'imagination, Proust «tâche d'arracher à ce qu'il vient de sentir ce qu'il sait» (II, 419), comme le ferait un savant par une remarquable intuition. Ou comme le ferait Wagner, d'après Proust.

> The composer experimenting with new harmonies and advancing the limits of what it is possible to do in music is like a chemist, a Lavoisier or an Ampère, «découvrant les lois secrètes d'une force inconnue, menant à travers l'inexploré, vers le seul but possible» (vol. II, p. 180). His notes are like hieroglyphics . . . which contain «la formule éternellement vraie» (vol. XII, p. 75). This conception of the inevitability of the evolution of truths in music is similar to Proust's theory about literature. (Victor Graham, *The Imagery of Proust*, p. 41)

La musique de Wagner et ses œuvres en prose évoquent cet état de «perpétuel devenir» dont parle aussi Hegel — en disciple de Kant — (et que Saint-Loup mentionne dans *Le Temps Retrouvé* – III, p. 752). Car dans *La Recherche* comme dans la *Tétralogie*, le «temps», contrairement à ce qu'en dit Maurois dans la préface de la Pléiade, n'est pas un «thème». C'est ce qui *contient tous* les thèmes, et bien autre chose encore. Piroué explique comment Wagner se retrouve en cela chez Proust:

> De même que Wagner confie aux mots chantés la progression matérielle de l'action et à l'orchestre l'accompagnement lyrique, ou l'action saisie par le dedans, Proust rapporte sans y croire, sans y attacher d'importance, sans s'y exprimer lui-même, une foule de propos, de conversations, de dialogues ... qu'il valorise par l'*analyse phénoménologique*, qu'on a bien à tort accusée d'être désséchante, puisqu'elle est simultanément *concrète*, minutieuse restitution des apparences, et *lyrique* [nous soulignons] , puisque ces apparences expriment l'essence. (pp. 118–119)

Dans l'esprit de *La Recherche*, ces apparences sont donc *à interpréter*, car le monde n'est jamais ce qu'il nous *paraît* être; «le centre des empires, et le cadastre des fortunes, et la charte des situations, tout ce qui semblait définitif est ... perpétuellement remanié, et les yeux d'un homme qui a vécu peuvent ... contempler le changement le plus complet là où justement il lui paraissait le plus impossible» (III, 1019). Nous ne pouvons ainsi connaître que notre propre vision du monde avec tout ce qu'elle a de *temporaire* (par les êtres et les situations également temporaires qui le constituent) et avec tout ce qu'elle a donc d'*erroné*. Symboliquement, le «Tarnhelmet», qui permet à celui qui le porte de changer d'aspect, n'est pas plus trompeur que notre propre vue du monde (*Götterdämmerung,* Acte I, scène iii). Le monde échappe peut-être à toute connaissance.

> Chacune de ces Albertine était différente, comme est différente chacune des apparitions de la danseuse dont sont transmutées les couleurs, la forme, le caractère, selon les jeux innombrablement variés d'un projecteur lumineux. C'est peut-être parce qu'étaient si divers les êtres que je contemplais en elle à cette époque que, plus tard, je pris l'habitude de devenir moi-même un personnage autre selon celle des Albertine à laquelle je pensais. (I, 947)

En conclusion sur l'ensemble de ce chapitre, confirmons encore un peu plus le poids que prend Wagner dans *La Recherche,* et rappelons ici ce que Proust lui-même nous confesse inlassablement sous des formes qu'il cherche à peine à déguiser par son talent d'écrivain: à savoir, qu'il trouve en Wagner, compositeur, théoricien de l'art, traditionnaliste et rénovateur (et apparaissant ainsi dans les aspects les plus significatifs du roman), la grande source, la source première et effective de son inspiration, la clé de sa vocation. Dans *La Recherche,* Wagner n'est pas seulement un de ces multiples noms célèbres jetés dans une conversation de salon où les personnages de Proust étalent avec snobisme leur «culture générale». Il est infiniment plus qu'une «ficelle» supplémentaire de la création littéraire de Proust. Nous pouvons déjà avancer que Wagner figurerait au plus haut d'une de ces listes de «priorités» que Proust affectionne. Oui, Wagner est bien à la fois Vinteuil et Bergotte: non pas du point de vue biographique dans l'intrigue du roman ni dans la genèse de ces personnages, mais par tout ce que ces personnages représentent dans l'œuvre. Et la seule véritable «intrigue» de *La Recherche* n'est-elle pas l'épanouissement de la vocation d'artiste de Proust?

> Il personaggio di Vinteuil contiene in se il ricordo di altri musicisti, oltre a Richard Wagner: Saint-Saëns e Franck, Debussy e Fauré; *tuttavia* la complessiva natura musicale, della Sonata e del Settimino sembra evocare irresistibilmente il clima estetico del *Tristano.* (Enrico Guaraldo, *Lo Specchio della Differenza: Proust e la poetica della Recherche,* p. 189)

Et c'est Proust lui-même qui extrapole:

> Je vous montrerais cela chez tous les écrivains que vous lisez pendant que je dors [dit-il à Albertine] . je vous montrerais la même identité que chez Vinteuil. (III, 375)

Mais Vinteuil n'existe pas. Ni Elstir. Ni Bergotte. Ni encore moins quelqu'un qui parvienne à les «combiner» tous les trois, si ce n'est Wagner. Et, bien entendu, l'esprit de Proust. Mais parmi tous les hommes (ayant *réellement* existé) qui sont cités dans *La Recherche,* Wagner est le seul dont l'art contienne toutes les idées sur l'artiste qui sont exprimées dans *La Recherche.* Wagner est le seul qui puisse traduire la démarche de Proust sans jamais la démentir. Si l'on s'en tenait uniquement à Wagner, celui-ci suffirait encore à nous conduire, sans nous égarer, jusqu'au bout de *La Recherche.* Tout au long de ce cheminement parallèle, il n'y aurait que des correspondances, des recoupements, et pas de conflits.

Plus et mieux qu'une religion vieillie, niée par l'esprit public, plus effectivement et d'une manière plus saisissante qu'une sagesse d'État qui depuis longtemps doute d'elle-même, l'Art, éternellement jeune, pouvant trouver constamment en lui-même et dans ce que l'esprit de l'époque a de plus noble, une fraicheur nouvelle, l'Art peut donner au courant des passions sociales qui dérive facilement sur des récifs sauvages ou sur des bas fonds, un but beau et élevé, le but d'une noble humanité.

Ces mots de Wagner trouvent un parfait écho dans *La Recherche:*

En somme... qu'il s'agît d'impressions comme celle que m'avait donnée la vue des clochers de Martinville, ou de reminiscences comme celle de l'inégalité des deux marches ou le goût de la madeleine, il fallait tâcher d'interpréter les sensations comme les signes d'autant de lois et d'idées, en essayant de penser, c'est-à-dire de faire sortir de la pénombre ce que j'avais senti, de le convertir en un équivalent spirituel. Or, ce moyen qui me paraissait le seul, qu'était-ce autre chose que faire une œuvre d'art? (III, 878–79)

Et nous pourrions aussi bien citer la quarantaine de pages sur l'Art qui suit cette (re)prise de conscience dans *Le Temps retrouvé,* et y ajouter, sans établir de discontinuité, n'importe laquelle des définitions que donne Wagner à la gloire de l'artiste, «homme beau, conscient de lui-même, qui, avec le sourire de l'initié, peut dire à la nature, au soleil et aux étoiles, à la mort et à l'éternité: vous aussi vous êtes miens, et je suis votre maître!» (Wagner, *L'Art et la révolution,* ch. 1, éd. de l'Opale, 1978). Mais quels traits spécifiques l'artiste de Proust et l'artiste de Wagner possèdent-ils? Ces traits les rapprochent-ils encore, et dans quel sens?

Chapitre V

POSITION DE L'ARTISTE DANS LA SOCIETE ET DANS L'OEUVRE

La solitude de l'artiste

Les dernières lignes de Wagner que nous avons citées (page 88) soulignent la fierté de l'artiste qui se donne à son œuvre, fierté que nous retrouvons dans le thème de la solitude de l'écrivain. Ce thème, romantique par excellence, est aussi l'héritage de toute une génération d'écrivains et d'artistes. Wagner est rattaché à eux par mille liens, comme le remarque Ernest Newman (*The Life of Richard Wagner,* vol. II, p. 435). Alors, l'écrivain veut se suffire à lui-même: la solitude que Proust cherche —en plein cœur de Paris — ou celle de Wagner qui, pour composer *Tristan,* s'exile sur une montagne suisse — dernier refuge dans ce carrefour de l'Europe — semble être une condition nécessaire à leur art («il y avait clair de lune. Albertine l'admira. Je n'osai lui dire que j'en aurais mieux joui si j'avais été seul ou à la recherche d'une inconnue» — III, 407).[1] L'inspiration créatrice de Wagner ressemble à la sensation chez Proust: elle n'a de valeur que digérée, assimilée par l'esprit; de là ce besoin constant de solitude et ce culte de la mémoire («Mais pour que mon esprit pût ainsi se rassembler, prendre son élan, il m'eût fallu être seul» — I, 717).

Le thème romantique de la solitude est développé dans les mêmes lignes par Proust et Wagner. Et ceci, en dépit de leur différence de caractère. Tous deux pâtissent et regrettent de savoir ce désir de solitude si durement jugé par leurs contemporains; ces derniers ne comprennent pas qu'«un artiste pour être tout à fait dans la vérité de la vie spirituelle doit être seul, et ne pas prodiguer de son moi» (I, 863). Combien de fois Wagner n'a-t-il pas été taxé d'orgueil et du défaut de ne pas «faire face [,lui non plus,] à ses obligations avec les êtres» (III, 1041). Comme Tannhäuser, troubadour, qui voulait quitter Vénus pour retourner *travailler* au «Concours de Chant» (l'expression fait partie du titre complet de l'opéra), Wagner et Proust semblent animés par un seul souci: celui de combler la lacune dont pourrait témoigner leur œuvre s'ils ne lui consacraient pas *tout* leur temps.[2]

---

1 Pour Wagner, voir: James McNally, *Prelude to exile* (pièce de théâtre en trois actes, sur Wagner), G.P. Putnam's sons, New York, 1936.

2 Voir E. Newman, op. cit., vol. II, pp. 46—47, 68, 251, 256, 372 et 523.

Dans la vie de Wagner, un exemple montre à quel point les critères de l'art prévalent sur la morale sociale: le fait que Hans von Bülow demeure l'exécutant, l'apôtre enthousiaste (comme dit Ernest Newman, *Richard Wagner,* vol. I, p. 457), le chef d'orchestre le plus souvent choisi par Wagner, pendant que celui-ci lui ravit sa femme, Cosima, et habite avec eux dans un arrangement à trois qui défie la morale au nom de la musique.

> June 21, 1868, a model performance of *Die Meistersinger,* which he had finished in 1867, was given at Munich under the direction of von Bülow, Richter acting as chorus master and Wagner supervising all the details. (Kobbé, p. 226).

La bonté qui anime l'artiste n'est pas toujours d'ordre social. Au risque d'offenser la morale quotidienne, l'Art se découvre pour lui-même de nouvelles possibilités, mais ce faisant, il enrichit aussi notre existence. Il est «capable de porter, à travers des milliers d'années, devant des milliers d'hommes, la pensée, le rêve, le travail de l'artiste» (M. Remacle, *L'Elément poétique dans A la recherche*). Wagner disait aussi qu'en opposant à l'inconscience publique la conscience éclairée de quelques individus, c'est toute l'humanité que l'œuvre d'art enrichirait (Wagner, *L'Art et la révolution,* ch. 5). Proust et Wagner sont humanistes. Mais leur bonté a l'apparence de l'égoïsme, comme tous les altruismes vraiment féconds de la nature («l'altruisme humain qui n'est pas égoïste est stérile», dit Proust — III, 1036).

Wagner, Proust et l'amitié

Devant l'Art, l'amitié passe au second plan. «Et l'amitié n'est pas seulement dénuée de vertu comme la conversation, elle est de plus funeste» (I, 907). Le seul véritable ami devient celui qui apprécie l'entreprise solitaire de l'artiste («While Sachs found Walther's artistic method new, he did not find it formless. . . The prelude of Act III, with the Motive of Poetic Thought, is in fact a subtle analysis of character expressed in music» — Kobbé sur *Die Meistersinger,* pp. 214 et 220). Les idées de Proust sur l'amitié furent *d'abord* développées autour de Wagner, et en sa défense: nous trouvons en effet la note suivante à la page 44 de *Contre Sainte-Beuve:*

> Au cours de l'été 1909. . . le *Journal des Débats* publie un article de Daniel Halévy sur Nietzsche où se trouve évoquée l'éclatante rupture avec Wagner. «Wagner est un génie, mais un génie de mensonge, écrivait le philosophe à Lou Salomé. Et j'ai l'honneur d'être le contraire: un génie de vérité.» En réponse, Proust jette sur son carnet les *premiers* mots de sa fameuse dénonciation de l'amitié, qui plus tard entrera dans son œuvre: «on sait ce que je pense de l'amitié. Je la crois si nulle que je ne suis même pas exigeant intellectuellement pour elle, et quand Nietzsche dit qu'il n'admet pas une amitié où il n'y ait pas estime intellectuelle, cela me semble bien mensonger pour ce détracteur de Wagner, génie du mensonge»,

à la suite de quoi l'amitié sera dénoncée comme une simulation, une pratique fausse et stérile, une abdication de soi: «la marche de la pensée dans le travail solitaire de la création artistique se fait dans le sens de la profondeur, la seule direction qui ne nous soit pas fermée, où nous puissions progresser, avec plus de peine il est vrai, pour un résultat de vérité» (I, 907; voir aussi: III, 987). Dans son ouvrage *Proust et la stratégie littéraire*, Pierre-Quint raconte comment tous les articles publiés sur Proust à son époque le présentaient éloigné de la foule. Et lorsqu'on hasardait un éloge trop complaisant de son livre, «le public avait un mouvement de recul» (P. Quint, op. cit., pp. 72–73).

André Gide offre peut-être le témoignage le plus illustre de l'incompréhension que peut faire naître, même dans un esprit des plus fins, le travail isolé de l'artiste: «Le refus de ce livre, écrira plus tard Gide dans une lettre adressée à Proust, restera la plus grave erreur de la N.R.F. et (car j'ai honte d'en être beaucoup responsable) l'un des regrets, des remords les plus cuisants de ma vie». L'un des chagrins les plus tenaces de Proust, aussi.

Dans une situation analogue, Wagner s'exprime d'une manière plus agressive conforme à son tempérament: jusqu'à la fin de sa vie, et malgré la certitude d'être «dans le vrai», Wagner s'adresse toujours, dans ses écrits théoriques, à une sorte d'ennemi invisible qu'il s'acharne à convaincre. Et comme chez Proust, on détecte aisément sa position dans la version définitive de l'œuvre qu'il nous présente: Beckmesser, avec ses préjugés artistiques, se couvre finalement de ridicule tandis que Walther von Stolzing est glorifié par tous. (*Die Meistersinger*, Acte III, scène 5). Notons que Bergotte aussi cherche à donner à son œuvre de plus solides assises pour la mettre à l'abri des attaques («On entendait alterner avec les propos du vrai Bergotte ceux du Bergotte égoïste, ambitieux et qui ne pensait qu'à parler de tels gens puissants, nobles ou riches pour se faire valoir» – I, 558). Ainsi, pour répondre à la mauvaise presse qui lui était faite (et l'accusait d'être «bourru comme un ours»), Wagner s'était expliqué dans des termes que Proust semble calquer: «le devoir de faire mon œuvre primait celui d'être poli ou même bon» (III, 986). C'est aussi ce que pense Wagner lorsqu'il accuse – mais avec arrogance, lui – la bassesse du public «qui se complaît dans la médiocrité et la répétition au lieu d'écouter les vérités de Beethoven et de Shakespeare» (Wagner, *L'Art et la révolution*, ch. 1, éd. de l'Opale, 1978).

L'amertume et l'agressivité de Wagner ont alors les mêmes racines que «ce secret désespoir, cette impression de solitude et d'incompréhension... qu'on retrouve tout au long de la dernière lettre de Proust à René Blum», comme dit Pierre-Quint (*Proust et la stratégie littéraire*, p. 143). Car Proust et Wagner doivent finalement reconnaître que l'art ne vit que par son public. Certes, ce ne sont pas les commentaires et jugements du public qui font de la musique ce moyen mystique de communion universelle supérieur au langage parlé et à toute religion traditionnelle. Mais la survie de l'art dépend autant de la création même d'œuvres originales que de la culture du public, et le public risque à tous moments de se tourner contre l'artiste comme la populace se tourne contre Rienzi; et la culture musicale du public, culture «qui ne peut pas manquer de se révéler dans les œuvres littéraires» (F. Hier, op., p. 15), doit rester vivante dans le public pour continuer à absorber l'œuvre de l'artiste, qu'il soit compositeur ou écrivain. Comme à la fin des *Meistersinger,* le chœur doit toujours compléter la beauté des meilleurs solistes. Certes, la vision poétique du monde demeure, comme le dit Proust en parlant de Racine, irréductible; c'est elle qui soutient l'œuvre et l'offre à la postérité en la défendant contre tous les assauts. Mais l'Art, tout individuel et peut-être même tout arbitraire qu'il soit, l'Art qui représente une perception unique et la conquête de l'imaginaire, l'Art n'a pourtant d'existence que sociale. Wagner et Proust ne peuvent laisser leur «cicatrice sur la terre», comme dit Nietzsche, qu'à l'aide d'outils et de matériaux connus de tous. Le public seul, en fin de compte, donne un sens à l'empreinte de l'artiste. Car l'Art est la création, dans ce monde, d'un autre monde ne pouvant avoir d'existence que dans et pour ce monde. Tout ce que les formes créées par l'artiste peuvent signifier, ce n'est jamais que pour nous, le public. Wagner en fit souvent l'expérience, chacun de ses opéras rompant un peu plus avec la tradition.[3] On peut lire, à la dernière page de l'ouverture de *Der Fliegende Holländer* ces mots, ajoutés à la plume: «Per aspera ad astra. Gott geb's!» [«A la grâce de Dieu!»]. La prière de Wagner est alors différente de celle qu'il adressait à l'Art: C'est maintenant une prière tournée vers le public, dont l'artiste a besoin. Proust dit:

> Chez le solitaire, la claustration même absolue et durant jusqu'à la fin de la vie a souvent pour principe un amour déréglé de la foule qui l'emporte tellement sur tout autre sentiment que, ne pouvant obtenir, quand il sort, l'admiration de la concierge, des passants, du cocher arrêté, il préfère n'être jamais vu d'eux, et pour cela renoncer à toute activité qui rendrait nécessaire de sortir. (I, 789)

Wagner et Proust ont tous deux prévu et commenté à l'avance les éclipses que la postérité devait réserver à leurs œuvres: Wagner tombe en disgrâce pendant la guerre; et Proust, dès 1926 et 1927, connaît ce que Douglas Alden appelle un «déclin préliminaire» (dans *Marcel Proust and his French Critics,* ch. VII). Rappelons cependant que Wagner, même si la mise en production de ses opéras se heurta toujours à beaucoup d'opposition, a goûté à la fin de sa vie la gloire d'un grand maître entouré par le cercle grandissant de ses adorateurs;[4] Proust, lui, n'avait pas tant d'appui de l'extérieur, malgré son prix Goncourt en 1919; et n'ayant au dessous de lui, bien entendu, ni chanteurs, ni musiciens, ni danseurs, ni metteurs en scène, ni peintres, ni costumiers, ni maquilleurs, ni surtout à sa disposition une foule de spectateurs

---

3 cf. Ernest Newman, *The Life of Richard Wagner,* vol. I, pp. 317–18.

4 Voir Ernest Newman, *The life of Richard Wagner,* vol. I, p. 452.

plongée dans une salle obscure un soir de représentation, lorsque la magie et le rêve remplissent l'espace du théâtre, Proust devait trouver dans le propre culte qu'il vouait à l'Art — c'est-à-dire *à d'autres* — le réconfort dont il avait tant besoin pour en créer lui-même.

La seconde Guerre Mondiale a ralenti pendant quelques années, en France, l'heureux changement d'attitude qui s'était produit à l'égard de Wagner et une meilleure administration de l'Opéra de Paris achève aujourd'hui de rendre à Wagner la place qui convient. Remarquons ici, mais comme une coïncidence seulement, le renouveau d'intérêt de la critique pour l'œuvre de Proust dans les quinze dernières années. Les années qui viennent de s'écouler semblent avoir achevé de ressusciter Proust et Wagner.

Le «moi» dans l'œuvre

Proust et Wagner, en tout cas, ont anticipé d'une façon analogue le feu de la critique, et ils y ripostent en justifiant leur prédilection pour l'isolement, leur condamnation de l'amitié, leur méfiance du public. Dans le cas de Proust, cette insistance à vouloir s'exprimer ressemble à l'énergie des désespérés à qui le temps fait défaut. Elle témoigne aussi d'un autre trait commun aux deux hommes: l'identification de plus en plus nette avec le héros qu'ils nous représentent dans leurs œuvres.

> The most useful key to the understanding of who and what Lohengrin is, is the suggestion that he represents Wagner, the misunderstood genius, just as Vanderdecken, the flying Dutchman, represented Wagner, the betrayed idealist, and Wotan was to represent Wagner, the unheeded prophet. The tension between inner and outer world, sacred and profane, eternal and temporal is also that which existed between Wagner the artist and his audience. It is upon this fact that, to a large extent, the shaky philosophical structure of Wagner's music dramas is constructed.
>
> (Charles Osborne, «Wagner and the two Worlds», p. 4)

De fait, Wagner se met toujours plus ou moins en scène dans son œuvre.

Dans le domaine de la littérature, cette mise en scène du «moi» est un mode de création assez fréquent, qui existait longtemps avant Proust ou Wagner. La présence du «moi» de l'artiste dans son œuvre est sans doute commune à un grand nombre d'écrivains; mais elle l'est beaucoup moins parmi les compositeurs de musique. En fait, la présence reconnaissable d'un compositeur dans l'opéra qu'il écrit est quelque chose d'assez rare. Wagner est pourtant clairement personnifié, c'est-à-dire présent sous les traits d'un personnage, dans chacun de ses opéras. L'aspect autobiographique des opéras de Wagner est démontré par exemple dans la première version de *Der Fliegende Holländer,* où la femme du Hollandais portait le nom de la femme de Wagner, «Minna»:

> The Dutchman is not only the Wandering Jew, he is also, and most importantly, the artist, and not just the artist in general but Wagner in particular; Wagner, at this stage of his life, willing to accept Minna as his redeemer. In his first sketch for the opera, the heroine's name is not Senta but that of his own wife, Minna. Much of his own self-pity finds its way into the mouth of the Dutchman («War ich Unsel'ger Spielwerk deines Spottes, als die Erlösung du mir zeigtest an?»). (Charles Osborne, «The Dutchman and his Myth», p. 3)

Ne le retrouve-t-on pas encore dans Tannhäuser, qui doit, lui aussi, errer sans fin? Et Walther, le poète-musicien des *Meistersinger,* ardent et orgueilleux, intellectuel se voulant isolé, coupé de la société et des artistes de son temps, nécessairement incompris, comme l'était le héros de *Lohengrin*, n'est-ce pas encore Wagner lui-même (Wal/ther/gner), cet homme en qui Baudelaire, Mallarmé et tant d'autres voyaient «le poète idéal»? Ernest Newman explique ceci sur Wagner:

> Each new work . . . should represent a new phase in its creator's inner life, a new extension of experience,. . . a new crystallization not only of aesthetic but of spiritual wisdom and power (E. Newmann, *The life of Richard Wagner,* Vol. I, pp. 500–01).

On peut répondre de la façon suivante aux ennemis de Wagner qui trouvent peut-être excessive, pour ne pas dire immodeste (comme c'est le cas avec Proust qui, sur plus de trois mille pages, ramènerait toujours tout à lui-même), l'identification de l'auteur avec le héros toujours supérieur qu'il nous présente:

> Inevitably, Wagner was led for a time seriously to contemplate Jesus as an operatic subject: Wagner as crucified Messiah. But it is not to be thought that this self-identification with his heroes was necessarily a conscious act on Wagner's part: writing to his friend Roeckel in 1856, he says that the period in which he worked in response to his *intuitions* began with *Der Fliegende Holländer*. (Charles Osborne, «Wagner and the two Worlds», p. 4)

> When he came to see himself as Parsifal, as Tristan, a certain garrulity and lack of proportion had begun to obtrude themselves upon Wagner's artistic instincts. (Charles Osborne, «The Dutchman and his Myth», p. 3)

Quoi qu'il en soit, la plupart des personnages de Wagner sont condamnés à la solitude; et Wagner, dans un sens, l'était également, mis au ban de la société artistique par la critique de l'époque.

D'une façon analogue, Proust, voué corps et âme au culte de l'Art, s'identifie de plus en plus à l'artiste solitaire, dans *La Recherche*. Et à l'Artiste, plutôt qu'à l'écrivain en particulier. «Personne dit-il, ne comprend rien à ses premières *esquisses*» [nous soulignons] (III, 1041). La solitude et le sentiment d'inadaptation ou les multiples conflits avec le milieu environnant qu'on appelle en allemand le «Umwelt», tout cela semble être, pour Proust et pour Wagner, la rançon nécessaire de leur création artistique, et la source du danger trop humain qui consiste à tout ramener à soi quand l'authentique œuvre d'art se veut peut-être plus généreuse, moins préoccupée de l'éthos de son auteur. Mais les conflits de Wagner avec le monde

> sont toujours de nouvelles sources d'inspiration pour son œuvre. C'est en cela que résidaient à la fois sa grandeur et sa faiblesse et il en était conscient: «la nature, Créatrice et Egoïste, d'une cruauté barbare, ne peut avec la meilleure volonté – si elle pouvait en avoir – rien d'autre que se considérer dans chaque individu comme l'univers unique et absolu, et n'accepter l'autre individu que dans la mesure où il flatte cette fausse opinion de soi».
> (Erich Emigholz, «L'aspiration à l'amour de Wagner», p. 3)

Pour Proust aussi, vivre et écrire ne font plus qu'un. Son art résulte de la collaboration de circonstances personnelles, intimes, littéraires, sociales, historiques aussi.

Le développement de l'écrivain de *La Recherche,* depuis le texte sur les clochers de Martinville présenté à Norpois jusqu'à la réalisation géante d'un artiste pleinement conscient de sa mission rappelle l'évolution de Wagner dans sa carrière artistique:

> With Parsifal, Wagner thinks himself «to be the 'only one', a salvation in which the artist Wagner could not yet believe at the time of Tann-häuser». (E. Emigholz, ibid.)

La préoccupation du «moi» chez Wagner et chez Proust a donc souvent été critiquée. Et il est vrai que l'un et l'autre ont toujours le premier rôle, contrairement à leurs héroïnes (dans *Tannhäuser,* par exemple, Elisabeth apparaît seulement vers le milieu de l'opéra; Senta bien àprès le capitaine dans *Der Fliegende Holländer*). Même lorsqu'il s'agit des pensées et des actions (voire, de la mort) de l'être le plus cher, celui-ci, au lieu d'occuper la scène toute entière, est vite exploité pour autre chose que pour lui-même. Cela, bien sûr, sera plus apparent chez Proust que chez Wagner, car la musique, laissant plus de liberté à l'imagination, est nécessairement plus vague que l'analyse (même lorsque l'analyse est remplie de métaphores poétiques). Il est clair que nulle musique ne pourra jamais lier un héros et son auteur aussi étroitement, aussi explicitement que des mots tels que (ici, à propos de Bergotte): «Il vivait dans un isolement, avec une sauvagerie, que les gens du monde appelaient de la pose et de la mauvaise éducation, les pouvoirs publics, un mauvais esprit, ses voisins, de la folie, sa famille, de l'égoïsme et de l'orgueil» (I, 828). L'expression musicale ne pourra jamais faire dire, non plus, à son compositeur, un «mea culpa» aussi peu déguisé que: «Un véritable écrivain, dépourvu du sot amour-propre de tant de gens de lettres, si, lisant l'article d'un critique qui lui a toujours témoigné la plus grande admiration, il voit cités les noms d'auteurs médiocres mais pas le sien, n'a pas le loisir de s'arrêter à ce qui pourrait être pour lui un sujet d'étonnement, ses livres le réclament» (II, 647). Nous savons en effet que Proust était vivement affecté par ce genre de silence, plus froid, plus cruel à ses yeux, que ne l'eût été une critique acerbe de son œuvre.

Dans le cas de Wagner, l'identification dont nous parlons serait le mieux démontrée par la correspondance de Wagner: on y lit que Wagner, en plus d'apporter ses idées à la construction de tel ou tel personnage qu'il décide de créer, ramène inversement à sa vie privée tout ce que ses personnages sont censés éprouver dans les contextes les plus fantastiques. Cette manière de vivre donne son sens littéral à une phrase de Proust telle que: «Les données de la vie ne comptent pas pour l'artiste, elles ne sont pour lui qu'une occasion de mettre à nu son génie» (I, 851), le terme «occasion» étant entendu comme «situation vécue» et non plus comme «excuse». Au sujet d'un voyage en bateau, de Riga à Londres, qu'il effectua pendant l'été 1839, Wagner raconte par exemple comment le navire se réfugia dans un fjord norvégien pour éviter une violente tempête:

> The passage among the crags made a wonderful impression on *my fancy;* the legend of the Flying Dutchman, as I heard it confirmed from the seamen's mouths, took on within me a distinct and peculiar color (*Autobiographical Sketch*, 1842). A feeling of indescribable contentment came over me when the enormous granite walls echoed with the shout of the crew as they cast anchor and furled the sails. The sharp rythmic cries struck me like a mighty consoling omen, and soon formed into the theme of the sailors' song in my *Flying Dutchman*, the idea of which was already in my mind. (Wagner, *My Life*, 1866)

Mais si la vie de l'artiste transparaît dans les incidents qu'il nous raconte, si la biographie a peut-être inspiré le rythme de l'œuvre, comme c'est le cas chez Proust, l'œuvre dépasse vite le cadre de la vie de l'auteur; dans un article sur *Tristan und Isolde,* Walter Ducloux rappelle avec raison:

> The vastness of any Wagnerian project makes it unlikely that even so deep a love for the young Zurich matron − whose husband had offered the composer a much-needed asylum on his estate − could have more than a contributory influence on the fashioning of a work of this magnitude. (W. Ducloux, *Metropolitan Opera* pub., Dec 1971, p. 28)

Dans son effort d'expression-transposition, Wagner semble avoir procédé exactement comme le Proust-narrateur qui voulait comprendre:

> Il s'est dépouillé de tout ce qu'il y avait d'accidentel et de contingent en lui, s'est arraché au drame de sa vie, puisque finalement, ce qu'il exprime dans sa musique, c'est de la joie. Il a échappé à tout ce qui le retenait sur la terre pour ne plus exprimer que son individualité la plus essentielle, témoignant ainsi de son destin éternel. (Piroué, sur Vinteuil, p. 84)

L'omniprésence du «moi» devrait donc apparaître comme étant beaucoup plus productive que déconcertante, car ici, l'auteur, «d'une seule vie fait surgir toutes les vies», dit André Maurois dans sa préface (I, XXI). L'artiste «doit avant tout se donner le spectacle de sa propre divinité, et les tableaux qu'il offre à l'admiration des hommes leur conféreront la gloire d'exercer aussi et momentanément leur propre divinité» (Apollinaire, sur *Les Peintres Cubistes*). C'est dans le «moi» que Proust découvre la réalité humaine à transcrire par l'œuvre d'art.

Et cette réalité humaine transcende clairement le souci immédiat de sa propre personne. Wagner, plus Mathilde Wesendonck ont donné *Tristan et Isolde* (et cinq *Wesendonck Lieder*), dit-on.[5] Mais c'est la réflexion de l'auteur sur la condition de l'homme dans le Temps (comme on peut aussi la voir, par exemple, chez Paul Valéry) qui a pu faire s'assimiler Proust et Wagner à leurs personnages (car, bien entendu, il y a plus d'un «je» dans *La Recherche*). Remarquons simplement que dans les deux cas, «les circonstances de la création sont inséparables de la création elle-même. L'œuvre procède de la vie et en reflète les accidents» (Piroué, sur Wagner, p. 105). Quant au prétendu égotisme de l'artiste, H.S. Chamberlain offre l'excuse suivante à ceux parmi le public qui en auraient encore besoin:

> I would like to bring home to the reader, how closely Wagner's *writings* belong to his life and his art; for herein lies not only their rare value, but more especially their biographical significance ... *His writings sprang from a subjective necessity, from his impulse to «bring forward everything which was dawning into full consciousness».* (Chamberlain, *Richard Wagner*, pp. 71–72; nous soulignons)

Cette dernière phrase de Chamberlain pourrait définir *La Recherche* et y expliquer les répercussions lointaines d'un «moi» extrapolé dans toutes les directions.[6] Sans la masse du public, composée d'individus, le Théâtre de Bayreuth n'existerait pas; mais il appartient à *un seul* «verre grossissant» — qu'on l'appelle livre comme le fait Proust (III, 1033), ou bien opéra — de fournir à chacun de ces individus le moyen de lire en lui-même. *La Recherche* peut être comprise comme l'illustration de l'état dans lequel *nous* devons *nous* mettre, que *nous* devons rechercher. Pour devenir à notre tour cet omniscient spectateur-personnage.

N'accusons donc pas Proust de se confondre avec plaisir avec Bergotte, qui, lui aussi, souffre d'insomnies et ne doit «quelques années de mieux relatif qu'à sa claustration chez lui» (III, 185); n'accusons pas Proust de se confondre prophétiquement avec Vinteuil dont «les notations indéchiffrables avaient fini à force ... par être déchiffrées après sa mort» (III, 261). Comme Proust, Wagner réunit en lui plus d'*un* héros — sans compter Vinteuil et Bergotte dans *La Recherche* — et ce faisant, il touche à des horizons aussi lointains que le «moi» diversifié de Proust («chacun des moi qui, dans la suite pensa à Albertine» — I, 947; «le moi que j'étais alors» — II, 757; «quand tous mes autres moi seront morts» — III, 12; «des innombrables moi» — III, 430; «un nouveau moi» — III, 594; «un de ces moi» — III, 595; «mon nouveau moi» — III, 642; «les moi divers» — III, 897; «des moi si distincts» — III, 971).

5 et même seize références à Mathilde dans l'acte I de *Die Walküre*, remarque E. Newman (*The life of Richard Wagner*, vol. II, p. 526).

6 Cf. Ernest Newman, *Wagner as man and artist, synthetic table of Wagner's life and works and synchronous events*, pp. 373–394, Knopf, New York, 1946; et Guy de Pourtales, *Richard Wagner, the story of an artist*, Greenwood, Westport, Conn., 1972.

On lit ceci, dans *Le Temps retrouvé:* «qui n'est pas capable de comprendre le mystère, les réactions, les loi de la vie des cellules composantes, ne pro-noncera que des mots vides quand il parlera des luttes entre nations» (III, 771). Une tentative pour passer de la cellule au monde, voilà ce que retrouve aussi Chamberlain dans les œuvres en prose de Wagner:

> These *literary* works have not only an outward connection (i.e. as controversial writings), but also an inner relationship with Wagner's artistic creations;... far from presenting an abstract system, they are the expression of a living organic process;... particularly in them *the genesis of the artist is carried on and completed.* [nous souli-gnons] (Chamberlain, *Richard Wagner*, p. 72)

Juxtaposons à cela les lignes suivantes de Germaine Brée:

> «Le vrai roman», selon le critique Thibaudet, «est comme une auto-biographie du possible». Le vrai roman, pourrait bien répondre Proust, est le déploiement dans le temps, à travers une histoire, d'une vision consciente de la vie dont la formation constitue la seule autobiogra-phie réelle. Aucun autre romancier n'a, comme Proust, lié dans un seul livre l'histoire de *la génèse d'une œuvre et la réalisation même de cette œuvre.* [nous soulignons] (G. Brée, *Du temps perdu au temps retrouvé*, p. 261)

La réalisation, même implicite, de ce phénomène dans le domaine surprenant de l'opéra est une rare gageure dont Wagner, jusqu'à présent, est le seul titu-laire.

L'identification de Proust avec Wagner

Nous avons vu plus haut que *Parsifal* était le couronnement d'une longue série d'identifications de Wagner avec ses héros. Mais voilà que Proust s'i-dentifie à Parsifal: «j'eusse été moins troublé dans un antre magique que dans ce petit salon d'attente où le feu me semblait procéder à des transmutations, comme dans le laboratoire de *Klingsor*» (I, 527). Ailleurs, la comparaison du narrateur lui-même avec Parsifal peut couvrir plusieurs pages; elle com-mence par exemple comme ceci:

> Je m'aperçus que venait de se produire autour de moi ... un chan-gement de décor comparable à celui qui introduit tout à coup Par-sifal au milieu des filles fleurs. Celles qui m'entouraient, entièrement décolletées (leur chair apparaissant des deux côtés d'une sinueuse branche de mimosa ou sous les larges pétales d'une rose), ne me di-rent bonjour qu'en coulant vers moi de longs regards caressants com-me si la timidité seule les eût empêchées de m'embrasser. (II, 423)

Et cinq pages plus loin (p. 428), Proust — qui continue à se voir dans le «beau rôle» — est entraîné (comme Parsifal) vers une autre des filles fleurs, dans un mouvement chorégraphique dont il est le centre. Dans le chapitre trois de son ouvrage *La Féérie de Marcel Proust*, Claude Vallée étudie la «passivité de Proust» que trahit cette comparaison que Proust fait de lui-même avec le personnage de Parsifal. Et dans une lettre adressée à Robert de Montesquiou, et datée du 13 janvier 1894, Proust écrit: «Je suis guéri maintenant et irai prochainement à Versailles me faire pardonner, si vous daignez y consentir; mais pas demain encore parce que Colonne donne un peu de *Parsifal*,... un peu de la scène de ces Filles-Fleurs qu'un autre maître m'a rendues si chères» (*Correspondance de Marcel Proust*, Tome I, p. 269, lettre N⁰ 134). Proust avait lu en effet deux poèmes de Montesquiou sur les «Filles-Fleurs» de Parsifal: III, «SIMPLES», et VII, «BLUMENMADCHEN», aux pages 23 et 25 de l'ouvrage de Montesquiou intitulé *Chef des Odeurs suaves* et publié en 1893.

Proust se voit également en Tristan:

> Si ce médicament avait été à l'origine des souffrances que mon imagination eût alors faussement interprétées, ... c'était à la façon du philtre qui, longtemps après avoir été absorbé, continue à lier Tristan à Yseult. (I, 610)

> Du fond du Paris populeux et nocturne approché soudain à moi, à côté de ma bibliothèque, j'entendis tout-à-coup, mécanique et sublime, comme dans *Tristan* l'écharpe agitée ou le chalumeau du pâtre, le bruit de toupie du téléphone. (II, 731)

En fait, certaines pensées du narrateur semblent être tellement imprégnées de l'atmosphère de *Tristan* qu'elles pourraient en résumer l'intrigue: («Cette idée de la mort s'installa définitivement en moi comme fait un amour» — III, 1042).[7] Ailleurs encore, après avoir «interprété» le chant mystérieux des oiseaux qu'il entend dans la forêt de Chantepie, Proust évoque, dans ce qui ne peut plus être un hasard, le même acte chez Siegfried, etc. Or Wagner est le seul dénominateur commun de Parsifal, Tristan, Siegfried.

Pierre Meylan voit en cela le désir de Proust de s'améliorer: «Ne cherche-t-il pas ... lui, cloîtré et éloigné du monde, dans cette vitalité [de Wagner] et ce prodigieux dynamisme, un tonique, un réconfort, un générateur de mouvement?» (P. Meylan, *Les Ecrivains et la musique*, p. 72). Si ce «générateur de mouvement» semble un peu trop fort, Proust en tous cas, n'a

> sans doute pas ignoré ce jeu d'interférences [entre la vie et l'œuvre de Wagner] et il y aura vu une similitude avec son propre cas. Il s'est certainement rendu compte que l'amour dans sa vie avait partie liée avec l'art, puisque nous avons constaté que, dans son œuvre, il avait fait de ce couplage un des thèmes les plus importants. (Piroué, p. 106)

Les similarités déjà étudiées témoignent de l'étonnante concordance qui peut s'établir parfois entre une existence ouatée comme celle de Proust et une existence aussi mouvementée que celle de Wagner. Mais ces diverses similarités ne présenteraient pas beaucoup d'intérêt si elles ne reflétaient, je ne dirais pas les obsessions — terme qui a trop souvent un sens péjoratif —

---

7 («Tod, Nacht der Liebe» — *Tristan und Isolde*, Acte II, scène ii; Acte III, scène iii)

mais les courants profonds qui balaient l'œuvre absolument de part en part
C'est ceux-ci que nous nous proposons maintenant d'examiner, dans le sens
de notre rapprochement entre Proust et Wagner.

Chapitre VI

STRUCTURE ET STYLE

Quelques mots sur la continuité dans l'œuvre

Dans *A l'ombre,* Proust se plaint du fait qu'à son époque, «la complexité croissante de la vie laisse à peine le temps de lire» (I, 473). Qu'en dirait-il alors aujourd'hui? Pour la plupart d'entre nous qui sommes d'un côté épris de littérature, mais de l'autre, plongés dans un monde qui nous accapare de plus en plus, la lecture d'*A la recherche du temps perdu* s'étale sur trop de temps. A espacer toujours davantage les moments que nous lui consacrons, à interrompre aussi souvent notre lecture pour la reprendre plus tard, nous risquons de perdre ce qui fait l'unité, la continuité de l'œuvre. Car cette œuvre où il est tant question de mémoire exerce de fréquentes demandes sur la nôtre.

Wagner tenait à ce que sa *Tétralogie* fût jouée en quatre jours. Mais il faut aussi bien éviter les erreurs que Proust attribuerait aux «lectures trop rapides où, sur une seule syllabe et sans prendre le temps d'identifier les autres, on met à la place du mot qui est écrit, un tout différent que nous fournit notre mémoire» (I, 797). Pour bien comprendre *La Recherche,* il faudrait:

1) faire table-rase d'un grand nombre de nos «idées reçues», afin de pouvoir «éprouver le monde» à la manière de Proust; il faudrait oublier jusqu'aux noms qui désignent les choses, car ils «répondent toujours à une notion de l'intelligence, étrangère à nos impressions véritables, et qui nous force à éliminer d'elle tout ce qui ne se rapporte pas à cette notion» (I, 835), ce que la musique ne fait pas.

2) garder cependant à l'esprit ce que Proust a pu, lui, mentionner dans un autre volume de *La Recherche,* il y a longtemps peut-être, des centaines de pages auparavant. Ou alors, il nous faudrait revenir en arrière en tournant des pages (ce que la musique de Wagner, pour atteindre ce but, n'exige pas de nous). Car «probablement ce qui fait défaut la première fois, ce n'est pas la compréhension, mais la mémoire» (I, 529). Si prosaïque que cela puisse paraître, il faudrait établir un temps-délai de lecture, pour *La Recherche.* Je pense sincèrement qu'il ne serait même pas absurde de suggérer deux cent pages par jour, en trois semaines, car ce raccourci dans le temps exposerait d'une façon éclatante le schéma de l'œuvre. L'instant qui suit l'audition d'une

musique, après que l'orchestre s'est tu, permet ainsi de reconstituer dans notre esprit cette musique «en abrégé» et sans la déformer pourtant, grâce à l'émotion qu'elle avait suscitée en nous. Alors apparaît, au contraire du *décousu* que l'on condamne parfois, un certain type d'homogénéité qui caractérise et l'œuvre de Proust et l'œuvre de Wagner. L'éparpillement à la surface de l'œuvre est alors remplacé par la cohésion, en profondeur, de ces multiples épisodes nés d'un même esprit.

> D'abord, un principe: le génie est toujours simplificateur, et une œuvre de génie peut être résumée en une phrase quoiqu'elle ne trouve toute sa force que dans son étendue. Puis une méthode, et il est émouvant de relire la belle lettre à Anna de Noailles où Proust l'expose pour la première fois:
> «... Si on cherche ce qui fait la beauté absolue de certaines choses, on voit que ce n'est pas la profondeur, ou telle ou telle autre vertu qui semble éminente. Non, c'est une espèce de fondu, d'unité transparente, où toutes les choses, perdant leur premier aspect de choses, sont venues se ranger les unes à côté des autres dans une espèce d'ordre, pénétrées de la même lumière, vues les unes dans les autres, sans un seul mot qui reste en dehors, qui soit resté réfractaire à cette assimilation (... cette idée me vient pour la première fois et je ne sais comment l'exprimer). Je suppose que c'est ce qu'on appelle le Vernis des Maîtres.»
> (Jean Tadié, *Proust et le roman*, p. 291)

Le caractère cyclique de l'œuvre

Les œuvres de Wagner et de Proust portent à tous moments la marque de ce qui va en constituer la matière véritable jusqu'à la fin. Ce que j'appellerai ici le caractère cyclique de l'œuvre existe virtuellement tout au long de *La Recherche,* et ressort, chez Wagner, de ce qu'on appelle sa «mélodie continue» (qui, appliquée par Proust aux rues de Paris, devient «perpétuelle vibralité musicale» – II, 70). Il s'agit, pour Wagner et pour Proust, de développer, à un endroit qui semble être arbitrairement choisi, un point qui paraît être, à ce moment-là, sans conséquence. Mais «il faut supposer que ces mélodies sans caractère contenaient déjà cependant, en quantités infinitésimales, et par cela même peut-être plus assimilables, quelque chose de l'originalité des chefs d'œuvre qui rétrospectivement comptent seuls pour nous, mais que leur perfection même eût peut-être empêchés d'être compris; elles ont pu leur préparer le chemin dans les cœurs» dit Proust, autour de Wagner (III, 263). Les premières «digressions» de Proust ou de Wagner traitent du secret, ou du rêve, qu'ils sont alors encore *seuls* à connaître. «Nous ne sommes nullement libres devant l'œuvre d'art, ... nous ne la faisons pas à notre gré, mais..., préexistant à nous, nous devons, à la fois parce qu'elle est nécessaire et cachée, et comme nous ferions pour une loi de la nature, la découvrir» – III, 881).

La progressive mise au jour de Proust et de Wagner exige de nous ce «préjugé favorable»: la patience. Car l'œuvre, comme la vie, «entre-croise ces fils, ... elle les redouble pour épaissir la trame» (III, 1030), «ainsi qu'on le verra au cours de cet ouvrage, pour une raison qui ne sera dévoilée qu'à la fin» (II, 631). Les avertissements de ce genre abondent dans *La Recherche*. Ne nous hâtons pas de conclure, nous disent-ils. Proust parle d'événements «dont on va trouver l'explication à la fin de ce volume» (II, 381), avant de dire: «mais je n'ai que trop anticipé, tout cela se retrouvera dans l'histoire» (II, 1031; voir aussi: II, 1049; III, 216). C'est comme si l'œuvre créée, finie, *précédait* la genèse de l'œuvre au lieu d'être la dernière étape de cette genèse.[1] «Le dernier chapitre du dernier volume a été écrit tout de suite après le premier chapitre du premier volume», déclare Proust dans une lettre à Paul Souday datée du 18 décembre 1919. Wagner, lui, commence son *Fliegende Holländer* par la ballade de Senta, contenant tous les thèmes qui lui indiqueront le chemin à suivre et que Wagner n'aura plus qu'à développer par la suite. On peut relever ce même phénomène de la création artistique chez Proust:

> tout se passe comme si Proust, dès le brouillon griffonné sur une page, s'était soumis à l'espèce d'auto-fécondité de ce premier jet. Premières lignes d'*A la recherche du Temps perdu* écrites d'abord, sauvées ensuite, comme dit Alain. Rédaction d'*Un Amour de Swann*, pressurée plus tard pour lui faire rendre ses humeurs les plus intimes. Ebauches abandonnées du *Jean Santeuil*, du *Contre Sainte-Beuve*, qui ont été primitivement des marches à l'aveuglette, puis des guide-ânes et des résonateurs. (Piroué, p. 233)

C'est comme si l'œuvre de l'artiste était déjà entièrement conçue avant même qu'il ne se mît au travail, ce travail consistant surtout à y mettre *de l'ordre*. «Au fond de sa conscience l'œuvre qu'il doit écrire attend d'être réalisée pour dispenser la béatitude. Cette révélation éclaire à postériori tout ce qui la préparait secrètement, la rectitude d'un cheminement qu'on pouvait croire aveugle et l'importance de guides dont auparavant on ne pouvait saisir exactement le rôle» (Piroué, *Comment lire Proust*, p. 31).

La chronologie déjouée par la genèse

Wagner écrit, après avoir lu en 1845 une épopée allemande d'auteur anonyme sur Lohengrin:

> There suddenly sprang before my eyes a *Lohengrin* complete in every detail of dramatic form: in particular the saga of the swan, which forms so significant a feature of the whole complex of myths with which my studies had familiarized me, exercised an enormous fascination on my imagination.

1 Voir Ernest Newman, *The life of Richard Wagner*, Vol. I, p. 453.

Et *Lohengrin* s'imposa à Wagner malgré les ordres du médecin qui avait prescrit au compositeur de se soigner aux bains de Marienbad:

> I was suddenly overcome by so powerful a longing to commit Lohengrin to paper that, unable to stay in the bath the regulation hour, I jumped out impatiently after the first few minutes, and, hardly giving time to dress, ran back like a madman to my lodging to write out what was pressing so heavily on my mind. This went on for several days, until I had set down the detailed stage plan for a Lohengrin. (Wagner, *Prose Works*, Vol. I, pp. 328–33)

après quoi, Wagner se met à en composer la musique ... en commençant par le *troisième acte* ... qui termine par un thème repris et pleinement développé dans *Parsifal*... trente cinq ans après: le thème du Graal. Ainsi, l'histoire de Parsifal rejoint celle de Lohengrin. Dans la légende, Parsifal vient même *avant* Lohengrin, ce dernier se déclarant «fils de Parsifal», au troisième acte de *Lohengrin.* Et c'est comme pour déjouer une fois de plus l'ordre chronologique que Wagner *commence* à «trouver son style» dans *Lohengrin* et *termine* sa longue carrière par Parsifal, dont l'histoire précède celle de Lohengrin. Même le thème du cygne de *Lohengrin* est repris dans *Parsifal* (Acte I, scène iii). Ajoutons à cela qu'à l'époque où il composait les dernières mesures de *Lohengrin,* Wagner avait *déjà* conçu le plus gros de sa future *Tétralogie.* Et Proust remarque que la *Tétralogie* s'est en quelque sorte imposée à Wagner, qui avait décidé au début d'en faire des opéras divers (III, 160).

Pour le lecteur de Proust, le «cycle» est parfois condensé en une page (III, 265), et Proust ne manque de rappeler que la musique en a été le catalyseur: «or, c'est en parlant de la musique de Vinteuil à Albertine que j'avais découvert qui était sa grande amie et commencé avec elle cette vie qui l'avait conduite à la mort et m'avait causé tant de chagrins» (III, 1030). Par le truchement du compositeur, Proust n'est plus «un écrivain en puissance qui cherche à s'exprimer mais un écrivain qui, ayant déjà créé son œuvre, se procure et nous procure, par elle, de quoi vérifier son génie», dit Piroué, qui voit juste mais qui oublie, une fois de plus, l'image démiurgique que Wagner représente pour Proust: «*Aucun poète* ne figurant au ciel des *divinités artistiques* (Bergotte est vraiment trop maltraité pour mériter cette élection), la littérature y accèderait par l'intermédiaire d'un peintre et d'un musicien» [nous soulignons] , dit Piroué tâchant d'expliquer Proust (p. 92). Si Wagner n'explique pas *La Recherche,* il illustre néanmoins dans ses opéras un «cycle» que l'on retrouvera chez Proust.

L'aspect le plus frappant de Combray, par exemple, au début de *La Recherche,* est d'être transitoire et de faire mieux apprécier, à la fin de l'œuvre, les promenades à Tansonville où Gilberte résume pour Marcel tout ce qu'il avait désiré dans ses promenades de jadis. *Das Rheingold,* opéra-prélude de la *Tétralogie,* est aussi une de ces «pierres d'attente posées dès le début des travaux pour porter de futures ogives» dont parle Maurois dans sa préface à *La Recherche* (I, xvii). Dans *A l'Ombre,* une simple remarque de Swann

«contient» déjà toute *La Prisonnière:* l'homme «arrive à faire vivre sa maî-
tresse comme ces prisonniers qui sont jour et nuit éclairés pour être mieux
gardés. Et cela finit généralement par des drames» (I, 563). La même préoccupation apparaît entre-temps, avant d'en arriver à *La Prisonnière,* dans
Sodome et Gomorrhe: «Ce serait toujours ainsi, à moins que de la mettre en
prison (mais on s'évade) jusqu'à la fin. . . je sentais frémir comme une anticipation de longues souffrances» (II, 734). Ailleurs encore, le narrateur tient
sous son regard inutilement vigilant une Albertine déjà «prisonnière» (II,
1101). Si l'histoire d'Albertine était au centre de *La Recherche* (comme
certains titres choisis par Proust pourraient le faire croire), combien de pro-
logues cette histoire n'aurait-elle pas! Wagner, lui non plus, n'hésite pas à
s'étendre longuement sur ce qui semble seulement être les prémices de l'histoire; il qualifie par exemple sa *Tétralogie* de «Bühnenfestspiel für drei Tage
und einen Vorabend» (Stage-festival play for three days and a preliminary
evening). Wagner nous donne en effet un prologue qui dure toute une soirée avec *Das Rheingold,* mais cela ne l'empêche pas de nous en donner un
autre avec l'acte I de *Die Walküre.* Une autre remarque, dans *A l'Ombre,*
annonce cette fois la mort de la grand mère, thème qui attendra jusqu'à *Sodome et Gomorrhe,* c'est-à-dire deux romans plus tard, pour être développé.
Wagner, lui, attend d'avoir achevé *Tristan,* en 1860, pour mettre un point
final à l'Ouverture de *Der Fliegende Holländer,* le tout premier opéra «wagnérien» (il compose alors les nouvelles harmonies de la «transfiguration»
dans le motif de la Rédemption). Lorsque Venise apparaît dans *La Recherche,* elle est associée à Combray qui, pourtant, est déjà si loin de nous. A
Venise, Proust se remet à chercher «la belle place exilée» (III, 651).

Les personnages dans le cycle

Ce que nous appelons ici l'évolution cyclique de l'œuvre peut s'étendre
à la création des personnages eux-mêmes. A commencer par le «je». Dans
Du Côté de chez Swann déjà, Proust mentionne les «ressemblances de caractère» entre lui et Swann (I, 193).

> Le premier «je», proche de Swann, est en deçà de Proust. Il avance
> à l'aveuglette vers la révélation de sa vocation, il ignore beaucoup de
> choses de sa propre biographie, il ne se sait pas l'auteur du livre dans
> lequel il se raconte. Le second, proche de Vinteuil, est Proust en état
> d'achèvement. Il est doué d'omniscience, sent, raisonne et se com-
> porte comme s'il avait déjà écrit la dernière ligne de son œuvre, mieux,
> comme si nous l'avions déjà tous lue.
> (Piroué, *Proust et la musique du devenir,* p. 93)

Dans *Sodome et Gomorrhe,* la «construction» du caractère d'Albertine se
fait à partir du caractère d'Odette. Mais Odette elle-même n'est-elle pas le
résultat de ce qu'a éprouvé Marcel pour Albertine? Comme l'est aussi Gilberte? («mon amour pour Albertine. . . était déjà inscrit dans mon amour pour

Gilberte», dit Proust dans une de ces récapitulations de son cycle narratif
– ici, III, 905). C'est la création encore irréalisée d'Albertine qui donne sa
raison d'être au prélude d'Odette. Pour Proust aussi, il n'y a jamais que prélude à quelque chose:

> Au fond, si je veux y penser, l'hypothèse qui me fit peu à peu cons-
> truire tout le caractère d'Albertine et interpréter douloureusement
> chaque moment d'une vie que je ne pouvais pas contrôler tout en-
> tière, ce fut le souvenir, l'idée fixe du caractère de Mme Swann, tel
> qu'on m'avait raconté qu'il était (II, 804),

évoquant la boucle fermée du Temps comme le symbolisaient les habitants
du Vieux Mexique, par le serpent à plumes Quetzalcòatl. Le passé rejoignant
l'avenir. Pour Wagner et pour Proust, il faut donc toujours tout relier, car
«les navettes agiles des années tissent des fils entre ceux de nos souvenirs
qui semblaient d'abord les plus indépendants» (III, 848). Il faut donc rattacher tous les points de départ aux points d'arrivée. Dans *Le Temps retrouvé*,
Proust reprend le personnage d'Andrée, maintenant mariée, et nous décrit
sa situation actuelle (III, 731), comme si l'histoire de cette «héroïne secon-
daire», histoire inséparable du cycle de l'auteur, ne l'avait jamais quitté depuis
Balbec. Il faut savoir, dit Proust, comment se mêlent les fils des vies «qui
semblaient les plus éloignés» (III, 972).

De la même manière, l'unité cyclique représentée par l'ensemble des opéras de Wagner se retrouve dans les détails d'intrigues qui sont apparemment
fort distantes les unes des autres: Kobbé remarque le lien génétique, pour
Wagner, entre *la Valkyrie* et le personnage de Kundry dans *Parsifal:*

> In her character of Grail messenger, Kundry has much in common
> with the wild messengers of Valhalla, the Valkyrs. Indeed, in the
> Edda Saga, her name appears, in the first part of the compound, «Gun-
> dryggja», which denotes the office of the Valkyrs.
> (Kobbé, p. 293)

Ainsi se trouvent rapprochés des personnages qui appartiennent à des mondes différents, Kundry et la Valkyrie, ou qui se sont perdus de vue depuis
longtemps. Chez Proust, le nom, pour Odette, de «Miss Sacripant» lancé
par Charlus dans *La Prisonnière,* plusieurs volumes après que Proust en a
parlé (lors de sa première visite à Elstir, pendant son premier séjour à Balbec)
est un exemple de ce que Proust entendait lorsqu'il disait qu'il s'était servi
pour exécuter son œuvre d'un télescope, et non d'un microscope (comme
on le lui avait dit, croyant lui faire plaisir). Quoi de plus éloigné, en apparence, que le drame de *Tristan* et le joyeux opéra des *Meistersinger?* Wagner,
pourtant, trouve naturel d'en rattacher deux personnages: dans die *Meistersinger,* le personnage de Hans Sachs se compare lui-même au personnage
du roi Marc de la légende de Tristan et Yseult dans une musique que Wagner
s'emprunte à lui-même et qu'il tire de son propre opéra *Tristan und Isolde,*
Acte II, scène iii:

Sachs: Mein Kind:
von Tristan und Isolde
kenn' ich ein traurig Stück:
Hans Sachs war klug und wollte
nichts von Herrn Markes Glück.[2]
(*Die Meistersinger*, Acte III, scène iii)

On peut remarquer dans un autre endroit encore ce «chevauchement» des deux opéras: lorsque Eva demande quel est celui qui voudrait l'épouser sur une variation du motif d'Isolde.

Dans *La Prisonnière,* Proust apprécie (en connaissance de cause, car c'est également son cas à lui) que Wagner fasse entrer dans la structure de *Tristan,* à l'acte III, l'air du pâtre qui s'intègre après-coup mais si admirablement, à cette structure (III, 161). Unité d'«un cycle où les mêmes personnages reviendraient... Unité ultérieure, non factice, sinon elle fût tombée en poussière comme tant de systématisations d'écrivains médiocres qui, à grand renfort de titres et de sous-titres, se donnent l'apparence d'avoir poursuivi un seul et transcendant dessein» (III, 161). Le développement par Proust lui-même de cette unité cyclique repose presque exclusivement sur Wagner (Balzac, à ce sujet, est également loué sans réserves par Proust, mais en quelques mots seulement):

Unité non factice, peut-être même plus réelle d'être ultérieure, d'être née d'un moment d'enthousiasme où elle est découverte entre des morceaux qui n'ont plus qu'à se rejoindre; unité qui s'ignorait, donc vitale et non logique, qui n'a pas proscrit la variété, refroidi l'exécution. Elle est (mais s'appliquant cette fois à l'ensemble) comme tel morceau composé à part, né d'une inspiration, non exigé par le développement artificiel d'une thèse, et qui vient s'intégrer au reste. Avant le grand mouvement d'orchestre qui précède le retour d'Yseult, c'est l'œuvre elle-même qui a attiré à soi l'air de chalumeau à demi oublié d'un pâtre. Et, sans doute, autant la progression de l'orchestre à l'approche de la nef, quand il s'empare de ces notes du chalumeau, les transforme, les associe à son ivresse, brise leur rythme, éclaire leur tonalité, accélère leur mouvement, multiplie leur instrumentation, autant sans doute Wagner lui-même a eu de joie quand il découvrit dans sa mémoire l'air du pâtre, l'agrégea à son œuvre, lui donna toute sa signification. (III, 161)

Proust a si fréquemment parlé de «L'enchantement du vendredi saint» de Wagner que Philip Kolb lui accorde, à la fin de son ouvrage *Correspondance de Marcel Proust, Chronologie et Commentaire critique,* une section spéciale (*en plus* des deux autres sections de référence intitulées «Wagner» et «Parsifal»). Or, cet «Enchantement du vendredi saint» est un morceau que

---

2 («Mon enfant,
De Tristan et Yseult
Je connais la triste histoire:
Hans Sachs a été sage et n'a pas voulu
Subir le destin du roi Marc.»)

Wagner a composé lorsqu'il ne songeait pas encore à écrire *Parsifal* et qu'il y a introduit par la suite. Mais nous avons vu que le personnage de Parsifal figurait déjà implicitement dans *Lohengrin,* par le thème du Saint Graal dans l'Acte I de *Lohengrin.* D'ailleurs, le personnage de Parsifal était encore sur le point d'apparaître au troisième acte de *Tristan;* Wagner en avait manifesté le dessein pendant qu'il écrivait *Tristan,* et s'en était finalement abstenu, seulement pour mieux développer plus tard *toute* la matière de Parsifal dans un opéra du même nom. Dans le même sens, on trouve, à propos de *La Fugitive,* la note suivante de Proust dans le manuscrit autographe des *Cahiers:* «Cette partie peut-être à supprimer et mettre à Gilberte» (III, 1099, note sur la page 457 de *La Fugitive,* page qui se trouve fort loin de tout passage sur Gilberte).

Ainsi, ce qui compte, c'est le cycle, l'idée du cycle; ses différentes sections pourraient souvent être interverties, chez Wagner comme elles l'ont été chez Proust: «Ce développement semble inachevé; sa substance est passée dans d'autres passages du roman», lit-on quelquefois dans les «Notes et Variantes» de la Pléiade (III, 1147, note sur la page 1010). On peut même retrouver dans l'attitude de Swann celle de Jean Santeuil: Jean Santeuil n'avait-il pas, lui aussi, pressenti le caractère absolu de l'art avant de rabaisser la musique au seul rôle d'«aide-mémoire»? Et l'on peut retrouver l'attitude de la Venus de *Tannhäuser* dans la Kundry du jardin de Klingsor. Le cycle se déroule dans l'espace et dans le temps. C'est ce cycle, où l'on remarque donc le chevauchement de plusieurs opéras, qui a fait dire à Proust que Wagner − comme lui − n'avait en fait composé qu'*une seule* œuvre. Envers et contre toute séquence chronologique. C'est au cours de lectures sur le mythe des Nibelungen que Wagner rencontre Tristan. Wagner termine son *Tristan und Isolde* en 1859, et revient, huit ans plus tard, après avoir composé *Die Meistersinger,* à *Siegfried,* dont il termine enfin le troisième acte en moins de quatre mois. Contre le temps. L'ennemi. Prisonnier enfin du cycle wagnérien comme le génie des *Mille et Une Nuits* dans sa bouteille.[3] Le Temps, réduit en poussière par la frêle sonnette qui accompagnait le départ de Swann mais qui, au bout de tant d'années, «tinte encore en moi», dit Proust (III, 1047). Par cet émouvant symbole intériorisé, c'est encore la musique qui nous renvoie au début du cycle dont elle ferme ici la boucle.

Et la réalisation matérielle, effective, de l'œuvre d'art déjà conçue par la pensée aurait beau exiger vingt cinq ans (comme cela fut le cas en fait pour la *Tétralogie*), rien, sauf la mort de l'artiste, ne saurait désormais interrompre le cycle. «Cette œuvre est le poème de ma vie, de tout ce que je suis et de tout ce que je sens», disait Wagner dans une lettre écrite en 1853, au sujet de cette *Tétralogie* qui ne sera terminée qu'en 1874. Il aura donc porté en lui plus d'un quart de siècle cet *Anneau des Nibelungen,* cycle lui-même à l'intérieur de l'autre cycle que forme l'ensemble de son œuvre (à estimer

3 cf. Ernest Newmann, *The Life of Richard Wagner,* Vol. I, p. 256.

«l'un dans l'autre», comme dit Proust au sujet de ses souvenirs – III, 974).
C'est leur parcours que l'artiste devra couvrir tout au long de sa vie, pour
mettre à sa portée «des mondes nouveaux qui, élargissant les horizons, multi-
pliant sans cesse sa vision, lui fournissent la joie et l'honneur de procéder
sans cesse aux découvertes les plus surprenantes» (Apollinaire, fin de la Préface de *Les Mamelles de Tirésias*).

Le leitmotif

L'un des matériaux de la construction du cycle, l'une des composantes
de cette traduction de la pensée de l'auteur, est donc la combinaison des
thèmes. Harold March parle de «refrains poétiques» dans le style de Proust
(*The two Worlds of Marcel Proust*, p. 238), et Milton Hindus dit:

> [In this method of composition, we have] the continual interweaving
> of a number of *leitmotivs* such as habit, dreams, time, art, love, society,
> and friendship – none of which is permitted to reach the stasis of a
> complete resolution before being interrupted by one of the other
> themes.
> (M. Hindus, *The Proustian vision*, p. 43)

D'après le dictionnaire Larousse, le mot allemand «leitmotiv» (pluriel: leit-
motive) – ou sa francisation «leitmotif» (pluriel: leitmotifs) – signifie: «motif musical conducteur», ou, en littérature: «phrase, formule, qui revient à
plusieurs reprises». Qu'il y ait des leitmotifs chez Proust est un lieu commun: ce sont eux qui lui procurent ce «plaisir spécial» (I, 180), ce «plaisir
particulier» (III, 374) qu'il sonde d'un bout à l'autre de *La Recherche*. Et
par l'usage qu'il en fait, «on imagine qu'il dut alors penser . . . à l'art de Wagner
sur lequel on trouve, dans les *Cahiers,* de si nombreuses pages. La composition par thèmes n'est pas moins rigoureuse que la composition linéaire des
romanciers classiques» (André Maurois, *A la recherche de Marcel Proust,*
p. 164). Chacune de ces associations de thèmes fait alors partie intégrante
de la composition générale:

> The little phrase of Vinteuil's sonata, the painting of Vermeer, the
> «privileged moments», personal mannerisms or peculiarities of dress,
> themes like those of oblivion, Gomorrha, the subjectivity of love –
> these and other recurring materials are woven intricately into the
> composition in a way that suggests the Wagnerian leitmotif.
> (Harold March, *The two Worlds of Marcel Proust*, p. 238)

Le leitmotif est tellement généralisé dans *La Recherche* qu'il semble en constituer toute la structure et que sans lui, celle-ci n'existerait pas. C'est l'opinion
qu'émet Pierre Costil dans *La Construction musicale de la Recherche du
Temps Perdu (Bulletin de la Société des Amis de Marcel Proust et des Amis
de Combray,* 8, 1959, pp. 83–110), ainsi que Inge Backhaus dans *Strukturen
des Romans – Studien zur Leit- und Wiederholungsmotivik in Prousts 'A la
recherche du temps perdu':*

Costil sieht sehr wohl, daß «le procédé du leitmotiv» vom Einfluß des Wagnerismus herrühre. (p. 114)

Leitmotif, c'est le nom que Proust lui-même donne à ce qui lui arrive personnellement: «Mais ce leitmotiv-là, de même que celui de la colère contre Bloch, s'éteignirent pour ne plus laisser place qu'à celui du départ d'Albertine» (III, 444). Wagner, c'est bien connu, est le grand maître du leitmotif. C'est Wagner qui, en sachant mener à leur conclusion logique des notions que partageaient également Berlioz et Liszt, a eu l'idée de faire d'une phrase musicale le symbole, pour commencer, d'un personnage. «La musique doit contribuer le plus largement possible à rendre à chaque instant le drame clair et lumineux», écrit Wagner (Combarieu, *Histoire de la Musique,* vol. II, p. 314). Proust, contrairement à son ami Reynaldo Hahn, en saisit bien l'importance lorsqu'il dit à propos de Wagner (et, semble-t-il, à propos de lui-même):

> Ces thèmes insistants et fugaces qui visitent un acte, ne s'éloignent que pour revenir, et, parfois lointains, assoupis, presque détachés, sont, à d'autres moments, tout en restant vagues, si pressants et si proches, si internes, si organiques, si viscéraux qu'on dirait la reprise moins d'un motif que d'une névralgie. (III, 159)

Mozart, Beethoven ou Weber avaient déjà donné de nombreux exemples de réminiscences musicales, comme le constate René Dumesnil (*Richard Wagner,* p. 31); Rousseau, et, avant lui, Chateaubriand, avaient appliqué de telles réminiscences à la littérature. Mais Proust réévalue ces réminiscences et leur accorde, comme fait Wagner, la première place.

Pour Proust, les leitmotifs sont «des créations de la sensibilité wagnérienne, issues d'une expérience. . ., des transpositions de ce dont nos sens nous offrent la jouissance. . ., exactement des sensations: êtres ou impression que donne un aspect momentané de la nature, comme il dit (III, 160). Ce qui l'a frappé en eux, c'est leur caractère d'authenticité, leur accent individuel» (Piroué, p. 110). Proust a raison de les différencier de l'«image», car s'ils la comportent souvent, ils peuvent aussi la dépasser en richesse, et devenir (parce qu'ils restent abstraits et *sentis* avant d'être analysés) une pure «transposition, dans l'ordre sonore, de la profondeur» (III, 257). Certes,

> il n'y aurait pas sensation de l'écoulement des sons sans points de repère, sans impressions qui demeurent imprimées dans le souvenir. Il n'y aurait pas enivrante perception du devenir sans désir de... représentations spaciales. De ces images qui s'imposent pendant l'audition d'un morceau et qui en arrêtent le déroulement, on pourrait multiplier les exemples. (Piroué, p. 139)

Mais c'est sur l'écran intérieur de la conscience, plus que dans un décor quelconque ou sur la scène de l'opéra, que Proust et Wagner dessinent ce graphisme. Alors se produit (ibid.)

quelque chose comme l'équivalent des courbes d'intensité que la science d'aujourd'hui nous a révélées. Ce sont des accords dont il perçoit l'étoffe sous forme de coloris, de tableaux, de paysages. Et il peut en arriver même au rappel historique, à la contemplation d'un mythe [Ce passage sur l'effet que produit le leitmotif chez Proust ne pourrait s'appliquer à nul autre mieux qu'à Wagner]. Ou bien les réminiscences s'épanouissent et l'auditeur, à son insu, est tout à coup replongé dans sa propre biographie, comme Swann chez Mme de Saint-Euverte et le narrateur chez Mme Verdurin,

comme Proust dans sa chambre calfeutrée ou à l'Opéra. Comme nous.

Les différents types de leitmotifs

Le leitmotif n'a pas toujours eu ce rang élevé, pour Proust. Dans *Jean Santeuil*, le pianiste Loisel joue une valse au piano mais ne fait que rappeler à Jean Santeuil le son du piano de M. Sandré, son grand père (*Jean Santeuil*, vol. III, p. 201). On songe à Balzac, qui écrivait: «La musique pour moi ce sont des souvenirs. Entendre de la musique, c'est mieux aimer ce qu'on aime. C'est voluptueusement penser à ses secrètes voluptés» (Balzac, *Lettres à l'Etrangère*, vol. I, p. 168). Wagner a vite fait dépasser ce stade à Proust. Et la valse de *Jean Santeuil* ne rend pas compte des effets que peuvent produire un *Götterdämmerung*. Proust, dans *La Recherche*, ne s'intéressera pas plus que ne le faisait Wagner à une musique qui se laisserait analyser trop facilement. Wagner a vite abandonné après *Rienzi* – et malgré l'accueil favorable fait à cet opéra – les rappels systématiques et superficiels (parce que trop facilement caractérisés ou localisables). Lorsque Proust parle de la «deuxième manière de Wagner», il entend, d'une part, l'abandon par Wagner de certains traits qui le rattachaient encore à l'opéra italien (les «marches» et les arias de *Rienzi,* par exemple) et d'autre part le développement d'*autres* traits, plus originaux et que la «première manière» contenait déjà, mais seulement en embryon – comme Jean Santeuil illustrant une première manière de Proust. *Lohengrin* est l'exemple de ce qui demeure encore, pour Wagner, un compromis: la musique de cet opéra

> trahit une lutte manifeste entre l'idéal dramatique auquel aspire Wagner et l'obligation de se plier parfois aux règles admises ou imposées. En dépit de ces contraintes, la partition de *Lohengrin* offre une richesse d'invention mélodique dont la plénitude et la qualité sont celles de la mélodie absolue: étape importante dans ce que Wagner appellera dans sa «Lettre sur la musique» la mélodie infinie.
> (Guy Ferchault, «L'ici bas et l'au-delà», p. 5)

Quels types de leitmotifs rencontre-t-on donc dans *La Recherche?*
Le leitmotif, en tant que simple réapparition périodique d'un élément aisément identifiable, continue à «ponctuer» le développement de l'histoire dans *La Recherche,* comme il le faisait dans, par exemple, *La Chanson de*

Roland (avec le thème du soleil, etc.). Citons, parmi tant d'autres, les allusions successives aux aubépines qui remplissent cette première fonction du leitmotif. Et remarquons au passage que Proust avait utilisé ce procédé non seulement dans *Jean Santeuil,* mais dans *Les Plaisirs et les Jours.*

> The association of a musical phrase with a person, like the Wagnerian leitmotif, appears in «Mélancolique Villégiature»
> (Harold March, *The two Worlds of Marcel Proust,* pp. 64–65)

Proust y disait déjà, en effet:

> Une phrase des *Maîtres-Chanteurs* entendue à la soirée de la princesse d'A... avait le don de lui évoquer M. de Laléande avec plus de précision (Dem vogel der heut sang dem war der Schnabel hold gewachsen). Elle en avait fait, sans le vouloir, le véritable *leitmotiv* de M. de Laléande, et, l'entendant un jour à Trouville, dans un concert, elle fondit en larmes.
> (Proust, «Mélancolique villégiature de Mme de Breynes»; Jaloux, *Avec Marcel Proust,* p. 63)

Parmi ces leitmotifs du premier type, plusieurs font d'ailleurs surface dans des livres distincts: *La Recherche* reprend un certain nombre de ces thèmes, sonores pour la plupart, de la même manière que dans *Jean Santeuil:* le son des cloches, le bruit des marteaux, d'une cuiller, la «musique d'été des mouches» (que l'on retrouve également dans *Contre Sainte Beuve* et dans une lettre à Montesquiou; cf. Piroué, p. 284). Il s'agit ici de leitmotifs assez simples, qui ne font que rappeler une fois de plus un certain fait ou une nette analogie dont on admet la résurgence sans se demander pourquoi.

> Elles m'offraient indéfiniment le même charme avec une profusion inépuisable, mais sans me laisser approfondir davantage, comme ces mélodies qu'on rejoue cent fois de suite sans descendre plus avant dans leur secret (I, 138),

ainsi les rappels, dans *Le Temps retrouvé,* de cette Geneviève de Brabant rattachée à la légende de Lohengrin — III, 990 (voir notre chapitre III, page 36), et, pour la duchesse de Guermantes, de cet «enfant inconnu rencontré par hasard à Saint-Hilaire de Combray» (III, 1023), ou bien le «renvoi» à l'épisode de «la dame en rose» par cette ancienne appellation, qui, placée à la fin du roman (III, 1019), provoque en nous un souvenir aussi immédiat qu'un réflexe conditionné, en neurologie. Le thème musical de Notung, l'épée de Siegfried, ne fait pas d'équivoque. Ni celui du cor de Siegfried, qui précède, dans chaque acte de *Götterdämmerung,* l'apparition du héros. Ni celui qui accompagne chacune des apparitions du roi Marke dans *Tristan und Isolde.* Mais reconnaissons tout de suite ceci: un compositeur aura beau donner à sa musique le même titre qu'un roman, cette musique sera par elle-même incapable de raconter l'intrigue du roman à l'auditeur qui en ignorerait le titre. Elle ne pourra que restituer l'atmosphère générale du livre, et pour quelqu'un qui l'aura déjà lu.

«Ces thèmes expressifs inventés par des musiciens de génie et qui peignent splendidement le scintillement de la flamme, le bruissement du fleuve et la paix de la campagne» [Peut-il s'agir de quelqu'un d'autre que Wagner?] ne prennent tout leur sens que «pour les auditeurs qui, en parcourant préalablement le livret, ont aiguillé leur imagination dans la bonne voie» (I, 684)

Sans doute, à partir de Wagner et de ses leitmotifs, l'oreille peut-elle «lire» avec un peu plus de précision qu'avant ce qui «se passe» dans la musique; mais rien, de ce côté-là, n'est garanti, l'immatérialité de la musique faisant qu'il y a encore plus de façons d'écouter un morceau que de lire un livre. Nul cependant — à commencer par Proust — ne saurait s'en plaindre: les mérites esthétiques qui nous procurent ces joies ne sont pas comme des «objets matériels qu'un œil ouvert ne peut faire autrement que de percevoir, sans avoir eu besoin d'en mûrir lentement des équivalent dans son propre cœur», ainsi que se le figuraient les sœurs de la grand mère de Marcel (I, 146). Proust parle fréquemment de «cette constante aberration de la critique — dont la logomachie se renouvelle de dix ans en dix ans — devant ce qu'un artiste a tenté dans un ordre de recherche qui lui est inconnu» (III, 893). Non, ce n'est *pas* le pouvoir supérieur de transcription musicale, ce pouvoir d'être encore l'équivalent de plus précis de la littérature, qui rapproche le plus Wagner et Proust (cela existe pour Wagner avec n'importe quel livret qu'il met en musique).

Mais il y a un autre type de leitmotif. Et André Maurois ne lui rend pas justice en écrivant dans sa préface de *La Recherche:* «Il y a ... tant de *détails* qui d'une aile à l'autre, se répondent» (I, xvii). Ces «détails» constituent la structure même du roman, comme ils forment le corps de la *Tétralogie.* Ce deuxième type de leitmotif suggère avec plus de subtilité des parallèles de situations: Proust devient une variante de son père, puis de sa tante Léonie (III, 78; 109) et «refonde» leurs sentiments (III, 79). Pourtant, la première fois que ces sentiments nous furent révélés, nul ne se doutait qu'ils constitueraient en fait des leitmotifs autour desquels se broderait l'œuvre entière («Les Adieux de Wotan, le prélude de *Tristan,* entendus, autrefois, à l'orchestre Pasdeloup de Colonne, ne peuvent tout de même pas donner l'idée de l'œuvre wagnérienne entière» — Proust, *Lettres à Mme de Noailles,* p. 202). Et nous voilà à nouveau avertis sur *la manière* de lire *La Recherche.* Dans ce deuxième type de leitmorif entrent les mouvements parallèles de situations comme Charlus/Morel ⇔ Robert/Rachel, par exemple (II, 1060). Même s'ils n'étaient *que* cela, les leitmotifs seraient plus riches que n'importe lequel des «mots-clés» dont parle Germaine Brée (dans *Du temps perdu au temps retrouvé*). Laissons de côté le *«mot»:* ils seraient des *clés* qui ouvrent des couloirs annexes, ou, pour ainsi dire, de nouveaux miradors agrandissant l'édifice et donnant sur le foyer central. Ou mieux: de changeantes «réalités sonores» (comme dit Proust dans une lettre à Mme Strauss; cf. Piroué, p. 284) pouvant prophétiser ou faire *avancer l'action.*

C'est cette dernière fonction du leitmotif qui est nouvelle, et que Proust introduit en littérature comme Wagner l'avait introduite en musique.[4] La répétition d'une même mélodie peut aller jusqu'à provoquer des effets contraires dans une scène et dans l'autre (par exemple, dans *Die Meistersinger*, la minable reprise par Beckmesser de la chanson qu'il a volée à Walther — et que celui-ci reprendra à nouveau avec encore plus de brio, à l'acte III.)

> La composition de l'œuvre de Proust n'est pas uniquement statique, elle est aussi et plus encore dynamique. Elle n'est pas unilinéaire, mélodique, elle est orchestrale... Elle ne se perçoit que dans la durée, à travers le déroulement des motifs, par une reprise des thèmes et leur enrichissement progressif.
>
> (Jean François Revel, *Sur Proust*, p. 110)

Il faut donc redéfinir cette «action» que notre dernier type de leitmotif fait avancer. C'est surtout, dans le roman de Proust comme dans l'opéra de Wagner, l'avènement d'une nouvelle idée («The Wagnerian use of *motives* is another method of personifying the *idea*», dit Turquet Milnes, *The Influence of Baudelaire*, p. 285). Le leitmotif exprimera alors une nouvelle évolution du personnage vers son «moi» véritable, par exemple. Et la réapparition du leitmotif fera justement ressortir que ce personnage ne revit jamais exactement le même état de conscience. L'action intérieure plutôt qu'extérieure, comme le dit E. Newman (*The Wagner Operas*, p. 203).

S'il est vrai, comme le soutient le Dr Charles Blondel dans son ouvrage *La psychographie de Marcel Proust* que «nulle répétition, si inévitable soit-elle, n'est absolue ni intégrale» (p. 139), cela a rarement été mieux illustré que par l'assaillement d'idées que peuvent produire — et provoquer en *nous* — Proust ou Wagner. Wagner fondait tous ses espoirs sur la portée illimitée du leitmotif:

> Diese melodischen Momente, an sich dazu geeignet, das Gefühl immer auf gleicher Höhe zu halten, werden uns... gewissermaßen zu Gefühlswegweisern durch den ganzen vielgewundenen Bau des Dramas. An ihnen werden wir zu Mitwissern des tiefsten Geheimnisses der dichterischen Absicht, zu unmittelbaren Teilnehmern an dessen Verwirklichung.
>
> (Wagner, *Oper und Drama*, p. 166)[5]

Pour Inge Backhaus, Proust pousse encore plus loin la portée du leitmotif en exploitant celui-ci à des fins spécifiquement littéraires:

---

4 «The narrator finds reality a complex pattern of multiple interconnected themes which are very like those used by Wagner» (Victor Graham, *The Imagery of Proust*, p. 191)

5 («Ces moments mélodiques, dont le rôle, au fond, est de maintenir l'émotion au même niveau élevé, deviennent pour nous des indicateurs éclairant la structure complexe du drame. Ils nous font participer directement à la réalisation de l'œuvre poétique et font de nous les détenteurs de son plus profond secret.»)

Wenn hier immer wieder die Gemeinsamkeiten des Proustschen mit dem Wagnerschen Leitmotiv betont werden, so darf doch nicht übersehen werden, in wie hohem Maße Proust die Möglichkeiten der Leitmotivaussage erweitert.
(Inge Backhaus, *Strukturen des Romans. Studien zur Leit- und Wiederholungsmotivik in Prousts 'A la recherche du temps perdu'*, p. 52)[6]

L'expression «mots-clés» de Germaine Brée est décidément trop faible: dans le personnage de tout à l'heure, il y a toujours re-découverte, re-connaissance; et le leitmotif qui provoque un nouvel état sert aussi à y mettre de l'ordre. Jean Ricardou parle de métaphores «ordinales» qui décrivent les moments privilégiés. Et nous avons vu comment ces moments privilégiés établissent un cycle chronologique particulier qui télescope, pour ainsi dire, deux épisodes autrement éloignés. En fait, ces «métaphores ordinales» sont toujours reliées pour Proust à la construction d'une œuvre d'art (jusque dans l'histoire même du roman):

La petite phrase de la Sonate de Vinteuil sert au début de tremplin magique. Swann trouve, dans la «phrase aérienne et légère», une impression infiniment complexe, provoquée à la fois par la beauté de l'œuvre d'art, par le souvenir involontaire des temps heureux, par la force de son amour pour Odette. En écoutant lui aussi la Sonate ou le Septuor de Vinteuil, le narrateur éprouve le même état d'âme. A chacune de ces «impressions privilégiées», nous avons surpris une relation entre elle et l'idée d'œuvre d'art.
(Madeleine Remacle, *L'Élément poétique dans «A la Recherche du Temps perdu»*, p. 37)

C'est dire que le leitmotif, de simple élément structural qu'il aurait pu se contenter d'être, passe désormais dans la matière du roman: la formation d'une œuvre d'art. Chaque intervention de la musique de Vinteuil revêt, dans le contexte d'un moment précis, une qualité nouvelle. Défendant le leitmotif, Proust dit: «il y a moins de force dans une innovation artificielle que dans une répétition destinée à suggérer une vérité neuve» (I, 894). Chez Wagner aussi, le leitmotif, en passant de sa fonction traditionnelle à cette seconde fonction, fait que l'œuvre n'est plus représentative mais *constitutive:*

When we look at those charts of the different leitmotifs in the *Ring*, we see how the composer, who begins by using them sparingly in the earlier sections, gradually begins to multiply them, to expand them and finally in *Götterdämmerung* to elaborate them further and bring them all together, catching up all the strands of the sections that have preceded, until the final scene restores order and unity to the world, symbolized by a return to the first theme representing the eternal, ever flowing Rhine, with which the work began.
(B.G. Rogers, *Proust and the Nineteenth Century*, p. 144)

---

6 («Lorsqu'on rapproche le leitmotif de Proust à celui de Wagner, il faut faire remarquer à quel point Proust en a multiplié les possibilités d'expression.»)

Piroué se trompe lorsqu'il dit, lui, que «Wagner paraît obsédé par l'invariance, la réitération sacramentelle» (op. cit., p. 199) – même si le terme «obsédé» aurait été précisément du goût de Proust.

Le leitmotif est lié à notre mémoire, qui, par définition, lui donne sa raison d'être (Inge Backhaus, dans l'ouvrage déjà cité, étudie le rapport du leitmotif et de *l'habitude* chez Proust). Synonyme de souvenir volontaire et involontaire, il est inséparable des préoccupations les plus sérieuses et les plus intimes de l'artiste («Peut-être la résurrection de l'âme après la mort est-elle concevable comme un phénomène de mémoire» – II, 88. Cette resurrection est elle-même un leitmotif, qui sera repris et amplifié dans le dernier volume de *La Recherche:* le leitmotif – aux multiples facettes – de la foi artistique dont nous parlions plus haut; voir notre ch. IV). Dans la fusion de la sensation et du souvenir, fusion que Proust cultive avec application et pour laquelle il se tient toujours «disponible», Margaret Mein voit un équivalent de l'introduction graduelle de leitmotifs dans l'opéra wagnérien: on est toujours prêt à les reconnaître; on est toujours prêt à se laisser mener par eux jusqu'où ils le désirent, aussi loin qu'ils le peuvent et aussi loin que nous pouvons les suivre (Margaret Mein, *Proust's Challenge to Time,* p. 58). Comme exemple de la complexité «analysable» du leitmotif wagnérien, donnons ceci:

> In *Die Meistersinger,* at the end of the Vorspiel, Wagner has a fling at the old fogysm which was so long an obstacle to his success. He holds the masters up to ridicule in a delightfully humorous passage which parodies the Mastersingers' and Art Brotherhood Motives, while the Spring Motive vainly strives to assert itself. in the bass, the following quotation is the Motive of Ridicule, the treble being a variant of the Art Brotherhood Motive (associated with the Apprentices);

> The passage is followed by the Motive of the Mastersingers, which in turn leads to an imposing combination of phrases. We hear the portion of the Prize song already quoted – the Motive of the Mastersingers as bass – and in the middle voices portions of the Mastersingers' March, a little later the Motive of the Art Brotherhood and the Motive of Ridicule are added, this grand massing of orchestral forces reaching a powerful climax, with the Motive of the Ideal, while the Motive of the Mastersingers brings the Vorspiel to a fitting close. In this noble passage, in which the Prize Song soars above the various themes typical of the Masters, the new ideal seems to be borne to its triumph upon the shoulders which, won over at last, have espoused its cause with all their sturdy energy.
> (Kobbé, p. 210)

Le leitmotif rejoint ici la philosophie: c'est lui qui exprime les croyances erronées que nous avons des choses, et — comme dans *La Recherche* aussi — l'effort de l'Art à nous en libérer peu à peu. Piroué se trompe aussi en disant que Proust, lorsqu'il use du «rappel», «nous remet en mémoire un *décor*» (op. cit., p. 201). Les «rappels» de Proust et de Wagner ont de plus profondes racines et de meilleurs résultats: d'autres phrases de Piroué lui-même affirment son erreur sur Wagner et le lien qui existe entre le leitmotif proustien et le leitmotif wagnérien. Voulant différencier ceux-ci en fonction du *but* que le leitmotif wagnérien se propose d'atteindre, Piroué dit, en effet:

> Wagner luttera contre le temps, à l'aide de ses lourds rappels, avec d'autant plus d'insistance qu'au fond il se sait impuissant à freiner le glissement de son œuvre vers la mort. (p. 201),

et, plus loin, sur Proust, qu'il «s'alourdit de passé pour mieux résister à l'avenir» (p. 223). Ce qui, remarquons-nous, revient exactement au même. La juxtaposition d'autres phrases de Piroué indique encore (à l'insu de Piroué, qui voudrait en montrer les *différences*) que le leitmotif wagnérien est bien comparable, au contraire, au leitmotif proustien. Piroué dit par exemple: «Les éléments de l'accord chez Proust sont toujours l'un à côté de l'autre et non pas l'un au dessus de l'autre, et la fusion dans le contigü n'a rien de comparable à la fusion dans la coïncidence» (pp. 223—224). Mais les processus mis en action pour créer ces fusions exigent cependant qu'une *même* «*ingéniosité* prenne la relève du génie» (p. 226).

Et Proust, qui parut à un certain moment, douter de l'art à cause justement de l'habileté «vulcanienne» de Wagner (III, 161 — voir notre chapitre IV, page 83), se sait, à la fin de sa *Recherche*, devoir exercer les mêmes efforts. Selon Mallarmé, de tels efforts seraient toujours voués à l'échec: «La musique confond les couleurs et les lignes du personnage avec les timbres et les thèmes en une ambiance plus riche de rêverie que tout air d'ici-bas», dit-il dans *Divagations*, p. 139. Ces mots, pourtant, semblent définir l'œuvre de Proust (comme Proust, Mallarmé louait — dans *Divagations* — le leitmotif de Wagner. Mais Mallarmé appréhendait de le voir copié par d'autres). Et chez Proust comme chez Wagner, le leitmotif sert bien à «creuser» en toutes directions l'espace et le temps — pour emprunter un verbe aux *Fusées* de Baudelaire. Ainsi, après la mort d'Albertine, Proust ressent en lui «la reprise en mineur sur un ton désolé du même motif qui avait rempli sa journée d'autrefois» (III, 559, et notons-y au passage les termes musicaux: «motif», «en mineur», «ton» désolé, «reprise»).

Les thèmes se groupant ou se décomposant en motifs combinent des éléments en apparence irréductibles, et désignent un moment possible d'interaction entre les deux branches distinctes de l'art que sont la littérature et la musique. On a dit que Proust, en développant ses leitmotifs, «reprenait à la musique son bien», c'est-à-dire le pouvoir d'évocation qui semblait lui être réservé (voir notre chapitre III, page 45):

Le thème de la musique de Vinteuil intègre les motifs de l'amour pour Odette, pour Albertine, et de la vocation artistique. Mais il n'y a pas une idée, pas une image peut-être, que dans l'œuvre on ne revoie, qui ne tire de sa répétition une force obsédante, ce qui est une autre façon de «reprendre à la musique son bien».
(Jean-Yves Tadié, *Proust et le roman*, p. 261)

Proust n'aurait jamais cité Wagner et ses leitmotifs autant qu'il le fait s'il y avait été aussi peu sensible que l'est Piroué. Celui-ci, dans son ouvrage par ailleurs remarquable *Proust et la musique du devenir*, semble croire en effet que les *descriptions* de la musique par un écrivain peuvent plus que la musique elle-même. Cette opinion paradoxale indique en fait le manque de sensibilité ou de réceptivité musicale dont peut faire preuve un critique, autrement très habile, de littérature. Piroué prétend que chez Wagner, le motif «est une forme qui répète une forme sans contenu» (op. cit., p. 200). L'inaptitude de l'auditeur, son incapacité — celle de Piroué, en l'occurence — à donner un contenu à ces «formes» ne devrait certes pas nous amener à conclure qu'elles sont vides, pour autant, de contenu. Surtout après avoir lu *La Recherche*. (Proust est-il aussi peu convaincant?). Piroué, bien qu'il reconnaisse que le rapport entre la forme musicale et la forme romanesque n'est pas de ceux qui établissent la supériorité d'un des éléments du rapport sur l'autre, avance (en se contredisant, donc) que l'usage du leitmotif par Proust est «plus souple et plus profond que chez Wagner».

Gardons-nous bien, quant à nous, d'établir un tel ordre de valeurs entre la profondeur relative entre la musique et la littérature, entre l'effet que l'une ou l'autre peuvent avoir sur la conscience. Proust, lui, ne va jamais jusque là. Mais s'il *devait* se prononcer sur la profondeur de l'un ou l'autre de ces arts, *La Recherche* nous dit assez souvent que ce serait peut-être la musique qui l'emporterait. Dans son ouvrage *La conciencia proustiana*, Esteban Tollinchi écrit au sujet de Proust:

La música puede convertírsele en dibujo, arquitectura y hasta pensamiento. Pero todo esto no agota la música proustiana. De ella interesa aún más la peripecia, el curso y las paradojas de la melodía, la espera y la tensión que produce, la curiosa fusión de la reminiscencia y de la espera. Acaso por esto la música pueda resultar más verdadera que el libro. (op. cit., p. 169)

(La musique peut se transformer, pour lui, en dessin, en architecture et même en pensée. Mais tout cela n'épuise pas la musique proustienne. Ce qui en constitue encore plus l'intérêt, c'est le développement, le parcours et les paradoxes de la mélodie, l'attente et la tension qu'elle produit, la curieuse fusion de la réminiscence et de l'attente. A cause de cela, la musique est peut-être finalement plus vraie que le livre.)

Et la musique l'emporterait non seulement sur la littérature, mais sur *tous* les arts. Comment pourrait-elle, autrement, faire ainsi partie autant que la littérature, de la vie quotidienne de Proust (qui n'est pas musicien)? «Il y a des moments de la vie où une sorte de beauté naît de la multiplicité des ennuis qui nous assaillent, entrecroisés comme des motifs wagnériens» (III, 443).

Contrairement à Piroué, Thomas Mann s'étend comme Proust sur la complexité et l'inépuisable richesse en contenu du leitmotif wagnérien. Mann cite l'exemple suivant, où sont fondus, en quelques barres:

1) *le passé*, par le rappel de Mime, qui a élevé Siegfried; par la peur, que Siegfried jusqu'à présent n'a jamais connue; par le souvenir de sa mère, qu'il vient d'imaginer,

2) *le présent*, par le feu qu'il doit maintenant traverser pour atteindre Brünnhilde,

3) *le futur*, par l'annonce de la découverte prochaine de l'amour et, avec l'amour, simultanément, de la peur:

> Accompanying the dwarf's description of fear is the sound of that which in the *Ring* is the symbol of all frightful things, that which is fear and terror itself, by excellence; that which guards the rocks: fire, which Siegfried will not fear, for he will break through without learning it. But at the same time, down in the darkness, the music haunts and hints at the thing which is really to teach him fear: the memory of the sleep-banned one, of whom he knows naught, but whose awakener he is fated to be... Earlier, under the linden tree, he had dreamed of how his mother looked: his mother, a human being and a woman. The motif of love of woman, the theme of «Weibes Wonne und Wert» from Loki's narrative in the second scene of the *Rheingold*, rises from the orchestra. Again it is the same complex of mother-image and woman's love that breaks out in words when Siegfried frees the Walküre from the cuirass and discovers «That is no man!»
>
> (Thomas Mann, *Essays on three decades,* p. 369)

Mais à l'encontre de Piroué, qui voit dans le leitmotif wagnérien une solution de facilité de la part du compositeur, Thomas Mann sait bien que toute analyse des leitmotifs ne fait jamais qu'effleurer le pouvoir «ineffable» de cette musique, même lorsqu'il essaie lui-même de l'expliquer.

A la fin de l'acte I de *Die Walküre*, la complexité des leitmotifs combinés produit sur nous un *seul* effet, dont n'importe quelle analyse logique s'efforcerait en vain de rendre compte.

Plus tard, après la mort de Siegfried, la reprise de motifs déjà entendus devient la «Marche Funèbre» du héros. Les thèmes de l'amour de Siegfried et de son voyage sur le Rhin par des temps plus heureux sont alors repris et transformés par la *mémoire* du héros pour la nouvelle circonstance, qui est, comme c'est le cas chez Proust, de récupérer l'identité du héros, beaucoup plus que d'ajuster ce qui reste d'intrigue (*Götterdämmerung,* Acte III, scène ii).

Proust aussi a conçu son œuvre comme «un rassemblement d'éléments disjoints, de tableaux séparés, de scènes qui se correspondent, de plans ou sédiments de durée réunis par des jointures précieuses, les phénomènes de mémoire» (Louis Bolle, *Marcel Proust ou le Complexe d'Argus,* p. 19); mais les *effets* que produisent ces associations de leitmotifs chez Wagner demeurent aussi subjectifs que les métaphores de Proust.

Dans *Marcel Proust et les signes,* Gilles Deleuze, parlant de la nécessité de Proust que «toujours quelque chose lui rappelle ou lui fasse imaginer autre chose», note avec justesse que «l'essentiel est dans ce qui force à penser. Le leitmotif du *Temps retrouvé,* c'est le mot «forcer»: des impressions qui nous forcent à regarder, des rencontres qui nous forcent à interpréter, des expressions qui nous forcent à penser». Cette même nécessité, Wagner l'avait aussi éprouvée: les leitmotifs du deuxième type ne sont jamais des répétitions pures et simples. Contrairement à ce qu'en pensent certains adversaires de Wagner, il n'y a jamais, chez lui, de «redites» — comme par exemple, l'introduction répétée textuellement en conclusion du «Requiem» de Mozart, œuvre laissée par lui inachevée.

Chez Proust et chez Wagner, l'instant où deux parties du cycle correspondent, l'instant où elles se touchent nous gratifie davantage que les parties elles-mêmes. C'est l'instant, par exemple, où le leitmotif de Swann devient celui de Marcel, l'*instant de transition* illustrant une méthode qui fut inaugurée en musique par Wagner (voir le «Vorspiel» de *Tristan und Isolde*). Inge Backhaus voit en cela le type-même du leitmotif proustien, tremplin de l'action:

> Aus dem Leitmotiv Swanns, das Wagners Forderungen erfüllte und erweiterte, ist die Leitmotiv-Synthese Marcels geworden.
> (I. Backhaus, *Strukturen des Romans-Studien zur Leit und Wiederholungsmotivik in Prousts 'A la recherche du temps perdu',* p. 113)

La «petite phrase de Vinteuil» est, au début, «l'air national» de l'amour de Swann, mais elle devient ensuite plus importante que cela, et apparaît comme étant la clé de tout un univers que Proust cherche à pénétrer. Le leitmotif fait à la fois partie du cadre extérieur (composé d'éléments de toutes sortes qui s'entrelacent) et du cadre intérieur, puisque ce qu'il met en scène d'une façon frappante, c'est le jeu intérieur de l'acteur-auteur du drame. Ce personnage-auteur *signale* le leitmotif, en *décrit* les effets, et languit de se laisser *guider* par lui. Patiemment, méthodiquement, il essaiera de s'y fondre pour mieux le comprendre. Pour mieux se comprendre.

C'est ce que Wagner demande de l'amateur sensible de musique. Proust aussi aime le leitmotif pour mieux le dépasser. Il sait que sa signification dépend chaque fois de son nouveau contexte. Le leitmotif est l'invariabilité qui exprime le changement:

> Le même est toujours un autre, soit que le motif, par sa répétition modifie ce qui l'entoure, soit que ce qui l'entoure le modifie lui-même. Chaque instant du roman peut être ou ne pas être un tournant, un début de modulation. Chaque élément qui le compose est ambigü, de même que le *do* et le *ré* de la gamme peuvent aussi bien appartenir au mode majeur qu'au mode mineur jusqu'au moment où la note

suivante – *mi* naturel ou *mi* bemol – fixe l'avenir par anticipation ou détermine le passé par action rétrospective.
(Piroué, pp. 228–29)

Pour Proust, la musique est donc bien ce que Wagner voulait qu'elle fût dans son «Gesamtkunstwerk»: à la fois un pré-texte (un texte précédant) et un après-texte, à recueillir dans la langue particulière, «orphique», du compositeur.

L'analyse de Piroué se fait fort d'expliquer que

la fin du motif «le malheur de Tristan» constitue les deux notes du «désir» qui forment le début du leitmotiv ascendant et tout à coup, reposé de Tristan, comme une longue aspiration suivie d'une brusque expiration, ou comme une vague qui monte, se brise et se défait. De même la Sonate de Vinteuil donne naissance au Septuor et la souffrance du narrateur répète, amplifiée, la souffrance de Swann... Ces motifs se modifient au cours du drame... Le motif de la mer, calme dans la première scène de l'acte I, s'exaspère au moment de la colère d'Isolde, se métamorphose en accents de gaieté au moment de l'arrivée au port.
(Piroué, pp. 197–98)

Ce parallèle est adroit, et il est juste. Mais Proust n'a jamais dit, dans tous ses éloges de Wagner, être séduit par le simple fait qu'on reconnaisse, dans un leitmotif, le thème déjà connu du «malheur de Tristan», du «désir» ou du «breuvage d'amour». Ce qui importe à l'admirateur de Wagner, c'est tout ce que l'on ressent alors qui peut précisément échapper à l'analyse. Le cadre étroit des étiquettes spécifiques que Piroué donne aux leitmotifs n'expliquerait pas plus les métaphores de Proust que la beauté, pour lui, de la musique de Wagner. Pour nous qui aimons Proust et Wagner, il en est aujourd'hui ainsi: on s'attend à ce qu'ils vont faire, mais quand il le font, ils le font mieux et vont au delà de ce qu'on aurait jamais pu espérer. Au delà de ce qu'on croyait se rappeler. Au delà de ce que l'analyse nous avait dit. Quand celui que Proust appelle «Vinteuil»

reprenait à diverses reprises une même phrase, la diversifiait, s'amusait à changer son rythme, à la faire reparaître sous sa forme première, ces ressemblances-là, voulues, œuvre de l'intelligence,... n'arrivaient jamais à être aussi frappantes que ces ressemblances dissimulées, involontaires, qui éclataient sous des couleurs différentes, entre les deux chefs-d'œuvre distincts.
(III, 256)

Le plus grand leitmotif d'un auteur, c'est encore cette envolée du «ton» que lui seul peut réussir; Proust l'appelle l'«accent unique», propre à l'artiste et parsemé dans tout son œuvre comme un inépuisable leitmotif:

A plusieurs reprises une phrase . . . revenait, mais à chaque fois changée, sur un rythme, un accompagnement différents, la même et pourtant autre, comme reviennent les choses dans la vie; et c'était une de ces phrases qui, sans qu'on puisse comprendre quelle affinité leur assigne comme demeure unique et nécessaire le passé d'un certain musicien, ne se trouvent que dans son œuvre, et apparaissent constamment dans son œuvre, dont elles sont les fées, les dryades, les divinités familières. (III, 259)

Outre que des termes comme «fées» et «dryades» évoquent, une fois de plus, Wagner (avec son premier opéra, intitulé *Die Feen*, les fées), nous remarquerons que Proust admire *aussi* longuement le leitmotif chez Wagner *que* chez Vinteuil (III, 260, 261, etc.). C'est-à-dire chez Proust lui-même?

Il y a du narcissisme dans l'ivresse avec laquelle l'auteur d'*A la recherche du Temps perdu* évoque Wagner qui, pétrissant, déformant et divisant ses thèmes, téléscopant ses impressions et les associant selon des recettes [?] d'affinités intimes, atteint à une complexité de style qui est celle du style proustien.

Et c'est Piroué lui-même qui le reconnaît (op. cit., p. 111) malgré les «piques» qu'il ne manque pas d'envoyer à Wagner.

Parcourant ainsi l'ensemble du style (III, 257), le leitmotif est donc l'essence de cette langue particulière à Proust et à Wagner. Proust dirait: «un exemple unique de . . . la communication des âmes» (III, 258).

Avant d'aborder le style proprement dit, mentionnons rapidement un troisième type de leitmotif chez Proust: ce sont ceux que l'écrivain malade n'a pas eu le temps de réviser, de corriger, ou de reclasser. Par là-même, ils constituent de nouveaux témoignages, posthumes ceux-là, des idées qui le hantaient le plus. Peut-être moins valables d'un point de vue strictement artistique — car Proust, vivant, les aurait sans doute modifiés ou supprimés — ces leitmotifs-là n'en sont que plus émouvants. Dans cette catégorie, nous mettrons les répétitions «accidentelles» de Proust; comme celle-ci, que l'on rencontre plusieurs fois et dans des termes à peine changés: «La création du monde n'a pas eu lieu au début, elle a lieu tous les jours» (III, 669); «La création du monde n'a pas eu lieu une fois pour toutes, me disiez-vous, elle a nécessairement lieu tous les jours» (III, 796); ou bien un de ces «déjà dit pour» que l'on peut lire dans le masnuscrit de *La Recherche* (voir, par exemple: III, 1148, note de la page 1027 de «Notes et variantes»). Les leitmotifs de ce «troisième type» n'existent pas chez Wagner, qui, lui, a eu le temps de revoir soigneusement, de son vivant, l'ensemble de son œuvre.

Du leitmotif au style en général

Mais nous le sentions déjà en accusant Germaine Brée de trop insister sur le «mot-clé»: le leitmotif est aussi, bien entendu, une forme stylistique. Certes, il établit des correspondances plus chargées de signification que l'expression de Germaine Brée ne le laisse prévoir. Mais de mots, il doit se servir. Ainsi par exemple l'interrogation: «Mort à jamais? c'était possible» se fait réentendre avec une nuance d'optimisme à peine formulée: «Mort à jamais? qui peut le dire?» (III, 187). Jean Mouton dit de ce style à leitmotifs:

Les mots se soutiennent les uns les autres, s'épaulent en quelque sorte par de subtiles correspondances ou d'ingénieux balancements... Ces correspondances, à l'occasion, vont même jusqu'à ne pas dédaigner l'assonance. Au grelot qui, dans le parc de Combray, fait entendre son «bruit ferrugineux, intarissable et glacé» correspond la clochette des étrangers au «tintement timide, ovale et doré».
(J. Mouton, *Le style de Marcel Proust*, p. 117)

Dans le cycle que forment les opéras de Wagner, dans la composition «wagnérienne» de *La Recherche,* les leitmotifs ne représentent pas seulement les «temps forts»: ils s'infiltrent dans la musique de la phrase et le choix des mots, ils pénètrent la syntaxe:

Un mot se répète lui-même à quelque distance... en parlant de toutes les choses qui ont passé et repassé dans le champ de sa conscience, il dit: «De *nouvelles* se sont édifiées donnant naissance à des peines et des joies *nouvelles*». (ibid.)

Le leitmotif conditionne les termes qui l'expriment; le croisement de ces termes peut alors produire

un effet de parfaite harmonie; par exemple: «...Si ce désir qu'une *femme* apparût ajoutait pour moi aux charmes de la *nature* quelque chose de plus exaltant, les charmes de la *nature,* en retour, élargissaient ce que celui de la *femme* aurait eu de trop restreint.» Et lorsque Proust emploie ce procédé, il a même une tendance à se laisser entraîner par lui, car, à peine quelques lignes plus loin, il le renouvelle: «Mon *imagination* reprenant des forces au contact de ma *sensualité,* ma *sensualité* se répandant dans tous les domaines de mon *imagination,* mon désir n'avait plus de limites.»
(J. Mouton, op. cit., pp. 118–19)

Les termes d'un premier motif seront d'abord exposés, comme chez Wagner, en tête d'un long développement qui semble parfois laisser le motif loin derrière lui. On reviendra pourtant au motif, qui, dans ses différentes expressions, devient progressivement un thème conducteur tout au long du roman, ou de l'opéra. Au sujet du «Longtemps, je me suis couché de bonne heure» (I, 3), Jean Mouton dit, comme s'il décrivait tel prélude de Wagner:

Cette mesure de dix syllabes ouvre, non seulement Swann, mais tout *Le Temps perdu* et aussi *Le Temps retrouvé;* c'est de ce prélude un peu mélancolique, comme murmuré par un instrument, que va naître toute la suite... Ce motif atteindra son paroxysme avec l'angoisse du baiser maternel vainement attendu et la catastrophe de la montée du père qui rejoint sa chambre.
(J. Mouton, op. cit., p. 120)

On croirait lire Thomas Mann sur Wagner (voir plus haut, notre page 119). Et pour cause, la jointure avec un nouveau motif se fait effectivement avec autant de douceur ici que dans l'ouverture de *Tannhäuser:*

Après cette crise, le calme revient, et suit l'annonce du nouveau motif: «Maman passera cette nuit-là dans ma chambre», motif qui se développera avec le souvenir des lectures... La phrase initiale qui

> annonce le départ d'un thème différent se présente avec beaucoup
> de simplicité, sans la moindre recherche.
> (J. Mouton, p. 120).

Même si Mouton ne le dit jamais, c'est encore la présence du leitmotif dans
le style que nous retrouvons aux lignes suivantes:

> Au motif d'introduction, correspond chez Proust une série extrême-
> ment variée de finales. . . Celles-ci peuvent terminer le paragraphe
> ou la page par un accord parfait, par une chute lente et calme qui
> berce l'oreille..., sorte de supplément rythmique que nous recevons.

Ici, c'est la fin du prélude de *Lohengrin;* là, ce sera — dans les mots de Mouton — les dernières mesures de la *Tétralogie:*

> La clausule se transforme en un véritable final, plein d'éclat et de
> triomphe. La dernière phrase du *Temps retrouvé* se développe avec
> l'ampleur d'une tétralogie.
> (J. Mouton, p. 123)

Avant la tombée du rideau, le mot «Temps» résonne encore et «se répercute
à plusieurs reprises dans tout ce mouvement, comme un puissant écho, pour
aboutir une dernière fois à la répétition suprême de ce «Temps», répétition
lancée cette fois-ci jusque dans l'infini» (ibid.). La force de suggestion du
leitmotif wagnérien et ce qu'on pourrait appeler ses propriétés d'expansion,
ou sa «malléabilité», en font un parfait attribut du «Gesamtkunstwerk»
retrouvé maintenant *dans le style* de Proust:

> Les rythmes naissent les uns des autres; leur nature même les pousse
> à se diviser, à se multiplier au point de former un faisceau si abon-
> dant et quelquefois si compliqué que les sons qui les engendrent se
> superposent, et que l'oreille distingue moins facilement leur indivi-
> dualité propre (J. Mouton, p. 126),

comme c'était le cas pour les images, dans la chambre de Proust devenue un
«kaléidoscope de l'obscurité» (I, 12). Ce que Jean Mouton décrit alors, n'est-
ce pas aussi le but final des leitmotifs, avec leurs jeux rythmés ou se répondant
symétriquement? Ne traduisent-ils pas ainsi «ce mélange si étrange de l'éveil
de nos sensations avec l'engourdissement persistant de notre esprit?» (J.
Mouton, p. 126). C'est pourquoi ils ne se laissent pas facilement détacher du
reste de l'œuvre. Ils font partie intégrante du «ton» (que Proust lui-même
trouve également irréductible chez Wagner). C'est par la sensibilité rythmique
et musicale de Proust que le leitmotif débouche aussi dans le style.

Le nom de Wagner dans la phrase de Proust

Un ouvrage récent intitulé *La phrase de Proust, des phrases de Bergotte aux phrases de Vinteuil*, par Jean Milly, décèle la présence implicite de Wagner (ou de noms de héros wagnériens), sous la forme d'anagrammes et autres associations phonétiques, dans le texte même de *La Recherche* – en plus des mentions explicites qu'en fait Proust. Wagner, caché en quelque sorte, derrière le vocabulaire et la syntaxe de *La Recherche*. Considérons la phrase suivante de Proust:

> En jouant cette mesure, et bien que Vinteuil fût là en train d'exprimer un rêve qui fut resté tout à fait étranger à Wagner, je ne pus m'empêcher de murmurer: «Tristan», avec le sourire qu'a l'ami d'une famille retrouvant quelque chose de l'aïeul dans une intonation, un geste du petit-fils qui ne l'a pas connu (III, 158–59).

D'après Jean Milly, les mots-thèmes, ce que Saussure et Starobinski appellent «hypogrammes», transparaissaient également dans d'autres parties de la phrase, comme dissimulés parmi d'autres groupes de mots, secondaires ceux-là. Milly dit (op. cit., p. 68) que

> les éléments du mot *Tristan* figurent, au moins, dans *train, étranger, resté, retrouvant, petit-fils*. Dans la même phrase, *Vinteuil* et *Wagner* allitèrent à l'initiale par un effet qui ne paraît pas dû au hasard, comme le montrent l'ensemble du développement (qui met les deux artistes en parallèle) et un rapprochement ultérieur et très précis qui est fait entre leurs noms et celui de Vulcain: «autant que par l'identité . . . entre la phrase de Vinteuil et celle de Wagner, j'étais troublé par cette habileté vulcanienne» (III, 161)
>
> *Tristan* et son anagramme reparaissent dans la phrase suivante:
>
> Et comme on regarde alors une photographie qui permet de préciser la ressemblance, par dessus la Sonate de Vinteuil, j'installai sur le pupitre la partition de *Tristan,* dont on donnait justement cet après-midi-là des fragments au concert Lamoureux. (II, 159)

La psychocritique de Charles Mauron mettrait sans doute à profit ce que dit Milly – et qui rejoint peut-être ce que laisse entendre Piroué en écrivant: «La forme vient du fond de l'esprit. Elle n'est pas discipline en soi, imposée de l'extérieur, mais soumission à soi, tyrannie de l'en dedans» (p. 163). Le procédé de Milly semble bien faire surgir Wagner du subconscient de Proust. Dans la phrase suivante:

> Je n'avais, à admirer le maître de Bayreuth, aucun des scrupules de ceux à qui, comme à Nietzsche, le devoir dicte de fuir, dans l'art comme dans la vie, la beauté qui les tente, qui s'arrachent à *Tristan* comme ils renient *Parsifal* et, par ascétisme spirituel, de mortification en mortification parviennent, en suivant le plus sanglant des chemins de croix, à s'élever jusqu'à la pure connaissance et à l'adoration parfaite du *Postillon de Longjumeau*, (III, 159),

Milly continue à retrouver Wagner:

Tristan apparaît principalement dans: *maître, ascétisme, tente.* Parsifal dans: *par ascétisme, mortification, à la (pure connaissance).*

Quant à la dernière phrase du paragraphe, poursuivant la progression, elle associe de la même manière aux précédents le nom et l'anagramme de Wagner:

> Je me rendais compte de tout ce qu'a de réel l'œuvre de Wagner en revoyant ces thèmes insistants et fugaces qui visitent un acte, ne s'éloignent que pour revenir, et, parfois lointains, assoupis, presque détachés, sont, à d'autres moments, tout en restant vagues, si pressants et si proches, si internes, si organiques, si viscéraux qu'on dirait la reprise moins d'un motif que d'une névralgie.

Tristan se trouve, au moins, dans: *tout, réel, insistants.*

Parsifal dans: *parfois, si, motif, névralgie.*

Wagner dans *vagues, internes* (au prix d'une permutation de [er] et de [n]) et surtout *névralgie* qui contient (avec le cas particulier du -g- qui compte ici pour sa valeur graphique et non phonique) entièrement le nom du musicien.

(Milly, op. cit., p. 69)

Dans cet autre passage de *La Prisonnière* (II, 260), bien que le mot-thème y reste cryptographique, l'anagramme de Wagner y serait encore présente, constituée à l'aide des mêmes mots que tout à l'heure:

> Une phrase d'un caractère douloureux s'opposa à lui, mais si profonde, si vague, si interne, presque si organique et viscérale qu'on ne savait pas, à chacune de ses reprises, si c'était celles d'un thème ou d'une névralgie.

Dans ce cas, pourquoi ne pas aller jusqu'à dire que les mots «artiste» et «Tristan» sont l'anagramme l'un de l'autre? Milly y ajoute «Parsifal» et remarque que «ces trois mots réalisent en eux l'association des deux thèmes vocaliques (en [i] et en [œ̃]), convergence qui les met d'autant plus en relief. Des séries phoniques moins développées se retrouvent encore, par exemple, dans: *Lamoureux, Bayreuth, ceux* (dont nous remarquons le caractère transphrasique); *thèmes insistants et fugaces qui visitent un acte; pressants, proches, reprise*» (ibid.). Sur les rythmes de phrase qui accompagnent ces séries phoniques «exposant» Wagner, Milly dit qu'ils «sont souvent fort élaborés, et soutenus par des assonances et des rimes. L'annonce assez solennelle du thème de *Tristan* s'accomplit, dit-il, avec une grande régularité:

Au moment / où je pensai, / ce*la*,	3 éléments rythmiques
une mesure / de la Sonate / me frapp*a*,	3 éléments rythmiques
mesure / que je connaissais bien / pour*tant*	3 éléments rythmiques

Des six pages de Milly sur Wagner (pp. 67 à 73), relevons encore ceci, au sujet de l'anagramme:

> Comme par ailleurs ces anagrammes sont les plus denses, les mieux combinées, dans le fragment où Proust évoque les leitmotifs de Wagner, il est tentant de souligner ce rapprochement et de voir une analogie voulue entre les deux procédés de composition: l'anagramme serait le correspondant du leitmotif dans la prose poétique. Comme

lui, elle procède par retour de séquences sonores... Comme lui, elle est moins un procédé de rappel explicite qu'une sollicitation de l'inconscient. Elle aboutit d'une part à renforcer la présence d'un nom par répétition de ses éléments, d'abord dans un champ restreint, le «locus princeps», puis dans un espace plus vaste, à la manière d'un halo d'intensité décroissante (et nous rappellerons ici les commentaires de Proust sur l'aide qu'apportent la répétition et la mémoire dans la perception de la musique – I, 209); d'autre part, en décomposant le signifiant et en dispersant ses éléments dans d'autres mots, à déployer le mot-thème en faisant jouer les capacités d'association de ses parties, d'où un notable enrichissement de sa signification: c'est cet ensemble global, à la fois de forme et de sens, engendré à partir d'un mot, [en l'occurence Wagner], que nous avons déjà appelé, à propos du style de Bergotte, un «champ poétique», et dont l'existence nous paraît maintenant bien confirmée.
(op. cit., p. 72)

Dans cette optique, on pourrait même dire que le cri lancé par Elsa dans *Lohengrin* semble prémonitoire: Proust, si sensible aux noms propres, si réceptif à la phonétique, n'aurait-il pas pu, dans sa passion pour Wagner, faire de ce «der *Schwan*, der *Schwan*!» (*Lohengrin*, Acte III, scène ii) le nom mélancolique de son personnage?

L'ambigüité du style

Nous avons dit que le leitmotif, pour clair qu'il soit, demeure toujours ouvert à plus d'une interprétation. Son message s'adressant autant à l'intelligence qu'à l'imagination, il sera nécessairement ambigü. Aussi ambigü, aussi subjectif, en fait, que la trajectoire imprévisible décrite par les métaphores de Proust.

Plus d'intrigue nouée comparable à la mélodie..., l'inattendu dans l'événement, l'instabilité psychologique noient tout dans une sorte d'indéterminisme. Cette mouvance généralisée, ce goût excessif de la modulation exigeaient l'effet inverse d'un thématisme qui rétablisse une hiérarchie des faits, de leur résonance, reclasse les personnages selon un ordre de préférence, fixe poétiquement les normes d'une morale de la qualité. De cela, le leitmotif proustien se porte garant. (Piroué, p. 200)

Chez Wagner, le leitmotif se fond dans une harmonie fuyante qui remplace les traditionnelles mélodies d'opéra, les «arias» classiques. La convergence des leitmotifs est donc pour beaucoup dans cette unité organique de l'immense structure que représente *La Recherche*.

Evitons les erreurs dues à une pensée trop concise et impatiente, gênée d'un côté par les innovations de Proust dans l'ordonnace non-conformiste de son roman, et de l'autre par le style qui en découle. L'impression d'espace et de vasteté est inhérente au message et confère à *la Recherche* un caractère aussi nouveau en littérature qu'il l'était, en musique, dans les opéras de Wagner: Proust est, lui aussi, «hanté par l'idéal d'un troisième œil capable de lire la profondeur du temps et d'organiser dans l'espace d'une œuvre littéraire les trois dimensions du réel», dit Louis Bolle (*Marcel Proust ou le Complexe d'Argus*, p. 18). On exigera du public une attention de longue haleine sans laquelle le message demeurera incompris.

> When we examine his book itself, we find that, as Proust prepares us to expect from his opening pages (which resemble the prelude to a music drama by introducing the principal characters and themes of the whole four-thousand-page work), instead of narrative in the older style of the novel (which, in relation to Proust became what the previous opera was to Wagner — that is, a method of composition not discarded but rather incorporated to a higher purpose), we have no single story-line... Just as in Wagner, there are few completely enclosed arias but instead, as his earliest critics bitterly complained, broken bits of melody fantastically intertwined ... so in Proust there are no complete stories — with one exception [Swann's] — but rather incidents, scenes (some of them hundreds of pages long, it is true), which are not permitted to round off to any real conclusion.
> (M. Hindus, *The Proustian vision*, p. 43)

Et une certaine affiliation aux Romantiques (Chateaubriand, a-t-on dit, pour Proust, et Beethoven, ou Carl Maria von Weber, pour Wagner) n'a pas facilité pour autant la compréhension de leur message par le public de l'époque.[7] Même si, aujourd'hui, cette affiliation reconnue fait l'objet de ravissements renouvelés:

> In analogia con quanto avviene in Wagner e in genere nella musica romantica, Proust esprime nella *Recherche* la durata psicologica nella fase anteriore all'atto della ragione che le dà forma, nel suo originario, spontaneo germinare dalle oscure profondità dell'inconscio. La digressione perpetua, tendente a sfuggire la forma chiusa e gli schemi tradizionali per affidarsi alla pura vitalità e spontaneità dell'istinto, possiede, come la melodia infinita, una continuità determinata e sostenuta dal suo intimo slancio, che sembra tradurre e rendere sensibile appunto quella «notion du temps incorporé, des années passées non séparées de nous».
> (L. Magnani, *La Musica, il Tempo, L'Eterno nella Recherche*, p. 78)

> Les belles choses que nous écrirons si nous avons du talent sont en nous, indistinctes, comme le souvenir d'un air, qui nous charme sans que nous puissions en trouver le contour, le fredonner, ni même en donner un dessin quantitatif, dire s'il y a des pauses, des suites de notes rapides. Ceux qui sont hantés de ce souvenir confus des vérités qu'ils n'ont jamais connues sont les hommes qui sont doués,

dit Proust dans *Contre Sainte Beuve* (p. 312). Et pourtant, à l'ambiguïté du message, ambiguïté qui en fait la richesse, s'associe la plus scrupuleuse exactitude de langage.

---

7 Cf. Norman B. Philip, *A quantitative study of harmonic similarities in certain specified works of Bach, Beethoven, and Wagner*, Ed. C. Fischer, New York, c. 1945.

La précision du style

Cette clarté tient d'autant à s'affirmer qu'elle se sait constamment menacée, qu'elle se craint constamment perdante aux yeux du grand public:

> Le livre intérieur de ces signes inconnus (de signes en relief, semblait-il, que mon attention explorant mon inconscient allait chercher, heurtait, contournait, comme un plongeur qui sonde), pour sa lecture, personne ne pouvait m'aider d'aucune règle.
> (Piroué, p. 159)

Et les «règles» qui régissent le contact avec le public sont encore plus mystérieuses, bases de phénomènes dynamiques inévitables et plus imprévisibles encore que l'altération d'une couleur ou d'une note par juxtaposition à une autre couleur ou à une autre note. «Nous sentons dans un monde, nous nommons dans un autre», écrit Proust (II, 50). Si Wagner et Proust tâtonnent dans leur cheminement vers une issue à long terme plus ou moins mystérieuse, il n'y a guère de tâtonnements dans leur langage. Aucune ambigüité possible dans des phrases telles que celle-ci, par exemple, d'une précision pour ainsi dire horlogère:

> L'idée de son unicité n'était plus un à priori métaphysique puisé dans ce qu'Albertine avait d'individuel, comme jadis pour les passantes, mais un à postériori constitué par l'imbrication contingente mais indissoluble de mes souvenirs. (III, 556)

Entre mille possibilités de formulation, Proust et Wagner en choisissent une seule, pour un moment donné, et la passent alors au tamis d'un vocabulaire minutieux qui, sans épuiser le pouvoir évocateur du sujet dont il s'agit, en dira néanmoins tout ce qu'on peut pratiquement en dire. Ainsi, pour le prélude de *Lohengrin*,

> The key of A, which is the purest for strings and the most ethereal in effect, on account of the greater ease of using 'harmonics', announces the approach of Lohengrin and the subtle influence of the Grail (Kobbé, p. 180),

et il semble en effet que nulle autre clé ne pourrait le faire. Dans *Proust et Baudelaire: influences et affinités électives*, Simone Kadi trouve Proust «catégorique, tranchant même» (p. 9); et Samuel Beckett écrit:

> The clarity of the phrase is cumulative and explosive
> (S. Beckett, *Proust*, p. 68)

Certes, l'outil dont Proust et Wagner se servent n'est pas le même, nous l'avons déjà dit. Mais la page de Proust a bien la précision d'une partition pour orchestre (notons au passage que Wagner consacra à la partition cinq années d'efforts exclusivement littéraires, chose exceptionnelle dans la carrière d'un compositeur ayant déjà connu le succès: en effet, après avoir terminé *Lohengrin*, Wagner se plonge dans la littérature et n'écrit plus aucune musique pendant cinq ans). La page traduit l'effort pour entendre dans l'imagination ce qui n'a pas encore été créé, l'effort pour se souvenir de ce qu'on a pu jadis rencontrer ou seulement entrevoir. Proust et Wagner sont de ceux dont

> le talent est comme une sorte de mémoire qui leur permettra de fi-
> nir par rapprocher d'eux cette musique confuse, de l'entendre clai-
> rement, de la noter, de la reproduire, de la chanter.
> (Proust, *Contre Sainte-Beuve*, pp. 312–13)

Chaque nuance sera ainsi exprimée avec une minutie presque pathologique.

Rappelons ici que malgré la précision du langage, les notes de Wagner et les mots de Proust ne se veulent pas *accessibles à la seule raison:* ils veulent toujours nous suggérer leur sens caché, qu'on ne doit pas mettre en doute — comme les mystères du Moyen-Age illuminant les vitraux de Combray. D'ailleurs, les mots, si précis soient-ils, seront source, pour nous, de mille interprétations. Et l'artiste sent bien qu'après les avoir transcrits sur le papier, il ne pourra plus les contrôler. D'où cette passion, chez Proust et chez Wagner, de *tout* dire. Car ils savent que le feu nouveau qui use de ces mots ou de ces notes est inextinguible.

La «difficulté» du style

Contrairement aux spéculations de Charles Bally et autres experts de la stylistique, la valeur affective de chaque mot ne peut *pas* être établie (Combien de pages aurait un tel «dictionnaire idéologique»?). Songeons à la «Plage à Trouville» de Monet, que Proust aimait: l'effet obtenu est d'autant plus flou que les coups de pinceau sont nets et précis. Après la peinture impressioniste et le mouvement symboliste en littérature, le paradoxe ambigüité / exactitude ne devrait plus étonner. De même, le climat artistique de l'époque de Proust aurait dû être immédiatement favorable à ses tentatives.

Pourtant, personne ne comprend rien, dit-il, à ses esquisses (III, 1041). Pierre-Quint note:

> On a oublié aujourd'hui combien les phrases de Proust heurtaient
> alors le lecteur. Les admirateurs eux-mêmes reconnaissaient, comme
> un fait d'évidence, que Proust écrivait bien mal. Pour les fervents du
> style classique et de la tradition, Proust était un barbare. Si la majori-
> té des critiques s'abstinrent de rendre compte de l'ouvrage, c'est avant
> tout parce qu'ils jugèrent sa forme illisible.
> (Léon Pierre-Quint, *Proust et la stratégie littéraire,* p. 79)

Wagner, lui, dut réécrire en 1861, pour l'entendement et les goûts du public parisien, la musique de *Tannhäuser* qu'il avait composée en...1845.[8] La «clarté cumulative» que Samuel Beckett trouve aujourd'hui dans le style de Proust — et que Gustave Kobbé trouverait assurément chez Wagner — n'a donc pas semblé telle aux contemporains de Proust ni à ceux de Wagner: «Comment

---

8 Sur cette incompréhension du public, voir: Ernest Newman, *The Life of Richard Wagner,* Vol. I, pp. 416–17 et Vol. II, p. 370.

peut-on s'exprimer dans un tel charabia? C'est écrit comme par un cochon, comme par un allemand, déclarait tel académicien [à propos de Proust] , et l'injure, pendant la bataille de Verdun, cinglait deux fois déshonorante», rapporte Pierre-Quint (ibid.). On suppose qu'ils devaient alors juger aussi sévèrement des phrases d'une demi-page, telles que celles-ci: «Cette raison est que, quelque soit l'image, depuis la truite à manger ...... de la gloire, etc.» que l'on trouve aux pages 575 et 576 du volume III. Wagner avait fait l'objet d'une critique analogue: sa *Tétralogie* s'est vue attaquer, ridiculisée, condamnée à maintes reprises.

Et à cette accusation devait s'en mêler une autre: celle de rendre la tâche impossible aux chanteurs:

> You must know not only what you have to sing but what you don't have to sing, for there are no tuny catch phrases, as in the Italian operas, from which you can get your cue... The nervousness a singer experiences in Wagner opera is wholly different from that which one feels in Italian opera. In the latter the public makes you nervous, but in a Wagner opera the work is so enormous that the public is crowded out of the singer's thoughts and he or she is nervous about keeping time and pitch,

disait la cantatrice Lillian Nordica (*Metropolitan Opera* pub., Nov. 1972, p. 12). Et on observe fréquemment en effet la rareté des bonnes interprétations de ce style impérieux.

Le passage du temps nous montre ainsi qu'on pourrait quelquefois déterminer la grandeur du génie en fonction inverse des réactions négatives que ce génie provoque. Jusqu'à *Lohengrin*, Wagner pouvait compter le petit nombre de ses admirateurs. Au début du siècle, à l'époque de Proust, chaque compositeur se définit encore par son degré d'opposition au wagnérisme. B.G. Rogers le remarque pourtant avec raison: sans un langage aussi personnel, ni l'œuvre de Wagner ni *La Recherche* n'auraient pu être écrits (*Proust and the Nineteenth Century*, p. 145).

> Pas plus qu'en ouvrant une partition au milieu de la symphonie nous n'allons trouver la Beauté assise à nous attendre, en ouvrant un volume de Proust nous n'allons trouver la formule immobile à laquelle accrocher notre admiration... La partition de poche que nous rapportons chez nous n'est un livre qu'en trompe-l'œil... Il n'en est pas autrement du *Temps perdu*. Chacun des volumes qui le composent n'est un livre qu'en trompe-l'œil. Nous aurons beau le feuilleter et le refeuilleter, il ne se livrera à nous que si nous nous sommes imposé une démarche de lecture imitée de la démarche auditive de l'amateur de musique.
> (Pierre Abraham, *Proust. Recherches sur la création intellectuelle*, pp. 8–9)

Tout de même, continueront à s'écrier quelques uns d'entre nous, a-t-on le *droit* de rapprocher d'un point de vue stylistique la littérature, faite de mots, à la peinture ou à la musique? C'est entendu: il y a *plus* que des notes dans un opéra de Wagner. Mais tout de même. Essayons de répondre à ces puristes du style.

D'une façon générale, on peut parler de la mélodie de la phrase proustienne, comme on a pu parler de la mélodie dans l'œuvre de Verlaine ou de Mallarmé: pas tant par les sonorités de la langue que par la transmutation de la syntaxe, par l'accent tonique qu'elle met sur ce que les linguistes appellent «l'unité acoustique» (groupe phonétique ne portant qu'un seul accent, comme si, pour l'oreille, plusieurs mots n'en formaient qu'un seul). Le style «musical» de Proust n'est pas une copie des moyens techniques que pourrait offrir la musique: c'est une réestimation du problème de la durée et de sa traduction sur le plan littéraire comme Wagner le fait sur le plan de la musique. Proust n'a pas réduit

> la littérature à un bruit, aussi sublime qu'il soit. Il a su au contraire exploiter toutes ses caractéristiques en analogie et non en imitation des caractéristiques de la musique. Chez lui, ce n'est pas l'émission du mot qui est musicale, c'est son contenu. De plus, loin d'être tenue pour trop rationnelle, donc loin d'être ramenée à une juxtaposition de mots, la phrase lui paraît être l'équivalent du discours musical [à la base du drame musical de Wagner] : les lois de la syntaxe sont à ses yeux assimilables aux lois qui régissent la musique. Paradoxalement, il a musicalisé ce qu'il y a de plus abstrait et non ce qu'il y a de plus concret dans le langage, c'est-à-dire la sémantique et la grammaire.
> (Piroué, p. 259)

Ce qui est remarquable c'est que Wagner — plutôt qu'aucun auteur strictement littéraire, ni français ni étranger — soit l'exemple idéal, pour Proust, de la constitution, à partir de quelques legs du passé, d'un nouveau langage nécessaire à *La Recherche:* les *Carnets* et les *Cahiers* de Proust nous le prouvent. C'est peut-être que la littérature — que nous disions être faite de *mots,* est surtout faite de *phrases;* et Wagner revient dans la grande majorité des tentatives de Proust pour trouver à une phrase musicale un équivalent littéraire: «La tempête wagnérienne, qui faisait crier toutes les cordes de l'orchestre, commes les agrès d'un vaisseau, au-dessus desquels s'élançait par moments, oblique, puissante et calme comme une mouette, une mélodie qui s'élevait puissamment.» Il n'y a rien de comparable entre ces longs essais glorifiant le style de Wagner, et les brèves allusions que Proust fait, en passant, à d'autres compositeurs: les regards de Charlus lui rappellent les phrases interrompues de Beethoven, la rengaine des marchandes d'escargots («On les vend six à la douzaine») lui rappelle *Pelléas,* et la conversation de Françoise une fugue de Bach. Ces pensées ne font que lui traverser l'esprit. Wagner, au contraire, mérite de longs développements, comme celui-ci, extrait des *Cahiers:*

> Dans la tempête de cette musique, le petit air du chalumeau, le chant d'oiseau, la fanfare de chasse étaient attirés comme ces flocons d'écume, ces pierres que le vent fait voler au loin. Ils étaient entraînés dans le tourbillon de la musique, divisés, déformés, comme ces for-

mes de fleurs ou de fruits dont les lignes, séparées les unes des autres, simplifiées, stylisées, mariées au reste de l'ornementation, perdent leur origine première dans une décoration où un habile observateur sait seul vous dire: «C'est la fleur de l'aubépine, c'est la feuille du pommier»; ou comme ces thèmes simples d'une symphonie, qu'on reconnait difficilement pourvus de doubles croches, d'accompagnements, reversés, brisés, dans les morceaux suivants; bien que Wagner, comme les artisans qui, ayant à exécuter un ouvrage en bois, tiennent à laisser paraître sa sève, ses couleurs, ses fibres, laisse persister dans le bruit abrégé maintenant de la musique un peu de sa sonorité naturelle, de son originalité native.

Proust semble continuer sur cette même lancée lorsqu'il se réfère au style qu'il devra adopter pour écrire *La Recherche*. Continue-t-il à parler du style de Wagner, ou bien de son style à lui, lorsqu'il souhaite que son propre langage soit «d'une matière distincte, nouvelle, d'une transparence, d'une *sonorité* spéciale, compacte»? [nous soulignons] (III, 871). Proust composera alors des phrases semblables à celles que lui inspirait plus haut la tempête wagnérienne, et ceci sur des sujets aussi éloignés de Wagner que, par exemple, le décès d'une grand mère:

Et comme ces reflets étranges, uniques, que seule l'approche de la tempête où tout va sombrer donne aux roches qui avaient été jusque là d'une autre couleur, je compris que le gris plombé des joues raides et usées, le gris presque blanc et moutonnant des mèches soulevées, la faible lumière encore départie aux yeux qui voyaient à peine, étaient des teintes non pas irréelles, trop réelles au contraire, mais fantastiques, et empruntées à la palette, à l'éclairage, inimitable dans ses noirceurs effrayantes et prophétiques, de la vieillesse, de la proximité de la mort.
(III, 1017–18)

Dans son article de journal *Les Débats*, Franz Liszt admirait les différentes couleurs que Wagner avait su «appliquer» aux différentes parties de son œuvre (Ernest Newman, *The Life of Richard Wagner*, Vol. II, p. 192).

A la dernière ligne de *Combray*, le «signe qu'avait tracé au-dessus des rideaux le doigt levé du jour» (I, 187), n'est-ce pas (pour ceux qui savent voir le théâtre dans ce qu'ils voient) un parfait lever de rideau sur un premier acte? Le silence de l'expectative. Le silence dont la seule raison d'être est de mourir imminemment à la musique. Et entre le tumultueux prélude à l'Acte II de *Parsifal* et la première scène qui suit, n'est-ce pas là aussi, que Proust aurait entendu, comme nous pouvons encore l'entendre au fond du jardin printanier de Klingsor, «les *derniers roulements du tonnerre roucouler dans les lilas*»? (I, 153).

134

De Bergotte à Proust par le biais de Wagner

Proust ne déclare jamais qu'il «parle comme Wagner», mais il peut, sans être accusé de prétention ni d'extravagance, se comparer à Bergotte. Et nous savons que celui-ci, d'après l'*insensible* M. de Norpois, «aligne des mots bien *sonores* en ne se souciant qu'ensuite du fond» (I, 474). On songe aux mots: «Frisch weht der Wind der Heimath zu» (le vent frais souffle vers notre demeure), qui ondulent comme la surface de la mer, à l'acte I de *Tristan*. Le style de Bergotte est, pour Proust, comme une «musique dont on raffolera» (dès I, 93). Notre adhérence au monde de Proust et au monde de Wagner dépendra d'une sensibilité analogue. «comprendre une mélodie, c'est la chanter intérieurement, c'est la recréer» dit G. Brelet (*Le Temps Musical*, p. 138). Pour Proust, les livres de Bergotte ont la précieuse qualité d'être ce que la langue anglaise appellerait «operatic» — adjectif dont le français ne possède pas d'équivalent. Proust, en effet, est sensible aux «terminaisons de phrases où l'accumulation des sonorités se prolonge, comme aux derniers accords d'une ouverture d'opéra qui ne peut pas finir et redit plusieurs fois sa suprême cadence», comme aux dernières barres de l'ouverture de *Der Fliegende Holländer* (I, 554). Dans les brillantes approximations personnelles auxquelles s'adonne et s'abandonne Proust, il y a une soumission à la musique sans qu'il y ait vraiment d'objet musical: Proust se coule, à la faveur de ce qu'il a de plus éphémère et de plus épidermique, dans la texture même de la musique, dit Piroué (op. cit., p. 147). «Il y a destruction, évanouissement du langage musical et osmose avec le créateur [Wagner] par *culte* porté à ce qui paraît superficiel» (ibid.). L'émission du message, la manière de dire, prévalent même sur ce qui se dit (c'est pourquoi nous ne nous sommes pas attachés, dans cette étude, aux *intrigues* que comporte *La Recherche* ni à celles des opéras de Wagner. Si nous avons quelquefois pris des exemples dans ces opéras, c'est seulement à titre de métaphores permettant peut-être de mieux cerner la matière poétique dont nous parlons). Et le message dont il s'agit exige un genre d'expression particulier, une musique différente des autres musiques, un roman différent des autres romans.[9] Wagner et Proust offrent de ce nouveau genre des exemples aussi frappants qu'ils sont comparables.

> Wagner was much on Proust's mind while he was writing *Remembrance* and. . . suggested that, just as Wagner's form was not that of old-fashioned opera but a completely new combination which he called music drama, so the form of *Remembrance* was not that of the familiar novel (even the epic novel such as Tolstoy's) but a hitherto untried mixture of the novel, autobiography and history in the form of memoirs. . . *Remembrance* is a behemoth of a composition, which is the literary counterpart of Wagner's *Ring* — that is to say, an artistic undertaking the vast extent of which in itself is enough to constitute it one of the wonders of the world.
> (Milton Hindus, *A reader's Guide to Marcel Proust*, p. 38)

9 Cf. Geoffrey Skelton, *Wagner at Bayreuth: experiment and tradition*, avec une préface de Wieland Wagner, White Lion Publishers, New York, 1976.

Même «Un amour de Swann», qui constitue une entité à l'intérieur de *La Recherche*, un roman pour ainsi dire classique et complet, est comparable, d'après Hindus, à une entreprise de Wagner:

> I always think of Swann's story as Proust's equivalent of Wagner's Prize Song from *Die Meistersinger*. Wagner, it is said, wrote this beautiful melody (the rival almost of Schubert at his best) as a reply to his critics who had said that his music dramas,... devoid of traditional arias, and constructed upon new principles, were as innocent of artistic form as «endless streams of macaroni». According to these critics, he had abandoned the traditional method of writing opera in favor of a new method which was really no method at all because he did not possess the required lyric gift...[Finally,] the composer was able to prove, once and for all, that if he chose to write in a new mode it was not because he could not master the old one and acquit himself with the highest honors according to its standards.
> (M. Hindus, op. cit., pp. 37–38)

Cela rappelle les difficultés éprouvées au début par Bergotte à se faire comprendre. Et celles de Proust à se faire publier en gagnant l'approbation d'André Gide. Au départ, on peut déjà invoquer cette ressemblance: la création, dans le cas de Wagner comme dans celui de Proust, d'un nouveau langage présentant des caractéristiques communes, et l'incompréhension avec laquelle il a été reçu. Ce nouveau langage devient néanmoins pour eux une nécessité grandissante. Mais le plus difficile sera de se communiquer aux autres.

> Art is ... the consequence of being able to relate subconsciously and consciously all the fleeting impressions and observations that pass through the mind ... until they form another world within us, possessing a unity and clarity which the outside world can never possess ... It is the consequence of being able to find or invent a new language which will transmit this inner world, both in its outline and its substance, faithfully and painstakingly accurately, to others.
> (B.G. Rogers, *Proust and the Nineteenth Century*, p. 143)

Communication entre deux sensibilités autant qu'entre deux intelligences: celle de l'artiste et celle de son lecteur, ou de son spectateur-auditeur (que Wagner, par exemple, veut atteindre par l'emploi de cadences brisées, jouant au maximum avec ce qu'on appelle justement en musique «la sensible» — ainsi dans le chœur de pèlerins de *Tannhäuser*). Les mots de Piroué sur la raison fondamentale d'un tel langage s'appliquent aussi bien à Proust qu'à Wagner:

> Il existe deux formes de communication, l'une scientifique allant des objets à leur désignation intellectuelle, l'autre artistique, allant de notre représentation des objets — la Weltanschauung de Schopenhauer — à la création esthétique. Et cette dernière seule compte. Conséquemment, l'intelligence n'est plus pour Proust un moyen de comprendre et d'analyser mais elle est assujettie au rôle d'établir des équivalences entre l'univers intérieur de l'artiste et son œuvre. Elle contribue à échaffauder un système de transmission d'émotions,

elle n'est plus ce système même, c'est-à-dire qu'elle devient profondément créatrice.
(Piroué, op. cit., p. 161)

Aimer Wagner, c'est *éprouver* la continuité mélodique telle que Benoist-Méchin la voit dans le style de Proust:

> La musique imprègne si profondément son style que c'est à l'intérieur de chaque phrase qu'il faut aller la chercher. Ces incidentes, semblables aux longues notes tenues par les archets sur les instruments à cordes, finissent par mimer inconsciemment les séquences musicales, avec leur progression continue, leur sinuosité capricieuse et leurs cadences finales qui donnent rétrospectivement leur sens aux périodes entières. Style mélodieux s'il en fut, où la présence d'une musique voilée, mais évidente, se décèle jusque dans les arabesques de la pensée et des mots.
> (Benoist-Méchin, *Retour à Marcel Proust*, p. 51)

Notre plaisir et notre enrichissement viendront de notre aptitude à la discerner. A *suivre*, comme chez Wagner, cette musique qui traduit une pensée. Car notre *mémoire musicale*, dont dépend l'appréciation de Wagner, est un facteur pratique et individuel qui conditionne tout autant notre lecture de *La Recherche*.

Remarquons que Proust ne pouvait avoir lu les *Oeuvres en Prose* de Wagner, et ignorait — pour son bien, sans doute — la détermination constante du compositeur allemand à définir son style comme étant précisément aussi structuré, aussi logique et intelligible que les styles les plus anciennement établis. Ce que Proust admire en Wagner, ce qui en fait l'originalité et la grandeur, c'est exactement ce qu'il dit admirer en Bergotte: un «flot d'harmonie», une «effusion musicale», un «flux mélodique» (I, 94, 95). C'est ainsi, bien sûr, que Proust aime à se voir lui-même; et que nous, lecteurs, le voyons. Ce «flux» ou continuité mélodique est la «marque» de Wagner, ce qui l'a singularisé entre tous les compositeurs.[10] Il voulait que son *Fliegende Holländer* fût joué d'une traite, sans entracte (comme cela fut donné à Bayreuth en 1901).

Ce style impliquait, comme pour Proust, une rupture avec la tradition; et Wagner, dans la parabole de l'Art qu'est *Die Meistersinger*, se moque des juges intransigeants pour qui la valeur de la langue de l'artiste dépend de sa conformité aux 32 règles établies! Citons, pour Wagner, une anecdote qui fait écho à l'attaque lancée par l'académicien mentionné plus haut sur le style de Proust (voir Pierre-Quint, op. cit., p. 79; et notre page 131):

> A professional musician was engaged in a discussion of Wagner in the corridor of the Metropolitan Opera House, while inside the orchestra was playing the Meistersinger overture. 'It is a pity', said the wise man, in a condescending manner, 'but Wagner knows absolutely nothing about counterpoint.' At that instant the orchestra

---

10 Cf. Wagner, *Prose Works*, vol. III, p. 338 (On «endless melody»).

was singing five different melodies at once; and, as Anton Seidl was the conductor, they were all audible.
(W.J. Henderson, *The Orchestra and Orchestral Music*)

Proust pratiquera «sa» continuité mélodique dans des phrases sinueuses comme la silhouette du compagnon au long cou que conduit Lohengrin:

> D'un air souriant, dédaigneux et vague, tout en faisant la moue avec ses lèvres serrées, de la pointe de son ombrelle comme de l'extrême antenne de sa vie mystérieuse, elle dessinait des ronds sur le tapis, puis, avec cette attention indifférente qui commence par ôter tout point de contact entre ceux que l'on considère et soi-même, son regard fixait tour à tour chacun de nous, puis inspectait les canapés et les fauteuils mais en s'adoucissant alors de cette sympathie humaine qu'éveille la présence même insignifiante d'une chose que l'on connaît, d'une chose qui est presque une personne; ces meubles n'é- taient pas comme nous, ils étaient vaguement de son monde, ils é- taient liés à la vie de sa tante; puis, du meuble de Beauvais, ce regard était ramené à la personne qui y était assise et reprenait alors le même air de perspicacité et de cette même désapprobation que le respect de Mme de Guermantes pour sa tante l'eût empêchée d'exprimer, mais enfin qu'elle eût éprouvée si elle eût constaté sur les fauteuils, au lieu de notre présence, celle d'une tache de graisse ou d'une cou- che de poussière.

Fin de la phrase et fin de paragraphe. (II, 205–206)

Possibilité d'un parallélisme stylistique entre Wagner et Proust

François Régis Bastide essaie de capter, dans le temps des verbes qu'uti- lise Proust, cette mélodie continue à laquelle on associe toujours Wagner. Dans le livre de Bastide sur *Proust* se trouve reproduit un portrait de Wagner (p. 221) à côté duquel on lit:

> Proust, parti de l'imparfait de Flaubert, imparfait de simple narra- tion, d'habitude ancrée, débouche sur l'imparfait éternel qui joue chez lui le rôle de la mélodie continue chez Wagner, et qu'il a tant de peine à «tenir», car il faut traduire coûte que coûte une action prolongée, quand rien n'arrive plus, étirée, un sommeil médiumni- que, une vision de ces forêts sans limites par lesquelles Wagner nous drogue et qui ont leur équivalent dans les grottes de l'Opéra, où le mot *baignoire* rappelle celui de *bain* et découvre ainsi ces grottes sous- marines...

de l'*Or du Rhin*. Mais cet «imparfait éternel» n'est qu'un exemple, un des moyens parmi tant d'autres. Formant une version littéraire de la mélodie continue de Wagner, tous les mots de la phrase proustienne, pareils aux no- tes, se greffent les uns aux autres par groupes subordonnés; ces groupes se poursuivent jusqu'à atteindre les recoins les plus inexplorés de la question; ils peuvent s'élever au dessus d'elle «par un de ces crescendos continus com- me ceux qui, en musique, à la fin d'une Ouverture, mènent une seule note jusqu'au fortissimo suprême en la faisant passer rapidement par tous les degrés intermédiaires» (I, 396), un de ces crescendos continus comme celui qui représente, dans un accord parfait montant, la ligne droite de l'épée Notung (*Siegfried,* Acte I, fin de la scène iii). Ces groupes subordonnés peuvent atteindre, chez Proust, par de subtiles modulations successives, le plus haut degré d'une gamme qu'on appellerait chromatique, dans *Tristan*. Ailleurs, ils ressemblent à l'arche mélodique décrivant, chez Wagner, le profil d'un arc en ciel (voir Bourguès et Denereaz, cité par G. Brelet dans *Le Temps musical,* p. 148), ou d'une série d'arches qui avancent par sauts successifs, bien que parfois construites «comme sur de lourds pilotis» (selon Pierre-Quint):

> Mme Loiseau avait beau avoir à sa fenêtre des fuchsias, qui prenaient la mauvaise habitude de laisser leurs branches courir partout tête baissée, et dont les fleurs n'avaient rien de plus pressé, quand elles étaient assez grandes, que d'aller rafraîchir leurs joues violettes et congestionnées contre la sombre façade de l'église, les fuchsias ne devenaient pas sacrés pour cela pour moi.

La mélodie qui se développe ici par la répétition du mot fuchsias, dessine d'abord une première arche, très ample, suivie en décrescendo d'une deuxième arche, plus petite mais dotée de plus de sens que la première.[11] Comme chez Wagner, la répétition donne souvent l'armature nécessaire à cette mélodie continue. Ainsi, le crescendo des trois «parce que» de plus en plus espacés de la phrase: «Et parce que derrière ses balustres de marbre...» (I, 625). Les coups répétés d'un fusil-à-délais. Ou mieux: ceux du tonnerre dans *Der Fliegende Holländer;* ou ceux qui ponctuent avec un fracas solennel le combat de Fasolt et de Fafner (*Das Rheingold,* fin de la Troisième Scène). La phrase de Proust ou de Wagner se déroule au delà des limites traditionnelles par une série d'approximations successives qui semblent pouvoir se prolonger à l'infini:

> Tout à coup je m'endormais, je tombais dans ce sommeil lourd où se dévoile pour nous le retour à la jeunesse, la reprise des années passées, des sentiments perdus, la désincarnation, la transmigration des âmes, l'évocation des morts, les illusions de la folie, la régression vers les règnes les plus élémentaires de la nature (car on dit que nous voyons souvent des animaux en rêve, mais on oublie que presque toujours nous y sommes nous-même un animal, privé de cette raison qui projette sur les choses une clarté de certitude; nous n'y offrons au contraire au spectacle de la vie qu'une vision douteuse et à chaque minute anéantie par l'oubli, la réalité précédente s'évanouissant devant celle qui lui succède, comme une projection de lanterne magique devant la suivante quand on change le verre), tous ces mystères que nous croyons ne pas connaître et auxquels nous sommes en réalité initiés presque toutes les nuits, ainsi qu'à l'autre grand mystère de l'anéantissement et de la résurrection. ((, 820)

---

11 cf. *Das Rheingold,* fin orchestrale de la Première Scène.

La structure de cette phrase est faite, comme chez Wagner, de pauses, de halètements, de soupirs (dans *Tristan und Isolde*, Acte III, scènes i et ii pour Tristan; et scène iii pour Isolde) — soupirs quelquefois «asthmatiques», a-t-on même dit, au sujet de certaines phrases de Proust interrompues par des points de suspension, telles que «... je cherche encore mon chemin, je tourne une rue... mais... c'est dans mon cœur...» (I, 67). Wagner et Proust ont tous deux été accusés, le premier par les chanteurs et le second par les lecteurs, de ne pas assez mesurer leurs phrases à la longueur du... souffle.

Pourtant, ces longs décrescendos donnent souvent la sensation que tout rentre dans l'ordre. D'autres fois, «il n'y a pas d'un terme à l'autre accroissement de sens, mais simple progression du rythme», comme en musique (Jean Mouton, *Le Style de Marcel Proust*, p. 163).

> Par le jeu d'adjectifs qui s'ajoutent aux noms, le rythme [de la phrase: «Cet émoi ... enflait ma voile d'une brise puissante, inconnue et propice»] peut être transcrit en quelque sorte sur une double portée, comme pour le jeu des mains au piano; et les deux portées présentent une double descente strictement parallèle: le plaisir qui envahit le Proust enfant après avoir trempé sa madeleine dans le thé est si délicieux qu'il lui avait rendu «les vicissitudes de la vie indifférentes, ses désastres inoffensifs, sa brièveté illusoire». (ibid.)

Ou bien, la structure de la phrase est faite de multiples et complexes oscillations, comme le va-et-vient de plus en plus rapide et saccadé, qui illustre le désarroi d'Irène, au début de l'Acte I, scène i, de *Rienzi*:

> La lenteur et la sinuosité cèderont la place à un rythme bref et hâché pour traduire l'angoisse et l'inquiétude. L'allégro n'est pas toujours le rythme de la joie et de la gaieté; il peut être le rythme qui traduit la peur et annonce l'imminence de la catastrophe (ibid., p. 130),

qui pourrait être l'enlèvement d'Irène par Orsini.[12] Ailleurs, la clausule de la phrase proustienne parviendra à «garder une ironie en réserve; elle révèle l'existence d'une sensation ou d'un souvenir qui continuent leur vie indépendante à côté d'un sentiment hiérarchiquement plus important», (ibid., p. 122), ce qui serait une parfaite description de la clôture de l'Acte II des *Meistersinger*.

D'après Jean Mouton, le style de Proust s'écoute comme une musique lente, perpétuellement retardée; il nous séduit et

> nous entraîne comme le retour d'un refrain. Et nous avons autant de peine à nous en détacher que Proust en avait lui-même à quitter Venise, lorsqu'un jour, au Rialto, alors que sa mère le presse d'aller à la gare pour repartir, il reste immobile, occupé tout entier à écouter les phrases d'une romance, dont il module intérieurement les élans et les chutes. (ibid., p. 172)

---

12 on pourrait certes trouver quelques exemples parmi d'autres musiciens de l'époque pour illustrer ce trait (chez Berlioz, notamment) mais Wagner demeure le plus littéraire de ces compositeurs.

La durée telle que la conçoit Proust n'est pas un vide ou un discontinu, comme chez Bergson. Pour Bergson, «nulle image ne remplacera l'intuition de la durée: mais beaucoup d'images empruntées à des ordres de choses très différents pourront, par la convenance de leur action, diriger la conscience sur le point où il y a quelque chose à saisir» (Henri Bergson, *La pensée et le mouvant*, p. 185). Mais chez Proust, cette «intuition de la durée» est au contraire un plein, un continu ininterrompu comme pour Wagner:

> A la façon des tables thématiques insérées en tête des *Nibelungen*,... l'insomnie, le rêve et le souvenir, alternés au rythme capricieux du temps,. . . vont, de leurs combinaisons infiniment souples et variées, former la continuité du tissu mélodique.
> (Pierre Abraham, *Proust*, p. 24)

Dans *La Recherche,* toutes les périodes co-existent, s'accumulent, et aboutissent enfin à une seule conception de la durée, conception strictement esthétique d'un «passé réactualisé, très proche du drame wagnérien», dit Piroué (op. cit., p. 271). La phrase: «Race sur qui pèse la malédiction de ne pas se voir de vice» pourrait être de n'importe qui. Le langage de Proust met quatre pages entre son début («Race sur qui pèse une malédiction») et sa conclusion («qu'à eux-mêmes il ne leur paraisse pas un vice.»), II, pages 615 à 618.

A ce nouveau style, le terme de «périodique» ne suffit plus: les images se touchent et se superposent, transposées d'un niveau à l'autre comme par le passage, chez Wagner, d'une clé à une autre. Cette «translation» poétique d'une image à l'autre, par l'association d'idées, de sentiments ou de simples sonorités, nous a maintenant tourné vers un autre spectacle. Et voilà qu'à nouveau, nous pivotons vers une autre scène, où l'on voit de nouveaux éclairages, que l'on n'avait pas remarqués tout à l'heure, cerner de plus en plus près, comme autant de cercles concentriques, une figure donnée. Chacune de ces phrases est elle-même un «Gesamtkunstwerk». Car elle réunit, comme cela se produit également dans l'esprit de l'homme, les motifs disparates et latents de nos actes, les mille convergences de nos monologues intérieurs, les souvenirs réels et ceux que l'on s'invente, les désirs dont l'assouvissement est impossible, le conscient et l'inconscient œuvrant ensemble à la recherche de l'Absolu dont rêvait Wagner, en un mot tout cet univers de bâtons de chaises où l'homme, souvent pris de vertige, tente, comme le Hollandais, Tannhäuser, ou Parsifal, de se frayer un chemin au risque de se perdre.

Proust nous le dit et nous le répète: ce dont il s'agit ici, ce que son roman et la musique de Wagner se proposent tous deux de réaliser, c'est une «transposition spirituelle du monde» (selon l'expression de Milton Hindus, *The Proustian vision*, p. 42).

Une étude conjointe de la phrase écrite de Proust et la phrase musicale de Wagner, par Luigi Magnani tente également de faire le point sur cette ressemblance que certains d'entre nous peuvent ressentir sans pouvoir rigoureusement l'analyser (impossibilité qui correspond d'ailleurs tout à fait avec l'idée de ce qui fait l'œuvre d'art, aux yeux de Proust):

> Le style n'est nullement un enjolivement comme croient certaines personnes, ce n'est même pas une question de technique, c'est — comme la couleur chez les peintres — une qualité de la vision, la révélation de l'univers particulier que chacun de nous voit, et que ne voient pas les autres.
> (Elie-Joseph Blois, *Anthologie des écrivains morts à la guerre, 1939– 1945*, pp. 66–69)

Luigi Magnani, donc, écrit:

> L'incessante fluire e l'ininterrotto legato del suo linguaggio (in cui l'inserzione di proposizioni relative sta a differire l'attesa cadenza) ha infatti l'ampio respiro, il ritmo libero e aperto di una frase unica, imagine della continuità della nostra vita interiore, della integrità del nostro passato custodito nel subconscio. Il discorso proustiano, non meno di quello wagneriano, travolge, nel suo scorrere senza discontinuità, come la vita, anche i brevi frammenti in cui quel fluire subisce un momentaneo arresto (si pensi oltre ai passi citati della Recherche, al Frühlingslied della Walküre) e si coagula entro lo schema di una struttura razionale;
> (Luigi Magnani, *La Musica, il Tempo, l'Eterno nella Recherche*, p. 78)

La marche de Proust doit s'alimenter d'une langue multiple où alterne sans cesse le vocabulaire des considérations temporelles avec celui des préoccupations de l'âme.

Ainsi avec l'œuvre d'art, par exemple — et en particulier la musique — il s'agira d'abord de l'exposer, puis de décrire en d'autres termes la révélation à soi-même qu'elle peut procurer, et d'expliquer cette dernière au lecteur, ainsi que l'immensité inconnue que l'Art peut recéler. La forme découlera donc directement des préoccupations de Proust, et c'est ce qui l'apparente le plus à la musique de Wagner:

> [Il]
> tempo. . ., per essere insieme forma e durata vissuta, ricordo e attesa, divenire che trascende nell'eterno presente, s'immedesima appunto nel Tempo della musica. . . nel suo incessante sviluppo che, come il recitativo di Wagner, si vale di modulazioni lontane e continue, essa sembra trascinare l'ascoltatore alla ventura, lungo i piu tortuosi meandri di una viva esperienza umana, sull'onda fluttuante del suo divenire, in una direzione vaga ed imprecisa, il cui punto focale appare situato ad infinitum. Ma sarà nel suo stesso movimento incessante, distruttore della forma, che questo discorso troverà appunto la sua coerenza e la sua unità formale. . . Questa sottile arte della graduazione, che costituisce il segreto della forma del Tristano, guida infatti anche lo sviluppo dell'invenzione e della composizione della Recherche.
> (L. Magnani, pp. 79 et 81)

L'avant-gardisme provocateur de Wagner avait ouvert à la musique une voie semblable à celle que Proust, révolutionnaire par réaction, avait tracée involontairement à la littérature. L'avenir devait en effet nous apporter, en musique, Gustav Mahler, Richard Strauss, puis une musique atonale rejetant *toutes* les formes précédemment fixées (Arnold Schönberg déjoue toutes les règles avec son *Pierrot Lunaire* et va jusqu'à fonder la musique de son opéra *Erwartung* sur la méthode dite sérielle); en littérature, un roman moderne refusant la structure des modèles déjà connus, au nom de la relativité et de la transformabilité de la vie (comme celui, par exemple, d'un Carlos Fuente – *Cambio de piel,* «Changement de peau»).

S'il reste hasardeux de comparer en général la musique et le roman, peut-être est-il tout de même légitime de comparer la musique de Wagner (à laquelle s'appliquerait si bien la définition de Valéry: «art du changement mesurable») avec un type particulier de roman qui veuille représenter le «temps capté dans sa mobilité» (expression de Pierre Costil, *La Construction musicale de la «Recherche du Temps perdu»,* II, *Bulletin de la Société des Amis de Marcel Proust et des amis de Combray,* p. 105). C'est pourquoi même d'un point de vue stylistique et structural, l'exemple de Vinteuil rappelle, une fois de plus, Wagner: exemple de l'union indissociable du fond et de la forme, la musique de *Vinteuil* est dotée des mêmes caractères structuraux que la narration-même. Celle-ci établit un parallèle entre le nombre croissant de thèmes dans le Septuor et le nombre croissant de thèmes dans l'«histoire» de *La Recherche,* qui avait commencé avec les simples «notes» de «Combray» (voir: G. Brée, *Du temps perdu au temps retrouvé*). Cette préoccupation d'harmonie entre le style, la construction, et le dessein de *La Recherche,* montre bien que Proust se soucie davantage d'accéder, comme Wagner, à une certaine forme de perfection artistique que de représenter (malgré tout le côté satirique de *La Recherche*) le monde réel. C'est la raison pour laquelle R. Vigneron plaçait également Wagner à l'origine du personnage de Swann; Vigneron avait intitulé un de ses articles pour la *Revue française:* «Structure de Swann: Balzac, Wagner et Proust» (No XIX, pp. 370–384). Pierre Abraham, lui, conclut son étude sur *Proust* par cette rêverie – d'un lyrisme peut-être excessif – sur l'auteur de *La Recherche:*

> Musique, une fois encore songeons à toi, qui imprégnas tant de ses heures douloureuses, tant de pages couvertes de sa mince et pâle et fiévreuse écriture. Musique, que nous interrogeons ensemble, lui et nous, délivre à notre anxiété ta réponse. Vois. Nous nous sommes pliés à ta loi. Avec une ivresse sévère, nous avons plongé dans cette atmosphère comme si elle était tienne, dans ce texte comme s'il émanait de toi. Au travers de cette chaleur toute gonflée de tes sonorités, nous avons, lui et nous, cherché notre chemin qui est le tien. Considère cette vie entière donnée à l'œuvre. Considère cette œuvre entière chargée d'une vie. Que penserais-tu d'elles si c'était à toi que l'une et l'autre se fussent ainsi vouées?. . . Si ces mots étaient des notes, comment souhaiterais-tu qu'elles fussent jouées. . . Peut-être un jour tu répondras: Prélude à Toute Création.
> (P. Abraham, *Proust,* pp. 143–44)

J'estime que toute considération sur le style de *La Recherche* devrait inclure Wagner. Oserons-nous une fois pour toutes prononcer ici ce mot à controverse: «influence»?

Chapitre VII

CONCLUSION

Le genre d'influence de Wagner sur Proust

Proust dit lui-même, dans *Pastiches et Mélanges*, qu'«il n'y a pas meilleure manière d'arriver à prendre conscience de ce qu'on sent soi-même que d'essayer de recréer en soi ce qu'a senti un maître. Dans cet effort profond, c'est notre pensée elle-même que nous mettons, avec la sienne, au jour». Le «maître» de Proust a, bien entendu, plus d'un visage. Soit! Il n'y a pas *que* Wagner. Et il n'y a pas non plus que Ruskin, sur qui il est clair que Proust travaille (III, 645, par exemple). Il n'y a pas que Bergson, Thomas Hardy *(La Bien Aimée),* George Eliot *(Le Moulin sur la Floss)* et tous les autres que la critique croit souvent plus adéquat de citer pour la seule raison que, ce faisant, on reste dans le milieu de la littérature. Et que c'est le milieu auquel Proust, «après tout», appartient.

C'est faire bien peu de cas de ce que Proust lui-même en dit. Lui, au contraire, nous répète que cela «n'a pas d'importance», que «La vraie influence, c'est celle du milieu intellectuel! On est l'homme de son idée!» (II, 119). Chacun de ces «maîtres d'idées» de Proust − à quelque branche de notre civilisation qu'il appartienne − mérite d'être reconnu à sa juste valeur; ils sont à la fois qualitativement différenciés et membres d'une communauté parfaitement cohérente, dit Proust (III, pp. 257–58). Proust et Wagner s'emploient tous deux à défier le Temps; c'est là le point où leurs idées communient.

Il me semble que la valeur de Wagner, dans ce domaine, a toujours été sous-estimée par la façon dont elle est généralement «noyée» dans mille autres références (et en particulier dans les références portant, tout d'un bloc, sur la «composition musicale de *La Recherche*»). Dans une note − p. 45 − ajoutée au *Contre Sainte Beuve*, Bernard de Fallois dit que, pour Proust, «approfondir des idées. . . est moins grand qu'approndir des réminiscences, parce que, comme l'intelligence ne crée pas et ne fait que débrouiller, non seulement son but est moins grand, sa tâche est moins grande». D'après Juliette Hassine, le souvenir de la musique de Wagner est ce qui «*initie* Proust dans sa carrière artistique» (*Essai sur Proust et Baudelaire*, p. 245), «le phare de La Recherche» (p. 236). Wagner serait la cause profonde de développements tels que:

En entendant toujours autour de soi cette sonorité identique qui n'est pas écho du dehors, mais retentissement d'une vibration interne..., on cherche à retrouver dans les choses, devenues par là précieuses, le reflet que notre âme a projeté sur elles.
(I, 86—87)

Piroué, lui, apporte encore quelques éclaircissements supplémentaires:

Proust, dans son for intérieur, devait croire à une équivalence entre la matière de l'œuvre wagnérienne et la matière de son propre roman, c'est-à-dire les réminiscences... Il a pu penser que les musiciens procèdent (ou devraient procéder) comme lui-même l'a fait: ils tirent de leur passé, de leur mémoire assoupie, de leur inconscient tout ce qui constitue l'étoffe de leur musique, la multitude des mélodies, des harmonies, des rythmes. Il est prêt à affirmer que toute œuvre d'art est née de souvenirs involontaires.
(Piroué, p. 110)

Si cette supposition de Piroué est vraie, celui-ci devrait accorder plus de mérite à Wagner, qui est partout présent dans l'œuvre de Proust. C'est son souvenir qui semble la féconder («Toute chair qui se souvient se met à trembler», disait Baudelaire dans sa lettre à Wagner). C'est ce avec quoi elle finit, au loin, par coïncider (voir J. Hassine, op. cit., pp. 226 et 232).

Selon Pierre Meylan, Wagner aurait en quelque sorte porté remède à quelque déficience de Proust;[1] nous dirons plutôt, avec Piroué, que

leurs deux sensibilités sont accordées et procèdent d'un même goût général du siècle. Comme l'écrit Cattaui, Proust semble se complaire dans «cette source inépuisable de délices et de désespoir», dans «ce passage tout éveillé du monde de la réalité à celui du rêve», dans «cet amalgame où tous les sons purs sont fondus, dans cette chair qui désire contre l'esprit, cet esprit qui désire contre la chair»
(Piroué, p. 109)

Le mot «influence» a un sens équivoque, à la fois trop fort et trop faible, vague en tous cas. Parlons plutôt de communion d'idées entre Proust et Wagner. De la greffe d'un esprit sur l'autre. Ou simplement, comme le dit aussi Wallace Fowlie à propos de Proust et de Wagner, de la «rencontre de deux esprits» (A reading of Proust, p. 40). A la recherche du «Beau» perdu, pourrions-nous ajouter.

Rencontre, greffe, ou communion, oui, car la pensée ignore effectivement la séparation conventionnelle des arts. Et la pensée de Proust se soucie encore moins de la séparation signalée par notre calendrier entre l'époque de Wagner et son époque à lui. D'après Guy Michaud:

la hautaine silhouette de Richard Wagner se dresse véritablement au centre du dix-neuvième siècle artistique. Comme Balzac en France mais plus encore que lui, il est au carrefour de toutes les routes. Il est un aboutissement et *un point de départ.* [nous soulignons]
(G. Michaud, *Message poétique du symbolisme,* p. 205)

1 P. Meylan, *Les Ecrivains et la musique,* Ed. de la Concorde, Lausanne, 1944, p. 72.

(«Wagner is the great master of the kind of artist he has in mind», écrit W. Fowlie, op. cit., p. 192). Ainsi, sans diminuer le talent de Proust, on peut ramener Wagner à l'origine des théories littéraires qui entourent *La Recherche* (au sujet du but de l'œuvre, de son envergure, de ses «répétitions»)

Proust, quant à lui, déploiera des efforts maximums pour faire enfin tomber ces barrières entre les différentes formes d'art, comme entre les différentes périodes de sa vie, ou entre les siècles:

> Il y a des correspondances excessivement curieuses entre tous les gens les plus marquants des XVIIème, XVIIIème et XIXème siècles. Je passe là des heures merveilleuses, je vis dans le passé, assura la comtesse que M. de Guermantes m'avait prévenu être excessivement forte en littérature.
> (II, 488)

Vinteuil, dont le narrateur déclare avoir subi l'influence déterminante, Vinteuil rencontre Wagner («je ne pus m'empêcher de murmurer; 'Tristan', avec le sourire qu'a l'ami d'une famille retrouvant quelque chose de l'aïeul. . .» — III, 158—59). Et Proust le revoit littéralement. Il le reconnaît.

A la limite, il me semble que même un rapport qui aurait été totalement ignoré de Proust, comme celui, par exemple, de son roman et du cinéma d'aujourd'hui, se devrait d'être ainsi exploité, s'il offrait une ouverture nouvelle sur *La Recherche*. La technique cinématographique d'un Alain Resnais n'a certes pas pu influencer Proust. Au début du siècle, on ne connaissait du cinéma que les tout premiers pas. Pourtant, *La Recherche* est déjà remplie de ce qui deviendra «flash backs», «zoomings», «travellings», «travellings panoramiques» (caméra pivotant sur un point fixe), compartimentations de l'écran, images filtrées, fondus enchaînés (transitions sur une image ou une parole), plongées et contre-plongées de la caméra, substitution de la maquette au décor naturel, et inversement. Sans parler de l'utilisation de la musique et des bruits qui constituent la bande sonore du film.[2]

Ni les outils auxquels il a fallu avoir recours pour créer l'œuvre d'art, ni le moment chronologique précis de cette création n'ont réellement d'importance. Quant au temps écoulé, il *«ajoute* son influence aux pures affinités intellectuelles»* [nous soulignons] , dit Proust (III, 993). Les symétries, comme celle qui nous intéresse, n'en apparaîtront que mieux. Saint-Simon — dont l'œuvre n'a certes pas plus la forme de *La Recherche* que *Les Milles et Une Nuits* — devient aussi, tout naturellement, le compagnon de Proust. Car Proust prend toujours un grand plaisir à admettre et même à proclamer ses «affinités intellectuelles» avec ceux qu'il admire pour une raison ou pour une autre.

Remarquons ici que la subjectivité n'est pas toujours impulsive et capricieuse: même chez le mondain qui s'amuse — et Proust fut aussi cela — elle

---

2 Cf. Harold Pinter, en collaboration avec Joseph Losey, *The Proust Screenplay: A la recherche du temps perdu*, Grove Press, New York, 1978.

peut presque simultanément prendre la forme d'une méditation philosophique, comme celle qui faisait retrouver le monde à Saint Augustin.

La subjectivité de Proust en matière de musique

Chez Proust, la critique d'art la plus dogmatique peut être en réalité une assertion subjective, presque une confession faite à la lueur des influences artistiques qui se sont exercées sur lui. Le rôle — reconnu par Proust — de Wagner dans *La Recherche* apparaît alors comme une sorte de confession du malaise que partagent la musique et la littérature à l'époque de Proust:

> La musique de Wagner, dont Proust a surtout été imprégné, ... ne répond plus aux normes de la musique classique. Par le fait même qu'elle est en quête de sa propre essence, elle traduit un certain défaut d'assurance, elle s'inscrit dans le mouvement général de la pensée romantique. Et paradoxalement, c'est en ayant recours à des éléments extra-musicaux, psychologiques et pittoresques, qu'elle tente d'asseoir sa suprématie. Elle est à la fois plus pure et moins pure qu'elle ne l'a jamais été. D'autre part, la littérature semble en être déjà, selon l'expression de Nathalie Sarraute, à l'ère du soupçon. En même temps, ... elle se lance à la poursuite de nouveaux moyens d'expression qui n'ont plus rien à voir avec les seuls pouvoirs de l'intelligence et de la raison. Elle se dit capable de traduire l'absolu et peut-être à cause de cette insoutenable prétention, elle plie le genou devant l'impossibilité de suggérer l'indicible.
> (Piroué, p. 273)

En admirant Wagner, Proust reste donc parfaitement fidèle à lui-même. Et, pour employer un langage populaire, il parvient (parce qu'il n'est justement *pas* un musicologue chevronné) à apporter ainsi de l'eau à son moulin. Rappelons que les arguments contre Wagner que lui présentait Reynaldo Hahn, l'ami le plus proche de Proust, n'eurent aucune prise sur la passion férue de Marcel pour le compositeur allemand. Les goûts personnels de Proust en matière de musique, et notamment son goût pour Wagner, font état d'amateurisme, mais d'un amateurisme consommé et mis à profit pour l'expansion de son œuvre. «En expliquant l'inconnu par l'inconnu, Proust fait le miracle de changer l'obscurité en clarté», dit F. Hier *(La Musique dans l'œuvre de Marcel Proust).* A part son admiration d'origine intellectuelle pour Wagner, à part son «inclination très prononcée, comme dit Piroué, pour plusieurs caractères fondamentaux de son œuvre», Proust n'est guère plus qu'un connaisseur éclairé en matière de musique:

> Remué par le génie démiurgique de Wagner, ... ce n'est pas la science du compositeur, la nouveauté de sa technique harmonique qui l'ont ému... Plus que la composition des accords, il a goûté le timbre des instruments, traduisibles en notions picturales, en sensations visuelles: le rouge géranium du tapis de la sacristie, par exemple.
> (Piroué, p. 120)

Son amateurisme — car Proust parvenait tout juste à déchiffrer une partition — n'est donc pas l'amateurisme d'un «célibataire de l'art», comme Swann: il devient un atout. Il lui fait aussi oublier totalement la musique du XVIIIème siècle et d'avant, rappelant en cela certains mélomanes fanatiques que Bayreuth attire comme un aimant et qui ne jurent que par Wagner, et par trois ou quatre compositeurs en qui ils le retrouvent. Mais ce n'est pas par une subjectivité aveugle que Proust dédaigne la musique du XVIIIème. Il sait qu'elle «fait partie du monde physique et scientifiquement connaissable», comme le disait Jean-Philippe Rameau en bonne autorité sur la question (*Traité de l'harmonie*, 1722). Proust ne s'excuse d'ailleurs jamais de ce dédain.

Il ne reconnaît jamais, non plus, que la musique soit capable de se suffire à elle-même, comme l'expression totale et pleinement épanouie d'une forme se suffisant à elle-même, n'ayant aucune amarre avec le passé ou le futur, mais simplement présente. En cela il rejoint encore Wagner (que la musique d'un Rameau ou d'un Couperin n'intéressait pas non plus, et pour les mêmes raisons que Proust).

> A la pureté insaisissable du style classique qui n'éveille rien de précis dans l'esprit, sinon le schéma de sa propre forme, il préfère la musique «à programme» comme on dit, qui modèle les contours d'un drame intérieur, d'une action psychologique ou simplement d'une réalité palpable. Ni l'expression des sentiments, ni l'exaltation des légendes nationales, ni la suprématie de la sensation ne le rebutent [Où en serait restée *La Recherche*?, a-t-on envie d'ajouter]. Il accepte que la mélodie soit peu à peu remplacée par l'atmosphère et l'ambiance, par la tonalité, au sens pictural du terme,

dit Piroué (p. 140), qui vient ainsi de definir . . . la musique de Wagner.

Même l'autre «géant» de l'opéra, Giuseppe Verdi (pourtant lié au XIXème siècle) ne répond pas aux exigences de Proust. Ne nous étonnons donc pas que Giuseppe Verdi ne soit mentionné nulle part dans *La Recherche*. La subjectivité de Proust lui dicte de laisser de côté la musique italienne lorsqu'il se penche sur des problèmes sérieux: on suppose que ce devait être parce que, pour Proust comme pour sa mère, «il ne fallait pas confondre la véritable sensibilité et la sensiblerie, ce que, disait-elle, les Allemands, dont elle admirait beaucoup la langue, malgré l'horreur de mon grand père pour cette nation, appelaient Empfindung et Empfindelei» (III, 107). Ainsi, le pauvre «Sole Mio» — chant «insignifiant» entendu à Venise — plonge le narrateur dans une sorte d'immobilité, de torpeur catatonique, et ne parvient même pas à infuser un peu de couleur locale au décor. La couleur locale de Wagner va jusqu'à déborder du présent pour toucher au passé et à l'avenir du monde. C'est pourquoi Proust analyse Wagner tantôt en l'isolant, tantôt en le rattachant aux éléments — quelquefois les plus «impurs» — du monde extérieur. Proust a reconnu comme

> semblable à sa propre méthode la manière dont le compositeur use de sa matière première. Wagner ne se sent pas subordonné à elle, à

la logique du monde d'où il l'a fait surgir. Il la tient pour sa richesse propre qui participe d'une durée nouvelle – celle de l'œuvre à construire –; il peut en faire ce qu'il veut pour le bien et la grandeur de l'art.
(Piroué, p. 110)

La musique de Wagner, exemple du phénomène que Hegel appelait Aufhebung, retient le monde tout en le rejetant.[3] *La Recherche* comprend mieux cela que tous les commentateurs français de Wagner qui se sont proposés de vulgariser les ouvrages théoriques du compositeur. Dans le domaine de la musique, Proust semble souvent sélectionner intuitivement, par spontanéité, mais ce qu'il sélectionne est bien ce qui convient le mieux au dessein de *La Recherche*. Une fois de plus, l'expérience sensorielle, intuitive, sert de tremplin à une réflexion méthodique suivie. La grande subjectivité de Proust ne l'empêche pas d'être clairvoyant quant à l'apport que peuvent faire à son œuvre des goûts aussi partiaux que les siens. Les musiques qui le laissent indifférent, celles qui ne le passionnent pas même s'il leur reconnaît des mérites, celles de Bach et même de Mozart, auraient mal servi le tempérament émotif et nerveux du narrateur de *La Recherche*.

A ce sujet, remarquons avec Piroué que Proust ne s'est pas trouvé «en état de synchronisme parfait avec la musique de son temps» (p. 34). La critique musicale de son époque avait certes «reconnu» Wagner, mais elle louait *aussi* Lalo, Florent Schmitt, et surtout Ravel et les innovations de Stravinsky. La musique russe n'était déjà plus considérée aussi «simple» que le prétend Proust (II, 742); mais Stravinsky le laissait froid. Si nous comparions les éléments d'une biographie

> musicale de Proust avec l'histoire de la musique telle qu'elle s'est déroulée à la même époque, [nous nous apercevrions que] l'expérience subjective de l'un ne recoupe pas exactement l'évolution objective de l'autre (Piroué, p. 34),

et nous comprendrions que Reynaldo Hahn ait pu dire de Proust qu'il n'avait pas bien connu la musique (André Maurois, *A la recherche de Marcel Proust,* pp. 195–96). Qu'importe. Le style original de *La Recherche* ne semble plus souffrir, aujourd'hui, de ce que son auteur ignorât le sens exact pour les grammairiens, du mot «anacoluthe»! (II, 153). Et, comme nous le disions de Swann, «peut-être est-ce parce qu'il ne savait pas la musique qu'il avait pu éprouver ... une de ces impressions qui sont peut-être pourtant les seules purement musicales, inétendues, entièrement originales, irréductible à tout autre ordre d'impressions» (I, 209). Proust ne cherche donc jamais à être un véritable musicographe comme Romain Rolland, dont les talents à ce sujet le laissent insensible (voir *Lettres à Reynaldo Hahn,* p. 197). Par contre,

---

3 Cf. Wagner, *Prose Works,* vol. II, *The Arts of Poetry and Tone in the Drama of the Future,* p. 261 («Hebung»).

les romanciers du XIXème les plus sensibles à la musique sont justement ceux que Proust a le mieux lus et dont il a le plus parlé: Stendhal
qui ne conçoit pas d'autre musique que mélodique, donc fondée sur
le plaisir de sentir; Balzac pour qui la musique est le langage de l'a-
mour, qui considère comme synonymes les mots «musicien» et «allemand» et dont le personnage de Gambara annonce et préfigure Wagner; Nerval, si sensible aux voix et à la réminiscence musicale, qui
attira l'un des premiers l'attention sur Wagner. (Piroué, p. 38)

La coïncidence des arts et leur valorisation mutuelle

On pourrait dire que Proust se «choisit» disciple de ce à quoi il ne peut
échapper. Il dit que les moindres éléments de son livre lui ont été fournis
par une sensibilité analogue à celle qui lui fait mettre Wagner sur un piedés-
tal: «je les ai d'abord aperçus au fond de moi-même, sans les comprendre,
ayant autant de peine à les convertir en quelque chose d'intelligible que s'ils
avaient été aussi étrangers au monde de l'intelligence que, comment dire?
un motif musical» (*Textes retrouvés*, p. 290). «Et cette imprécision con-
tinuerait si la mémoire ne nous permettait de les comparer» dit Swann, qu'il
s'agisse de leitmotifs musicaux ou d'idées. Piroué lui-même est obligé de ne
constater en définitive que des équivalences, des coïncidences absolument
remarquables entre Proust et Wagner:

> Pour révolutionnaire qu'il ait été, Wagner n'en est pas moins soutenu
> et nourri par le génie de sa race et la tradition musicale allemande.
> La musique est pour lui «un langage global, une pensée confusément
> totale [c'est-à-dire ce que Proust vient de nous confesser au sujet de
> ses idées], une sensibilité synthétique et mythique, une manière de
> pont entre l'idéal et le réel» [comme *La Recherche* elle-même].
> La forme de son œuvre «se pose par rapport à la forme classique,
> la vainc en restant d'abord à l'intérieur d'elle, en lui empruntant des
> éléments qu'elle portait secrètement en son sein». De même Proust,
> lorsqu'il écrit, et peu importe [?] que le vague et le cosmologique
> l'aient attiré [comme Wagner], adopte la clarté des termes [voir
> plus haut, notre chapitre VI, p. 129] et la précision de l'observation
> sociale, la logique du raisonnement qui caractérisent le cartésianisme
> français. Il s'appuie sur Saint-Simon, Mme de Sevigné, Balzac, et il
> développe certaines de leurs virtualités [Mais, ajouterons-nous, il
> ne supporterait une comparaison suivie avec aucun d'eux et n'offri-
> rait jamais l'exemple d'une application d'idées extensivement déve-
> loppées par eux avant lui, comme c'est le cas avec Wagner]. Proust
> se trouve donc être, puisque seul l'art d'écrire des mots pouvait éga-
> ler en France l'art d'écrire des sons en Allemagne, l'unique Wagner
> français possible par identité de format et divergence culturelle.
> (Piroué, p. 276)

La sensibilité de Proust vis-à-vis de Wagner semble aussi avoir été le meilleur garant contre les limites où auraient pu l'enfermer l'adhésion à une théorie spécifiquement littéraire — fût-elle dérivée de Wagner lui-même: les craintes de Mallarmé étaient souvent justifiées et «le wagnérisme littéraire a produit chez certains écrivains des extravagances et des absurdités, comme il est inévitable dans un mouvement artistique» (F. Hier, *La Musique dans l'œuvre de Marcel Proust*, p. 8).[4] Ce ne fut pas le cas pour Proust, à qui il a fourni le meilleur moyen de scruter et d'approfondir sa *propre* psychologie. Ici, l'intuition a vu juste. Proust dit d'ailleurs qu'«on ne peut refaire ce qu'on aime qu'en le renonçant.»

> Sans doute, quand on est amoureux d'une œuvre, on voudrait faire quelque chose de tout pareil, mais il faut... penser à... une vérité qui ne vous demande pas vos préférences... Et c'est seulement si on la suit qu'on se trouve parfois rencontrer ce qu'on a abandonné. (III, 1043—44)

Leur parenté, même si nous la reconnaissons tardivement, est pourtant certaine. *La Recherche* devient presque un hommage au génie de Wagner. Il en a été l'éclaireur; et Proust, avec autant d'instinct que de métier, a marché dans son sillage.

D'autres écrivains ont su également se faire «leur Wagner à eux», dans la subjectivité et quelquefois aussi dans l'ignorance bénéfique du système théorique échafaudé par Wagner (car ses *Oeuvres en Prose* n'avaient pas encore été traduites en français; et de toutes façons, ce qu'ils ignoraient, c'étaient les innombrables détails et amplifications, dans la langue originale, de ces œuvres touffues; d'ailleurs, bien que finalement traduits en français, ces huit énormes volumes ont aujourd'hui sombré dans l'oubli).

L'exaltation produite par la musique de Wagner a «développé chez ces écrivains une puissance personnelle, et si Proust entend dans Baudelaire l'écho des cuivres de l'orchestre wagnérien, nous qui étudions Proust ne manquerons pas de trouver chez lui ce qui était l'essence de Wagner» (F. Hier, op. cit., p. 8), pour créer une œuvre entièrement originale, unique. Chacun des deux arts en ressort valorisé. Et, en contre-partie de cet apparent paradoxe, c'est l'unicité de l'œuvre qui en fera précisément sa valeur universelle. Alors, les œuvres à venir qui s'en nourriront seront encore plus nombreuses que celles dont celle-ci s'était inspirée.

Tant et tant de siècles ont passé depuis les temps où Orphée domptait la Mort par la magie de l'Art. Mais Wagner et Proust, parmi nous aujourd'hui encore, triomphent de la même manière. Il me revient cette phrase de Malraux, apprise dans *Les Voix du silence:*

> Si la qualité du monde est la matière de toute culture, la qualité de l'homme en est le but: c'est elle qui l'a fait non somme de connais-

4 Voir aussi Erwin Koppen, *Dekadenter Wagnerismus; Studien zur europäischen Literatur des Fin de siècle,* de Gruyter, Berlin, New York, 1973.

sances, mais héritage de grandeur; et notre culture, qui sait qu'elle ne peut plus se limiter à l'affinement le plus subtil de la sensibilité, tâtonne devant les figures, les chants et les poèmes qui sont l'héritage de la plus vieille noblesse du monde parce qu'elle s'en découvre aujourd'hui la seule héritière.

Aucune combinaison d'influences ne pourra jamais rendre compte de cette victoire finale de l'Art. Bergotte, qui se jette éperdument dans ce profond mystère qu'est le monde, Bergotte ne meurt pas; et par Vinteuil, la musique continuera à soutenir «l'essor du rêve» et à révéler «l'essence des âmes» (Jean Delay, *La jeunesse d'André Gide,* vol. II, p. 44). Leurs recherches feront d'eux d'éternels Phénix. Par l'Art, ils se sont enfoncés «dans l'innommable, dans l'impossible, dans la mort, pour ensuite, ou pour en même temps, en ressurgir vivant» (Jean-Pierre Richard, *Poésie et profondeur,* avant-propos). A propos de *Die Walküre,* Robert Lawrence écrit:

> The love for humanity, which slowly grows within the Valkyrie Brünnhilde. . . is transformed into a world-redeeming force. It is this development of spiritual strength in Brünnhilde − the goddess robbed of divinity by Siegfried's awakening kiss but, in turn, endowed with a quality more significant to the world, understanding of her fellow mortals − that motivates the story line of *The Ring.*
> (R. Lawrence, *Metropolitan Opera,* décembre 1972, p. 32)

Et aujourd'hui, ce soir encore, après que le rideau cramoisi est tombé sur l'immolation de Brünnhilde, après que nous avons refermé le livre sur la vaillante entreprise de *La Recherche,* Wagner et Proust ramènent une fois de plus l'homme à sa plus pure, à sa plus noble essence, que le Temps, implacable et mortel ennemi, nous aurait fait si subrepticement oublier.

APPENDICE

Les tables de matières réunies dans les planches ci-après résument les trois années de *La Revue Wagnérienne.*

TABLE

(1) Toutes les chroniques ont été écrites par M. Edouard Dujardin; les analyses de la Revue de Bayreuth depuis le second numéro, par M. Houston
Stewart Chamberlain

158

A NOS LECTEURS

Avec ces pages se termine la première série annuelle de la Revue Wagnérienne. Nous voudrions dire brièvement les raisons de ce que nous avons fait et de ce que nous voulons faire.

Lorsque nous avons commencé la Revue Wagnérienne, en février 1885, nous avons voulu réaliser une double tâche : expliquer au public l'œuvre lyrique de Richard Wagner, et à ceux qui déjà connaissaient et aimaient cette œuvre expliquer le génie entier du Maître.

Mais nous avons pensé qu'il fallait insister d'abord sur cette seconde partie de notre tâche : avant d'entreprendre une propagande Wagnérienne efficace, nous devions à ceux qui déjà étaient des Wagnéristes présenter d'une façon très spéciale les conceptions littéraires, philosophiques, religieuses, et esthétiques de Wagner.

Nous avons la confiance d'avoir réussi : les Wagnéristes français ont eu la curiosité de ces œuvres prodigieuses ; ils savent que Wagner ne fut pas seulement un musicien extraordinaire, mais qu'il fut encore et surtout le réformateur de l'art, le glorieux initiateur, fondant ses théories artistiques sur les plus profondes notions philosophiques.

Et maintenant nous pouvons plus aisément poursuivre l'œuvre de propagande que nous avons entreprise. Notre revue s'adressera à tous ceux qui, épris de l'art et débarrassés des grossiers préjugés traditionnels, doivent devenir des Wagnéristes.

Pour cette propagande, nous avons demandé la collaboration de ceux de nos écrivains que le public connaît, aime et admire comme défenseurs de la cause Wagnérienne.

Nous publierons des études sur la vie, les drames, le système musical et dramatique de Wagner.

L'œuvre du Maître s'est depuis longtemps imposée à l'admiration des peuples voisins : notre Revue donnera une série de travaux sur le Wagnérisme en Allemagne, en Angleterre, en Belgique, en Russie, en Italie, aux États-Unis.

Et nous tâcherons à ce que, faite dans une langue de lecture aisée, cette œuvre de propagande Wagnérienne place enfin le Maître dans notre pays au juste rang qui lui convient, à côté des maîtres classiques, Bach, Gluck, Beethoven.

Donc, pour nous aider dans notre tâche, nous faisons appel à l'aide de tous ceux qui, Wagnéristes, ont à cœur la gloire et la propagation de l'œuvre Wagnérienne. LA RÉDACTION

Le Directeur gérant : EDOUARD DUJARDIN.

REVUE WAGNÉRIENNE

11ᵉ année : 8 février 1886 — 15 janvier 1887

FONDATEUR-DIRECTEUR : M. EDOUARD DUJARDIN

PATRONS

MM. Pierre de Balaschoff, Agénor Boissier, Alfred Bovet,
Houston Stewart Chamberlain, le comte de Dysart,
M. Marius Fontane, Madame Hellman,
M***, Madame Pelouze, le comte Henri de Valgorge
et l'Association Wagnérienne Universelle.

RÉDACTEURS

MM.

JEAN AJALBERT : Lohengrin (XII).

HOUSTON STEWART CHAMBERLAIN : Notes sur la Gœtterdæmmerung (V).
Les portraits de Wagner par Kietz (XI).

TOLA DORIAN : La mort de Richard Wagner, traduit de Swinburne (II).

EDMOND EVENEPOEL : Le wagnérisme en Belgique (XI).

ALFRED ERNST : Les origines mythiques de la Tétralogie (XI).
Le Concert César Franck (XII).

FOURCAUD : Tristan et Yseult (VI).
Pour la tombe de Richard Wagner (XII).

GRAMONT : La Walküre (XII).

WLADIMIR IZNOSKOW : Le wagnérisme en Russie (I).

ADOLPHE JULLIEN : Tristan et Yseult à Munich en 1865 (IX-X).

LISZT : Tannhæuser (IV et V).

CATULLE MENDÈS : Le Vaisseau-Fantôme (I).
L'Or du Rhin (XII).

EPHRAÏM MIKHAEL : Siegfried (XII).

GABRIEL MOUREY : Tristan et Isolde (XII).

NICOLAUS OESTERLEIN : Les traductions italiennes et françaises
de Wagner (VII).

LOUIS N. PARKER : Le wagnérisme en Angleterre (IV).

Amédée Pigeon : Tannhæuser (XII).
Pierre Quillard : Gœtterdæmmerung (XII).
Jean Richepin : Le Hollandais Volant (XII).
J. van Santen Kolff : Le motif de réminiscence (VII et VIII).
Swinburne : La mort de Richard Wagner (II).
Paul Verlaine : La mort de S. M. le roi Louis II de Bavière (VI).
Teodor de Wyzewa : La peinture wagnérienne (IV).
    La littérature wagnérienne (V).
    La musique wagnérienne (VI et VIII).
Hans de Wolzogen : L'art aryen (III).

H. S. C. : Analyses de la Revue de Bayreuth.
E. D. : Une nouvelle traduction de la Walküre (V).
    Chroniques de Bayreuth (VII et VIII).
T. de W. : Chronique wagnériennes (XI).
    Anonymes...

Jacques E. Blanche : Tristan et Isolde, lithographie (IX).
    Le pur-simple, lithographie (XI).

Œuvre traduite de Wagner

Etude sur Bellini (I).

TABLE

(1) Toutes les analyses de la Revue de Bayreuth sont signées H. S. C.

IV — 8 MAI

V — 8 JUIN

VI — 8 JUILLET

(1) Par une erreur typographique, les pages 273 à 304 n'existent pas.

A NOS LECTEURS

*En commençant la seconde série annuelle de la Revue Wagné-
rienne, nous avons, il y a un an, exposé à nos lecteurs le plan de la
campagne que nous voulions entreprendre. Ce plan, nous croyons
l'avoir suivi. Initié déjà aux grandes conceptions de Richard
Wagner, le public a pu pénétrer dans le détail de certaines œuvres et de certaines théories ; les questions historiques nous ont
aussi préoccupés, et nous avons fait au « document » la part la
plus large possible.*

*Aujourd'hui que les nombreux et précieux ouvrages consacrés
à l'œuvre Wagnérienne se sont de plus en plus répandus et nous
ont si puissamment aidés dans notre tâche de propagande, nous
pouvons continuer notre campagne dans un sens nouveau.*

*La cause Wagnérienne triomphe en France comme partout :
ce qui eût été imprudent au moment de la lutte devient nécessaire au moment de la victoire ; il importe aujourd'hui qu'une
Revue « Wagnérienne » entre directement dans l'actualité de
chaque jour pour y prendre la ferme attitude qui convient à son
titre.*

*La Revue Wagnérienne, partant des principes que nous esti-
mons ceux du véritable wagnérisme, jugera, avec l'entière, l'absolue indépendance qu'exige sa situation spéciale et qui est
incompatible avec les conditions d'existence de la plupart
des autres publications, les faits wagnériens qui s'annon-
cent pour 1887. Que ce soit, en Allemagne, l'entreprise de
M. Angelo Neumann, où à Paris, celle de M. Lamoureux, ou, à
Bruxelles, celle des administrateurs de la Monnaie, nous nous
inspirerons pour les juger d'un wagnérisme sans compromis.*

*Nous donnerons aussi une place importante au mouvement ar-
tistique contemporain, aux efforts des jeunes artistes qui cherchent leur formule dans la voie ouverte par le Maître. Nous
avons obtenu pour cette étude difficile et si intéressante la collaboration régulière de M. Alfred Ernst.*

*Ainsi, sans interrompre aucunement nos travaux théoriques et
historiques, nous promettons à nos lecteurs une critique assidue
et hautement impartiale des grands faits Wagnériens immi-
nents, en même temps que des manifestations artistiques qui
directement ou indirectement relèvent de la rénovation Wagnérienne.*

La Direction.

Le Directeur gérant : Edouard Dujardin.

REVUE WAGNÉRIENNE

3ᵉ année : février 1887 — 1888

FONDATEUR-DIRECTEUR : M. EDOUARD DUJARDIN

PATRONS

MM. Pierre de Balaschoff, Agénor Boissier, Alfred Bovet,
Houston Stewart Chamberlain,
madame Hellmann, M.***, le comte de Valgorge,
et l'Association Wagnérienne Universelle.

RÉDACTEURS

MM.

TABLE

IV — Mai

V — Juin

VI-VII — Juillet-Aout

VIII-IX — Septembre-Octobre

X-XI — Novembre-Décembre

XII — 1888

ENGLISH SUMMARY

Some of the artists whose names appear in *La Recherche du temps perdu* are fictional — for example Elstir, or Vinteuil; others are well known figures. Among the non-fictional, Richard Wagner is the most frequently mentioned and, as such, deserves more attention than he has thus far received (chapters I and II).

Wagner's prestige in French literary circles grew at the end of the nineteenth century thanks to acclaim given by Baudelaire, Mallarmé, the Symbolists and the publication of *La Revue Wagnérienne.*

Proust, through a synesthetic process recalling Baudelaire, places music at the core of *La recherche.* Similarly, Wagner had merged music with staging and acting but kept music as the essential element of the «Gesamtkunstwerk» which was realized in his Bayreuth theatre (ch. III).

Wagner and Proust also rejected in a similar way the final and decadent pessimism illustrated by Schopenhauer. In the existential dilemna of man caught between two incomprehensible infinites, both Proust and Wagner, unlike Schopenhauer, remain faithful to the solution that Schopenhauer himself had first suggested: artistic contemplation and artistic creation. Art becomes the object of a secular mysticism where man's redemption is symbolized by the survival of the art-work here on earth (ch. IV).

To this kind of artistic faith corresponds a particular attitude of the artist; isolated from society, the artist puts himself on stage through one or several characters in a work which does not claim to be autobiographical (ch. V).

From a structural point of view, this art-work is strengthened by *leit-motifs* which then seem to proliferate inexhaustibly. As a result, the artist's vision is necessarily ambiguous, his ultimate concern being in fact to redefine time and chronology. The style of his poetic enterprise relies either on free metaphor or on continuous melody. The language he uses, unlike his vision, is methodically — almost paradoxically — precise (ch. VI).

Proust, starting from subjective intuition and musical taste, proceeded to cultivate the Wagnerian heritage and appropriated it to himself and his novel in a way that we can best describe, with Baudelaire, as «la coïncidence des arts» (ch. VII).

RÉSUMÉ

Les propos de Proust sur la critique littéraire en général semblent vouloir nous mettre en garde contre une analyse trop fragmentée de son œuvre, et nous incitent à un certain recul, qui en fasse bien ressortir l'homogénéité et les grands points de repère.

Ceux-ci ont tous la caractéristique commune d'être reliés à l'art. Et parmi les figures artistiques reconnues que Proust mentionne le plus souvent, celle de Richard Wagner mérite, en tant que telle, plus d'attention qu'on ne lui a jusqu'ici accordé (chapitre I).

Un coup d'œil sur le nombre de fois que Wagner est cité, et la manière dont il est cité, par rapport à d'autres artistes, confirmerait la théorie selon laquelle Proust pose alors Wagner comme critère de qualité, et, chose plus importante, le met au premier rang de ses exemples.

C'est cette place de choix, encore négligée par la critique, qu'il nous faudra vérifier et interpréter ci-après (chapitre II).

Au goût personnel de Proust pour la musique de Wagner s'ajoute ici le prestige purement littéraire dont le compositeur allemand jouit en France. Sa renommée grandit en effet depuis le milieu du dix-neuvième siècle, et depuis Baudelaire en particulier, jusqu'à l'époque de Proust grâce, d'une part, aux poètes de l'Ecole Symboliste et aux écrivains qui s'y rattachent plus ou moins directement; et d'autre part, à des revues comme *La Revue Wagnérienne,* qui louent et mettent à la portée du public français l'œuvre lyrique de Wagner autant que ses idées sur l'art en général. Nous noterons alors que les premières représentations d'opéras de Wagner en France ne datent que du début du vingtième siècle, et font pour ainsi dire de Wagner un contemporain de Proust.

En prenant comme point de départ l'hyperesthésie de Proust, c'est-à-dire son hypersensibilité aux sons, nous pourrons mieux comprendre la participation énorme de la musique dans son œuvre. Bruits et musique sont en effet omniprésents dans *La Recherche* comme chez Wagner, et les uns sont souvent assimilés aux autres.

Proust, par une démarche synesthétique rappelant Baudelaire, place la musique — en tant que source de stimulation intellectuelle — à l'origine de

La Recherche, comme Wagner en avait fait l'élément essentiel, bien que complété par tous les autres, du «Gesamtkunstwerk» réalisé dans le Théâtre de Bayreuth (chapitre III).

Dans l'œuvre de Wagner comme dans celle de Proust, on peut relever l'influence du philosophe allemand Schopenhauer; celui-ci, dans la première phase de sa philosophie, considère l'art comme étant la seule solution au dilemme existentiel de l'homme pris entre deux incompréhensibles infinis. C'est aussi d'une façon analogue que Wagner et Proust rejettent le pessimisme final et décadent de Schopenhauer, pour rester fidèles à la solution qu'il avait d'abord lui-même proposée, celle qui fait appel à la contemplation et à la création artistique.

L'art devient ainsi l'objet d'un véritable mysticisme séculier; cette religion sans dogmes offre néanmoins a l'homme l'enthousiasme d'une foi particulière, ses doutes aussi, et même sa forme à elle de rédemption, symbolisée par la survie ici-bas de l'œuvre d'art.

L'optique phénoménologique semble être ce qui pourrait le mieux rendre compte d'un pareil rapprochement entre Wagner et Proust; c'est elle qui semble avoir dicté leurs œuvres, et transparaître aussi dans leurs «cahiers» ou leurs correspondances respectives (chapitre IV).

Les ressemblances observées plus haut n'existeraient sans doute pas s'il n'y avait aussi, chez Wagner et chez Proust, une conception semblable de l'artiste face au monde et soumis aux caprices du public, aux modes, aux revirements d'opinion de la critique et aux tentations de l'amitié qui détourne l'artiste de sa mission.

Une manifestation intime de cette profonde assimilation par Proust des idées de Wagner est la présence de l'auteur sous la forme d'un personnage multiple à l'intérieur de l'œuvre (qui ne se dit jamais autobiographique pour autant), et la préoccupation quasi permanente de soi-même, que certains appellent encore un «culte du moi» — surtout à propos de Wagner — quand il est peut-être celui de l'humanité (chapitre V).

La genèse de l'œuvre autant que sa structure témoignent d'un souci commun à leurs auteurs de secouer le joug d'un ordre chronologique établi.

Ce désir que Proust et Wagner partagent de redéfinir le temps, de se l'approprier pour ainsi dire, s'exprime surtout par l'usage intensif que l'un et l'autre font du leitmotif. De simple rappel périodique qu'il était, le leitmotif envahit désormais pour eux toute l'œuvre et s'enrichit d'inépuisables significations.

Nous étudierons ici comment une conception analogue du rôle de l'art dans notre civilisation pourrait justifier un parallèle du point de vue stylistique entre deux formes d'art aussi éloignées l'une de l'autre que l'opéra et le roman. Nous noterons en particulier la nouveauté du langage, sa précision à exprimer une vision pourtant ambigüe, et l'interdépendance du ton de l'œuvre et de son contenu idéologique (chapitre VI).

On rencontre des marques effectives de l'influence de Wagner sur Proust tout au long de *La Recherche*. On peut également la vérifier dans la vie de Proust, où les situations les plus diverses sont bonnes pour souligner cet héritage recherché. La descendance de Wagner a été littéralement cultivée par Proust à partir de son intuition personnelle.

Sous-estimer les liens qui unissent Proust à Wagner, ne voir dans ces liens qu'une vague ressemblance dans la structure de leurs œuvres, ce serait comme faire état de l'échec de Proust dans ce qui lui tenait le plus à cœur. Ce serait cantonner la littérature dans le seul domaine des lettres — d'où Proust et Wagner voulaient justement la faire sortir. La torche du feu sacré que brandissait Wagner a été saisie au relais par Proust, qui a su se l'approprier pendant le temps de sa course. Méconnaître ceux qui l'ont transmise à Proust, ne serait-ce pas comme ignorer toute la grandeur de sa victoire finale? (chapitre VII).

BIBLIOGRAPHIE

1) OEUVRES DE MARCEL PROUST

Les Plaisirs et les Jours, Gallimard, 1924.

A la recherche du Temps perdu, préface d'André Maurois, collection de la Pléiade, N.R.F., Gallimard, 1954 (3 vol.).

Pastiches et Mélanges, Gallimard, 1919. Dernière réimpression, 1971.

Contre Sainte-Beuve, Gallimard, 1971 (Préface de Bernard de Fallois dans l'édition de 1954) avec *Les Nouveaux Mélanges.*

Chroniques, N.R.F., 1927. Réimpression Gallimard, 1947.

Jean Santeuil, préface d'André Maurois, Gallimard, 1952 (3 vol.).

2) CORRESPONDANCE DE MARCEL PROUST

Correspondance générale, publiée par Robert Proust et Paul Brach, Plon, 1930–1936 (6 vol.). En particulier:
vol. I: Lettres à Robert de Montesquiou
vol. II: Lettres à la Comtesse de Noailles

Les Cahiers de Marcel Proust, Gallimard. En particulier: N°. 5, Lucien Daudet, *Autour de soixante lettres de Marcel Proust,* 1929.

Lettres à Reynaldo, Hahn, annotées par Philippe Kolb, Gallimard, 1956.

Lettres à André Gide, Ides et Calendes, 1949, (N.R.F., 1928).

Correspondance de Marcel Proust avec Jacques Rivière, annotée par Philippe Kolb, Plon, 1956.

Marcel Proust. Lettres et Conversations, par Robert de Billy, Ed. des Portiques, 1930.

47 Unpublished Letters from Marcel Proust to Walter Berry, Black Sun Press, Paris, 1930.

Robert Dreyfus, *Marcel Proust a 17 ans,* Kra, 1926.
Souvenirs sur Marcel Proust, Grasset, 1926.

A un ami. Correspondance inédite de Marcel Proust, par Georges de Lauris, Amiot-Dumont, 1950.

3) OUVRAGES CONSACRÉS, OU PARTIELLEMENT CONSACRÉS, A PROUST

Abraham, Pierre, *Proust. Recherches sur la création intellectuelle,* Rieder, 1930.
Proust, Editeurs français réunis, 1971.

Alden, Douglas, W. *Marcel Proust and his French Critics,* Univ. of North Carolina, 1978.

Backhaus, Inge. *Strukturen des Romans. Studien zur Leit- und Wiederholungsmotivik in Prousts 'A la recherche du temps perdu',* Erich Schmidt Verlag, Berlin, 1976.

Bales, Richard. *Proust and the Middle Ages,* Droz, Genève, 1975.

Bastide, François Régis. *Proust,* Collection Génies et Réalités, Hachette, Paris, 1965.

Beckett, Samuel. *Proust,* Ed. Grove Press Inc., New York, 1931 (première édition).

Benoist-Méchin. *Retour à Marcel Proust,* Pierre Amiot, 1957.

Bolle, Louis, *Marcel Proust ou le Complexe d'Argus,* Grasset, Paris, 1967.

Bonnet, Henri. *L'Eudémonisme esthétique de Proust,* tome 2 du *Progrès spirituel dans l'œuvre de Marcel Proust,* Librairie Philosophique, Paris, 1949.
Alphonse Darlu, maître de philosophie de Marcel Proust, Nizet, Paris, 1961.
Marcel Proust de 1907 à 1914 (essai de biographie critique), Nizet, 1959.

Borel, Jacques. *Marcel Proust,* Ecrivains d'hier et d'aujoud'hui, Ed. Pierre Seghers, Paris, 1972.

Brée, Germaine. *Marcel Proust and Deliverance from Time,* Ed. Rutgers University, New Brunswick, N.J., 1950. *The World of Marcel Proust. Du temps perdu au temps retrouvé,* Sté. d'Ed. «Les Belles Lettres», Paris, 1969.

Blondel, Dr. Charles. *La psychographie de Marcel Proust,* Ed. Librairie Philosophique J. Vrin, 1932.

Bucknall, Barbara. *The Religion of Art in Proust,* University of Illinois, 1970.

Cattaui, Georges. *Proust et ses métamorphoses,* Nizet, Paris, 1972.
Marcel Proust. Documents iconographiques, P. Cailler, Genève, 1956.

Champigny, Robert. «Proust, Bergson and other philosophers», *Proust, a collection of Critical Essays;* René Girard, Ed. Prentice-Hall, Inc., Englewood Cliffs, N.J., 1962.

Costil, Pierre. «La Construction musicale de la Recherche du Temps Perdu», *Bulletin de la Société des Amis de Marcel Proust et des Amis de Combray,* 8, 1959.

Davy, François, *L'Or de Proust,* Ed. La pensée universelle, Paris, 1978.

Deleuze, Gilles. *Marcel Proust et les signes,* Presses Universitaires, Paris, 1964.

Feuillerat, Albert. *Comment Marcel Proust a composé son roman,* Yale University Press, New Haven, 1934.

Fiser, Emeric, *Le Symbole littéraire. Essai sur la signification du symbole chez Wagner, Baudelaire, Mallarmé, Bergson et Marcel Proust,* Ed. José Corti, 1941; A.M.S. Press, New York, 1980.

Fowlie, Wallace, *A reading of Proust,* The University of Chicago Press, 1975.

Graham, Victor. *The Imagery of Proust,* Ed. Basil Blackwell, Oxford, 1966.
Bibliographie des études sur Marcel Proust et son œuvre, Droz, 1976.

Guaraldo, Enrico. *Lo Specchio della Differenza. Proust e la poetica della Recherche,* Ed. Bulzoni, Rome, 1977.

Hansford, Pamela. *Six Proust reconstructions,* Macmillan & Co. Ltd., Londres, 1958.

Hassine, Juliette. *Essai sur Proust et Baudelaire,* Nizet, Paris, 1979.

Hier, Florence. *La Musique dans l'œuvre de Marcel Proust,* Columbia University, New York, 1933.

Hindus, Milton. *A reader's Guide to Marcel Proust,* Thames & Hudson, Londres, 1962.
The Proustian Vision, Columbia University Press, New York, 1954.

Hewitt, James R. *Marcel Proust,* Ed. Frederick Ungar Publishing Co., New York, 1975.

Jackson, Elisabeth. *L'Evolution de la mémoire involontaire dans l'œuvre de Marcel Proust,* Nizet, Paris, 1966.

Jaloux, Edmond. *Avec Marcel Proust,* Ed. La Palatine, Paris, 1953.

Kadi, Simone. *Proust et Baudelaire: influences et affinités électives,* Ed. La pensée universelle, Paris, 1975.

Kopman, H. *Rencontres with the inanimate in Proust's Recherche,* ED. Mouton, La Haye, 1971.

Luppe, R. de. «Marcel Proust, disciple de Schopenhauer» dans la *Revue d'esthétique,* octobre-décembre 1949.

Magnani, Luigi. *La Musica, il Tempo, l'Eterno nella Recherche,* Ed. Einaudi, Turin, 1978.

Maranini, Lorenzo, *Arte e conoscenza,* Ed. Novissima editrice, Florence, 1933.

March, Harold. *The Two Worlds of Marcel Proust,* Univ. of Penn. Press, Phil., 1948.

Maurois, André. *A la recherche de Marcel Proust,* Hachette, 1970.

Mein, Margaret. *Proust et Beethoven,* Adam International Review 35, No. 346–348, mars 1971.
Proust's Challenge to Time, Manchester University Press, Angleterre, 1962.

Milly, Jean. *La Phrase de Proust,* Ed. Larousse, Paris, 1975.

Mouton, Jean. *Le Style de Marcel Proust,* Nizet, Paris, 1961.

Muller, Marcel. *Préfiguration et structure romanesque dans A la recherche du temps perdu avec un inédit de Marcel Proust,* French Forum Pub., Lexington, Kentucky, 1979.

180

Muhlstein, Anka. *Par les yeux de Marcel Proust*, Denoël, Paris, 1971.

Nathan, Jacques. *Citations, références et allusions de Marcel Proust dans A la recherche du temps perdu*, Nizet, Paris, 1969.

Orlando, Francesco. «Marcel Proust. Dilettante Mondano e la sua opera», *Proustiana atti del Convegno internazionale di Studi sull'opera di Marcel Proust*, Società Universitaria per gli Studi di lengua e letteratura francese, Venise, 10–11 décembre 1971.

Painter, George. *Proust. The Early Years*, Ed. Little, Brown and Co., Boston, 1965.

Persiani, Carlo. *Proust e il teatro, con una nota su Proust e il cinematografo*, S. Sciascia, Caltanissetta, Rome, 1971.

Pierre-Quint, Léon. *Proust et la stratégie littéraire*, Ed. Correa, Paris, 1954.

Piroué, Georges. *Comment lire Proust?* Ed. Petite Bibliothèque Payot, Paris, 1955.
Proust et la musique du devenir, Ed. Denoël, Paris, 1960.

Pluchart-Simon, Bernard. *Proust. L'amour comme vérité humaine et romanesque*, Larousse, Paris, 1975.

Quennel, Pierre. *Marcel Proust. A centennial volume*, Simon & Schuster, N.Y., 1971.

Remacle, Madeleine. *L'Élément poétique dans A la recherche du temps perdu*, Ed. Palais des Académies, Bruxelles, 1954.

Revel, Jean-François. *Sur Proust*, Ed. Julliard, Paris, 1960.

Robert, Louis de. *Comment débuta Marcel Proust*, Gallimard, 1969.

Rogers, B. *Proust and the Nineteenth Century, Proust's narrative techniques*, Droz, Genève, 1965.

Sonnenfeld, Albert. *Tristan for Pianoforte: Thomas Mann and Marcel Proust*, Southern Review 5, 1969.

Schmidt, Chantal von. *Marcel Proust. Die Semantik der Farben in seinem Werk «A la recherche du temps perdu»*, Bouvier Verlag Herbert Grundmann, Bonn, 1977.

Spalding, P.A. *Index Guide to Remembrance of Things Past, A reader's handbook to Proust*, Chatto & Windus, Londres, 1959.

Tadié, Jean-Yves. *Proust et le roman*, Gallimard, Paris, 1971.

Tollinchi, Esteban. *La Conciencia proustiana*, Manuel Pareja, Barcelone, 1978.

Vallée, Claude. *La Féerie de Marcel Proust*, Ed. Fasquelle, Paris, 1958.

Vigneron, Robert. «Struture de Swann: Balzac, Wagner et Proust, dans *La Revue Française*, XIX, 1946.

Winton, Alison. *Proust's Additions I. The Making of A la recherche du temps perdu*, Cambridge University Press, Cambridge, Angleterre, 1977.

Zéphir, Jacques. *La Personnalité humaine dans l'œuvre de Marcel Proust*, Ed. Lettres Modernes, Paris, 1959.

4) OEUVRES DE RICHARD WAGNER

Œuvres lyriques:

Das Rheingold, Vorabend zu dem Bühnenfestspiel (Der Ring des Nibelungen', Herbert von Karajan, Deutsche Grammophon, N⁰. 139 226/28, non daté.

Der Fliegende Holländer, Festival de Bayreuth 1971, sous la direction de Karl Böhm, D.G., N⁰. 2720 052, Hambourg.

Die Meistersinger von Nürnberg, H. von Karajan, Angel, SEL−3776, non daté.

Die Walküre, Erster Tag aus dem Bühnenfestspiel ,Der Ring des Nibelungen', H. von Karajan, Deutsche Grammophon, N⁰. 139 230/233.

Götterdämmerung, Dritter Tag aus dem Bühnenfestspiel 'Der Ring des Nibelungen', id., N⁰ 00/2716 001.

Lohengrin, Rafael Kubelik, D.G., N⁰. 2720 036−2713 005, n.d.

Parsifal, Festival de Bayreuth 1962, Hans Knappertsbusch, Philips, PHM 5−550/PHS 5−950, 1965.

Rienzi, Heinrich Hollreiser, Angel Quadrophonic SELX−3818, 1970.

Siegfried, Zweiter Tag aus dem Bühnenfestspiel 'Der Ring des Nibelungen', D.G., N⁰. 139 234/238.

Tannhäuser, Otto Gerdes, D.G., N⁰. 2711 008 61.

Tristan und Isolde, Festival de Bayreuth 1966, Karl Böhm, D.G., N⁰. 139 221/25.

Wesendonck-Lieder (Fünf Gedichte von Mathilde Wesendonck), chantés par Kirsten Flagstad accompagnée par Gerald Moore au piano en mai 1948, Angel Records, Seraphim 60046, 1967.

Œuvres en prose:

Prose Works (Œuvres complètes en huit volumes), traduction par W. Ashton Ellis, Ed. Kegan Paul, French, Trubner & Co., Londres, 1972.
Il conviendrait de rappeler ici quelques-uns des titres et sous-titres de chapitres de ces œuvres en prose de Wagner:

Vol. I: Autobiographical Sketch
Art and Revolution
The Art-Work of the Future:

1. Man and Art in general
2. Artistic Man and Art as derived directly from him:
   − Man as his own artistic subject and material
   − . . . .
3. Man shaping Art from Nature's Stuffs:
   − Architectural Art
   − Art of Sculpture
   − The Painter's Art
   − . . . .
4. Outlines of the Art-Work of the Future
5. The Artist of the Future   [Cf. en particulier pp. 196−97, dans l'optique de Proust]

182

La traduction en français de ces ouvrages (par J.G. Prod'homme, publiée par Delagrave, Paris, 1924) étant aujourd'hui épuisée ou introuvable à New York, nous avons dû quelquefois avoir recours à des traductions en anglais, et à des citations qui en ont été faites par d'autres auteurs dans des ouvrages de critique.

Vues sur la France, Mercure de France, 1943.

L'Art et la révolution, suivi de: Baudelaire, *Lettre à Richard Wagner et le Tannhäuser à Paris,* Ed. de l'Opale, Paris, 1978.

Ma vie, traduction française de *Mein Leben* par Valentin (3 vol.), Ed. Plon, 1912 (*My Life,* Tudor Publishing Compagny, New York, 1936).

Correspondance de Richard Wagner:

— *avec Hans von Bülow,* traduction par Knopff, Ed. Cres, 1928.

— *avec Minna,* traduction par M. Remon, Ed. Gallimard, 1943.

— *avec Louis II de Bavière,* traduction par Blandine Ollivier, Ed. Plon, 1960.

Correspondence Selections, traduction anglaise par William Ashton Ellis, Vienna House, New York, 1972.

The Story of Bayreuth as told in the Bayreuth letters of Richard Wagner, traduction par Caroline V. Kerr, Vienna House, N.Y., 1972.

5) OUVRAGES CONSACRÉS, OU PARTIELLEMENT CONSACRÉS, A WAGNER

Barth, Mack & Voss. *Wagner. A Documentary Study,* N.Y., 1975.

Barker, John. «Rienzi», Angel, 1970 (Cf. livret).

Brelet, Gisèle, *Le Temps musical* (2 vol.), P.U.F., 1949.

Chamberlain, A.S. *Richard Wagner,* Ed. Dent & Co., Londres, 1900.

Cœuroy, André. *Musique et Littérature,* Bloud et Gay, 1923. «La Musique dans l'œuvre de Proust», *Revue musicale,* janvier 1923.

Combarieu, J. *Histoire de la musique,* Armand Colin, 1924.

Cooper, Martin. «Götterdämmerung», Deutsche Grammophon, Nᵒ. 00 2716 001.

Cooperman, Hasye. *The Aesthetics of Mallarmé* (ouvrage partiellement consacré à Wagner), Ed. Russel & Russel, N.Y., 1971.

Ducloux, Walter. «Tristan und Isolde», Metropolitan Opera pub., décembre 1971.

Dumesnil, René. *Richard Wagner,* Plon, 1954.

Emigholtz, Erich. «Wagner. L'aspiration à l'amour», *Tannhäuser,* Deutsche Grammophon, Nᵒ. 2720 052.

Ernst, Alfred. *L'Art de Richard Wagner,* Plon, Paris, 1893.

Ferchault, Guy. «Le Vaisseau Fantôme», *Der Fliegende Holländer,* Deutsche Grammophon, Nᵒ. 2720 052.

Fiser, E. *Le Symbole littéraire. Essai sur la signification du symbole chez Wagner, Baudelaire, Mallarmé, Bergson et Marcel Proust,* Ed. José Corti, Paris, 1941 (A.M.S. Press, N.Y., 1980).

Hamilton David. «Der Fliegende Holländer», *Stagebill,* vol. VI, Nᵒ. 8, avril 1979.
«Lohengrin», *Lincoln Center* pub., novembre 1976.

Henderson, W.J. *The Orchestra and Orchestral Music,* Ed. Scribner, N.Y., 1923.

Kherchove, Arnold de. *Musique,* La Table Ronde, août 1952.

Kobbé, Gustave, *Kobbé's Complete Opera Book, edited and revised by the earl of Harewood,* Putnam, Londres et N.Y., 1963.

La Revue Wagnérienne, Editeur: Edouard Dujardin (voir notre Appendice, planches de *La Revue Wagnérienne*). En particulier:
— Huysmans. «L'Ouverture de Tannhäuser», *Revue Wagnérienne,* Paris, 8 avril 1885.

– Mallarmé. «Richard Wagner. Rêverie d'un poète français», *Revue Wagnérienne*, 8 août 1885.
«Hommage à Richard Wagner», *Revue Wagnérienne*, 8 janvier 1886.
– Villiers de l'Isle-Adam. «La légende de Bayreuth», *Revue Wagnérienne*, 8 mai 1885.
– Verlaine. «Parsifal», *Revue Wagnérienne*, 8 janvier 1886.
«La mort de S.M. le roi Louis II de Bavière», *Revue Wagnérienne*, 8 juillet 1886.
«Saint Graal», cf. *Oeuvres Complètes* de Verlaine, Ed. Vanier, vol. II, pp. 43–44, Paris, 1908.

Récente réimpression de *La Revue Wagnérienne:* Ed. Slatkine Reprints, 3 vol., Genève, 1968.

Lawrence, Robert. «Siegfried», *Metropolitan Opera* pub., N.Y., novembre 1972.

Manuel, Roland. *Plaisir de la musique,* Ed. de la Concorde, Lausanne, 1944.

Mistler, Jean. «Die Walküre», Deutsche Grammophon, Nᵒ. 139 230/233.

Newman, Ernest. *The Life of Richard Wagner,* Ed. Alfred A. Knopf, N.Y., 1949 (4 vol.).
The Wagner Operas, Ed. Alfred A. Knopf, N.Y., 1949.

Noël et Stoullig. *Annales du théâtre et de la musique,* 20ᵉ année, Paris, 1894.

Osborne, Charles. «The Dutchman and his Myth», *Der Fliegende Holländer,* Deutsche Grammophon, Nᵒ. 2720 052.
«Wagner and the Two Worlds», *Lohengrin,* D.G., Nᵒ. 2720 036–2713 005, n.d.

Panofsky, Walter. «Karajan's Vision of Wagner», *Die Walküre,* D.G., 139 229/233.
Wagner, Viking Press, N.Y., 1964.

Ponnelle, Jean-Pierre. «Der Fliegende Holländer», *Stagebill,* vol. VI, Nᵒ. 8, N.Y., avril 1979.

Rivière, Jacques. «Parsifal», *La Nouvelle Revue Française,* tome XI, nᵒ. 65, Paris, 1ᵉʳ mai 1914.

Schmid, Willy. *Wagner et la France,* numéro spécial de la *Revue musicale,* 1ᵉʳ octobre 1923 – numéro comprenant également les articles suivants:
Cœuroy, André. «Notes sur le Roman Wagnérien Français»
Dukas, Paul. «L'Influence Wagnérienne»
Leroy, Maxime. «Les Premiers Amis Français de Wagner»
Lichtenberger, Henri. «Wagner et l'Opinion Contemporaine»
etc.

Smith, Patrick. «Why Massenet», *Lincoln Center,* N.Y., novembre 1976 *(Lohengrin).*

Suarès, André. «Sur Wagner», *Revue musicale,* 1ᵉʳ octobre 1923.

Schwinger, Wolfram. «Le Cosmos Lyrique», *Das Rheingold,* D.G., Nᵒ. 139 226/28.

The Village Voice, vol. XXVII, Nᵒ. 1, 30 décembre 1981 – 2 janvier 1982. Article sur «Tannhaueser» [sic].

6) OUVRAGES GÉNÉRAUX SUR LA LITTÉRATURE ET LA MUSIQUE

Baillot, Alexandre. *Influence de la philosophie de Schopenhauer en France 1860–1900*, Ed. Librairie Philosophique, Paris, 1927.

Billy, André, *L'Époque 1900*, Tallandier, 1951.

Carassus, Emilien. *Le snobisme et les lettres françaises de Paul Bourget à Marcel Proust 1884–1914*, Armand Colin, 1966.

Delay, Jean. *La Jeunesse d'André Gide*, Gallimard, 1956.

Delfel, Guy. *L'Esthétique de Mallarmé*, Ed. Flammarion, Paris, 1951.

Eliot, T.S. *La Musique de la Poésie*, Folcroft Press, Folcroft, Penn., 1969.

Fiser, E. *Le Symbole littéraire. Essai sur la signification du symbole chez Wagner, Baudelaire, Mallarmé, Bergson et Marcel Proust*, Ed. José Corti, Paris, 1941 (A.M.S. Press, N.Y., 1980).

Fowlie, Wallace. *The French Critic 1549–1967*, Southern Illinois University, Edwardsville, 1968.

Mann, Thomas. *Essay of Three Decades*, A.A. Knopf, N.Y., 1947 (1ère éd. américaine).

Michaud, Guy. *Message poétique du symbolisme*, Ed. Librairie Nizet, Paris, 1947.

Michaud, Régis. *Modern Thought and Literature in France*, Funk & Wagnalls, N.Y., 1934.

Milnes, Turquet, G. *The Influence of Baudelaire in France and England*, Ed. Constable, Londres, 1913.

Postic, Marcel, *Maeterlinck et le symbolisme*, Nizet, 1970.

Richard, Jean-Pierre. *Poésie et profondeur*, éd. du Seuil, Paris, 1955.

7) AUTRES OEUVRES CITÉES A L'APPUI DU TEXTE

En littérature:

Apollinaire, Guillaume. *Les Mamelles de Tirésias* (Préface)
Les Peintres Cubistes.

Balzac, Honoré de. *La Comédie Humaine*
Lettres à l'Étrangère

Baudelaire, Charles. *Oeuvres Complètes* (2 vol.), Gallimard, Pléiade, Paris, 1971. En particulier:
«Lettre à Richard Wagner», pp. 1205–1207, et
«Richard Wagner et Tannhäuser à Paris», pp. 1208–1244 (vol. I)

Bergson, Henri. *La Pensée et le mouvant*

Chateaubriand, François René de. *Mémoires d'outre-tombe*

Dujardin, Edouard. *Les Lauriers sont coupés*

Dutourd, Jean. *L'Ame sensible*

Eliot, George. *Le Moulin sur la Floss*

Fuentes, Carlos. *Cambio de piel* (Changement de peau)

Hardy, Thomas. *La Bien Aimée*

Hegel, Friedrich. *Phénoménologie de l'esprit*

Hugo, Victor. *La Légende des siècles*

Huysmans, Joris-Karl. *A Rebours*

Maeterlinck, Maurice. *L'Intruse*

Mallarmé, Stéphane. *Oeuvres Complètes,* Gallimard, Pléiade, 1945. En particulier:
«Hommages et Tombeaux» (Hommage à Wagner p. 71)
«Richard Wagner. Rêverie d'un poète français» *(Divagations),* pp. 541–46.
«La Musique et les lettres», p. 635.

Malraux, André. *Les Voix du silence*

Marcel, Gabriel. *Position et Approches concrètes du Mystère Ontologique*

Michelet, Jules. *La Bible de l'humanité*

Montesquiou, Robert de. *Chef des Odeurs suaves* (poèmes sur *Parsifal;* cf. *Correspondance de Marcel Proust,* tome I, p. 269, lettre No. 134)

Sartre, Jean-Paul. *Qu'est-ce que la littérature?*

Schopenhauer, Arthur. *Le Monde comme Volonté et comme Représentation. Schopenhauer présenté par Thomas Mann,* Ed. Longmans, N.Y., 1939.

Verlaine, Paul. *Oeuvres Complètes,* Gallimard, Pléiade, 1972. En particulier:
«Au poète de Missive», p. 752, et autres textes sur Wagner (aux pages 42, 43–44 et 117 des *Oeuvres Complètes* II, Ed. Vanier, Paris, 1908)

Villiers de l'Isle-Adam. *Axel*

Wilson, Edmund. *Le Château d'Axel*

En musique:

Beethoven, Ludwig van. *Sonates pour piano*
Quatuors
Symphonies
Missa solemnis (messe en «ré»)

Debussy, Claude. *Fêtes*
Le Martyre de saint Sébastien
Pélléas et Mélisande

Franck, Cesar. *Sonate pour violon et piano*

Hahn, Reynaldo. *Portraits de peintres, pièces pour piano d'après les poésies de Marcel Proust;* Menestrel, Heugel et Cie., Paris, 1896.

Meyerbeer, Giacomo. *Marches*
Robert le Diable

Mascagni, Pietro. *Cavalleria Rusticana*

Massenet, Jules. *Manon*

Rameau, Jean-Philippe. *Traité de l'harmonie* (ouvrage littéraire)

Schönberg, Arnold. *Pierrot lunaire*
Erwartung
(Mentionnés: Berlioz, Fauré, d'Indy, Liszt, Marschner, Ravel, Saint-Säens, Schumann, R. Strauss, Stravinsky, Verdi, Weber, etc.)

TABLE DES MATIERES

188

* L'expression «coïncidence des arts» est empruntée à Baudelaire, *Richard Wagner et Tannhäuser à Paris, Oeuvres Complètes*, Vol. I, Gallimard, p. 1211.